Jim Lilliefors
Highway 50

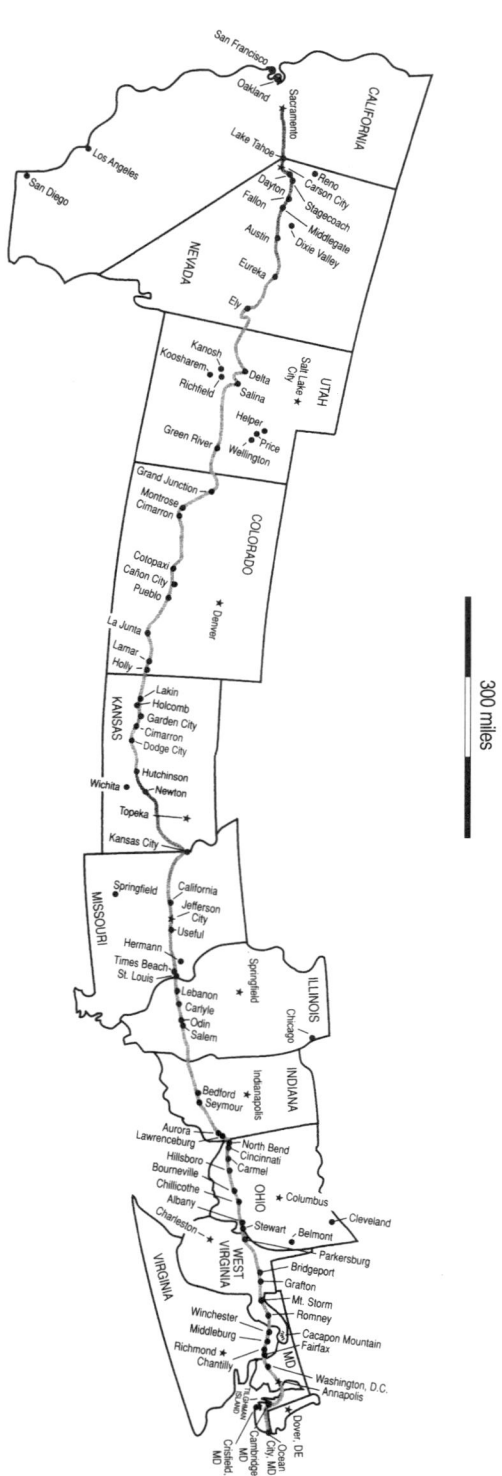

UNITED STATES HIGHWAY NO. 50

300 miles

Jim Lilliefors

Highway 50

3000 Meilen Amerika pur

Aus dem Amerikanischen
von Bettina Müller

Ullstein

Die amerikanische Originalausgabe
erschien unter dem Titel
Highway 50 – Ain't that America
bei Fulcrum Publishing, Golden (Colorado)

© 1993 by Jim Lilliefors

© der deutschen Ausgabe
1994 by Verlag Ullstein GmbH Berlin, Frankfurt/M.
Fotos, soweit nicht besonders vermerkt: Jim Lilliefors
Umschlagentwurf: Hansbernd Lindemann
Umschlagfoto: Mitchell Funk/The Image Bank
Alle Rechte vorbehalten
Satz: LVD GmbH, Berlin
Druck: Wiener Verlag, Himberg bei Wien
Printed in Austria 1994
ISBN 3-550-06539-6

Gedruckt auf alterungsbeständigem Papier
mit chlorfrei gebleichtem Zellstoff

Die Deutsche Bibliothek –
CIP-Einheitsaufnahme

Lilliefors, Jim:
Highway 50: 3000 Meilen Amerika pur/Jim Lilliefors.
Aus dem Amerikan. von Bettina Müller. –
Berlin; Frankfurt/M.: Ullstein 1994
Einheitssacht.: Highway 50 <dt.>
ISBN 3-550-06539-6

Für Linda und Glory

»Alles Gute liegt
auf dem Highway.«

Ralph Waldo Emerson

Inhalt

Das Schild

An einem warmen Frühlingsmorgen fuhr ich am Atlantik entlang. Es war neblig, und während der Fahrt wurde mir auf einmal klar, daß ich einiges in meinem Leben schon viel zu lange als selbstverständlich hingenommen hatte. Das Schild. Jeden Tag, fast ein Jahrzehnt lang, war ich unter einem Autobahnschild am südlichen Ende von Ocean City, Maryland, der Stadt, in der ich lebe, durchgefahren. Darauf steht: »Sacramento 3073«. Fünftausend Fahrten, und das Schild war ein Teil der Landschaft. Wie die von Muscheln verkrusteten Anker am Ende der Bucht, die ich auch nicht mehr richtig wahrnahm, oder die Fischerhütten, die den Hafen säumten.

An diesem milden Morgen im März nahm ich es allerdings wieder wahr. Die Botschaft des Schildes brannte sich durch den Nebel, als ob ich es nie zuvor gesehen hätte, und die zarte Meeresbrise von Nordost schien den Duft von anderen Jahreszeiten zu tragen. Irgendetwas zog mich hin zu anderen Landschaften, zu anderen Träumen.

Es war Zeit. Statt zur Arbeit zu fahren, hielt ich bei meiner Bank auf dem Festland an und hob alles von meinem Konto ab. Ich legte das Geld in eine verrostete Köderbüchse in den Kofferraum des alten Ford. Und dann fuhr ich los in Richtung Westen, hinein in den heller werdenden Dunst eines Montagmorgens. Vorbei an der gewohnten Ausfahrt zum gewohnten Leben. Nach fünfzehn Jahren als Journalist hatte ich über diese Entscheidung schon seit Wochen nachgedacht. Die geregelte, aber immer langweiligere Rolle als Redakteur einer Kleinstadtzeitung für ein Leben auf der Straße einzutauschen. Langsam dahin treiben lassen, wo der Highway 50 hinführt.

Seit Jahren schon lebte ich am östlichen Ende der 50,

der zentralsten aller transkontinentalen US-Straßen und der wahrscheinlich am wenigsten beachteten. Lediglich Highway-Historiker und ein paar alte Leute wissen um die Bedeutung des Highway 50, einer Straße, die auf ihrem Weg nach Westen den großen Pfaden der Pioniere folgt. Eine Straße, deren Name sich in den meisten Städten, durch die sie führt, in *Main Street* verwandelt.

»Wie jeder Highway erzählt die Route 50 die Geschichte der Entwicklung dieses Landes«, hatte mir Richard Weingroff von der *Federal Highway Administration* erzählt. Wenn du jemanden nach den großen U.S. Highways fragst, wird er die Route 66 nennen. Oder Highway 40 oder U.S. 1.

Die goldenen Jahre des Highway waren in den Fünfzigern, als man auf dem Weg Broschüren finden konnte, die die Bedeutung der Straße priesen:

»Schnell und durch und durch modern, meidet sie die Extreme von Hitze und Kälte.«

»Niemand hat wirklich Amerika genossen, der nicht auf der *Famous Fifty* gereist ist. Amerikas zentrale Vergnügungs-Straße.«

»Lassen Sie sich nichts entgehen auf dem Highway 50.«

»Amerikas ganzjährig geöffneter Spielplatz.«

Die Broschüren lagen auf dem Vordersitz des alten Ford, als ich die Stadt hinter mir ließ. Dies war der Highway 50, auf dem ich reisen würde – eine Verbindung historischer Pfade, aus denen Städte und Geschäftsstraßen, die die Nation nährten, einst entstanden waren. Aber auch eine Vergnügungsstraße, die sich im Lauf der Jahre nicht wesentlich verändert hat – und wo eine stille Rebellion stattfindet.

Entlang dieser transkontinentalen Main Street, die vor der Zeit der Interstates eine Hauptdurchfahrt durch das Land gewesen ist, sind die Geschichten, die man hört – die Dinge, die die Menschen einander erzählen, und die Menschen selbst – verschieden. Traditionen überleben. Während ich gen Westen fuhr, entschloß ich mich zuzuhören, in entlegenen Prairiesiedlungen und Bergdörfern, vorbei an fruchtbarem, hügeligem Farmland und aussterbenden Bergbaustädten. Wo Geschichten, die wir vergessen oder niemals gehört haben, immer noch erzählt werden.

Maryland

7.40 Uhr morgens. Zwanzig Meilen weit draußen. Ein
Exxon-Schild leuchtet. Ich halte neben der Zapfsäule. Die
bläulich flimmernden Lichter summen, Maisfelder schimmern, und ein nieseliger Regen hängt weit weg an einem
Tannenwald. Die Lichter neben dem Kornfeld wirken grell.
Als der alte Ford gefüttert wird, schaut der Tankwart durch
den Eingang. Unter dem fluoreszierenden Schein tut er so, als
zählte er Geld. Er merkt, zumindest bilde ich es mir ein,
daß ich um diese frühe Zeit nicht da bin, wo ich sein sollte.

So früh am Tag ist alles gestochen scharf – der Klang
der Laster, Reifen auf dem Highway, der Geruch des Ben-
zins. Ich laufe zu einer Telefonzelle und rufe im Büro an,
um zu sagen, daß ich nicht komme. Die teilnahmslose
Gleichgültigkeit der Frau in der Zentrale ist entnervend:
»Okay, na ja, danke für den Anruf. Ich hoffe, es geht dir
besser.« (Ich hatte nicht gesagt, daß ich mich schlecht fühle.)

Der Tankwart schaut zu, wie ich zurückkomme.

»Wie soll es denn werden?« frage ich ihn und gebe ihm
einen Zehner.

»Wie bitte?«

»Das Wetter.«

»Kühler heute nacht«, sagt er und mustert mich von oben
bis unten. »Und morgen dann ganz kalt.«

»Wie kalt?«

»Um null Grad.«

Das sind schlechte Nachrichten, wenn sie stimmen. Aber
ich mache mir jetzt einfach keine Sorgen. Das sind nur
Gedanken, die einen davon abhalten, neue Wege zu gehen.
Er zählt immer noch Geld, während ich den alten Ford in
Gang bringe und in Richtung Westen fahre. Ich winke ihm
noch nach.

Wenn er denken könnte, wäre der alte Ford mit dieser
Flucht sicher einverstanden, vorausgesetzt, daß wir langsam
fahren. Eine komplizierte und tückische Maschine, ein alter,
blauer LTD, der jahrelang zuverlässig die alte Sandstraße
auf und ab gefahren ist. Ich behielt ihn, weil es keinen
Grund gab, ihn nicht zu behalten. Heutzutage geben die
Leute ihre Autos – wie alles andere auch – viel zu schnell
weg.

11

Das soll nicht heißen, daß er mit dem Alter nicht auch schwieriger wird. Manchmal springt er ohne Grund einfach nicht an. Wenn ich ihn dann in drei verschiedene Werkstätten in der Stadt bringe, bekomme ich auch drei verschiedene Erklärungen (jede mit größter Überzeugungskraft dargeboten, und bei jeder sind größere Reparaturarbeiten notwendig). Also lasse ich ihn in Ruhe, und normalerweise erholt er sich von alleine. Seine Probleme kann man natürlich bis zu seinem ungewissen Ursprung zurückverfolgen: Er wurde vor Jahren als Einzelanfertigung aus alten Teilen in einer Werkstatt zusammengebaut. Fast jeder, der schon mal unter die Haube geschaut hat, ist zu der Erkenntnis gekommen, daß da etwas nicht stimmt. Daß die Maschine offensichtlich nicht richtig zusammengebaut ist. Ich nenne das ihren Geburtsfehler. Inzwischen ist er zur Selbstverständlichkeit geworden.

Über Meilen ist die Straße von Farmland gesäumt. Es gibt Kühe und Pferde auf den nassen Feldern, die an mir vorbeiziehen, wo die Sonne durch die Tannen schimmert. Im Dunst hängt der satte Geruch von Erde und Dünger. In der Nähe der Stadt Willards steht das Haus, in dem Marvel und Straughn Smack wohnen. Straughn, der schon draußen vor dem Haus sitzt, winkt, während ich vorbeifahre. Ich winke zurück.

Die Smack-Brüder sind Mitte sechzig und haben noch nie die Ostküste von Maryland verlassen. Seit seinem Schlaganfall verbringt Straughn die meiste Zeit auf einem verrosteten Metallstuhl neben dem Highway 50 und winkt dem Verkehr zu. Sein Bruder Marvel macht Hühnerställe sauber, um seinen Lebensunterhalt zu verdienen. Wenn er nicht arbeitet, sitzt er drinnen und hört Radio. Die Smacks zahlen für ihr Haus zwölf Dollar Miete im Monat.

Ein bißchen weiter die Straße hinauf: John Calloways Farm und Verkaufsstand. Im Frühling ist der Stand noch zugenagelt, während die Calloways in den Feldern dahinter die Saat bestellen. In wenigen Wochen wird Bly, Johns Mutter, den Verkaufsstand eröffnen, um Eingemachtes, Stickarbeiten und Krimskrams zu verkaufen. Bly ist einundachtzig. Sie lebt mit einer Katze und einem Pfau auf der

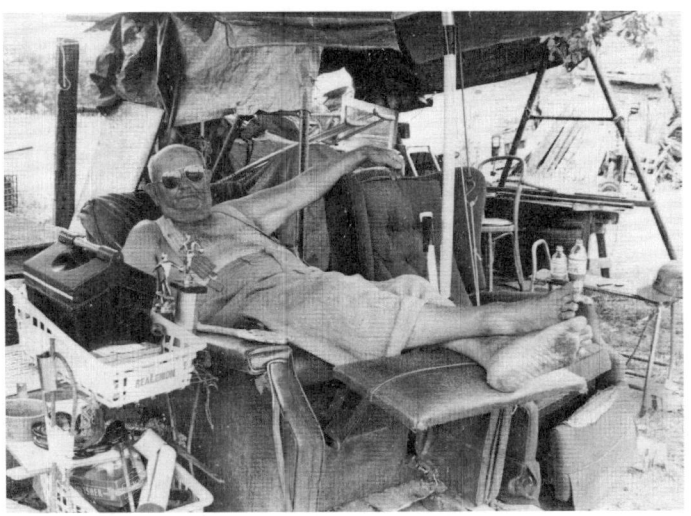

Straughn Smack macht es sich vor seinem Haus an der Route 50 nahe Willards, Maryland, bequem: »Man sieht eine Menge, wenn man einfach draußen sitzt.«

anderen Seite des Highway 50. Immer im Juli, wenn der Pfau sich mausert, verkauft sie die Federn für zwei Dollar das Stück.

Die Calloways leben am Rand des Highway und haben auf diese Weise gesehen, wie die Welt sich verändert. »Der Highway hat die ganzen Leute hierhergebracht«, sagt mir Bly Calloway eines Morgens, als wir uns eine frische Melone teilen. »Es war mal so, daß gar keiner wußte, daß wir hier waren, und das war gar keine so schlechte Sache.«

Es dauert gar nicht lange – weniger als drei Stunden –, bis der Ford seinen ersten stummen Protest anmeldet. In der Nähe von Cambridge, wo der Choptank-River in die Chesapeake-Bay fließt, leuchtet die Motorlampe auf. Aus Erfahrung weiß ich, was das bedeutet – fast alles –, und ich beschließe, einen Umweg über den alten Eastern Shore zu nehmen. Ganz gemütlich, auf zweispurigen Straßen, die mit Sand und Austernschalen bedeckt sind, suchen wir nach einem Rastplatz.

Der Nebel hat sich aufgelöst. Am Rande der Marsch, der

13

entlegenen Buchten und der Katzenschwanzsümpfe hat die Luft einen Duft von Salz und Meeresfrüchten. Dies ist ein Land, in dem der Puls der Natur langsam schlägt. Es ist auch eine Fabrik, die riesige Mengen an Mais, Sojabohnen, Krebsen und Austern produziert. Jedes Jahr werden zweihundertfünfundzwanzig Millionen Blaukrebse aus den Gewässern der Chesapeake-Bay geholt – mehr als irgendwo anders auf der Welt. Die Blaukrebse aus Maryland bringen vierzig Millionen Dollar ein, Austern elf Millionen Dollar. Zwanzigtausend Farmen entlang der Küste erwirtschaften achtzig Prozent der Mais-, Sojabohnen- und Weizenernte des Staates.

Wir kommen zu der kleinen Stadt Tilghman Island, wo ich anhalte und ein spätes Mittagessen im *Harrison Inn* verzehre. Das Jahr fängt nun wieder an. An der ganzen

Bly Calloway mit einem Haufen Ostufer-Melonen.
»Der Highway hat die ganzen Leute hierhergebracht«, sagt sie.
»Das ist eben so. Er hat dieses Gebiet mit dem Rest
der Welt verbunden.« Foto: Ron Angle

Küste tankt das Wasser jetzt von neuem Sauerstoff, und das lockt die Blaukrebse aus den Kanälen ins sauerstoffreiche Aalgras der seichten Gewässer. Im Hinterland bauen jetzt die verschiedensten Reiherarten ihre Nester.

Ein Mann kommt von der Bar rüber zum Fenster, wo ich sitze und mein Bier trinke, und fragt mich, an was ich denke. Das alte Leben, das ich fünfzehn Jahre gelebt habe, scheint sich ebenso schnell aufgelöst zu haben wie der Nebel.

»An was?«

Er schaut aus dem Fenster zu den Anlegern. »Er wird sich heute abend drehen, so wie's aussieht. Ich sage Ihnen, da kommt ein Nordost rein.«

Ich drehe meinen Stuhl, um auf's Wasser zu schauen, damit ich sehen kann, wovon er genau spricht.

»Es wird wieder 'n paar Kalte geben.«

»Wieviele?«

»Schwer zu sagen. Könnte an uns vorbeigehen und am Ende der Woche wieder schön sein. Schwer vorauszusagen, was er tut.« Er grunzt und geht zurück zur Bar.

Nach dem Mittagessen laufe ich im hellen Licht des späten Nachmittags die Straße runter zu Fairbanks Ködergeschäft. Ein Geruch von Fisch und Austern hängt in der Luft. Draußen am Anleger machen die vertäuten Boote an den Pfählen ein regelmäßiges Geräusch. Ihre Taue knarren an dem alten Holz. Ich sitze sehr lange im Schatten auf einer Bank und beobachte die wechselnden Muster der Sonne auf dem Wasser.

Irgendwann wird die Stille von einer Frau unterbrochen, die die Straße vom Fischrestaurant hinunterläuft; ihre Sandalen klackern hastig über den Asphalt. Ölflecken glänzen in der Sonne.

»Da kommt kalte Luft rein, sagen die Leute«, ruft sie als fröhlichen Gruß.

»Ja, das habe ich auch gehört.«

»Von mir aus könnte es auch so bleiben.«

Später, im Anglerladen, nachdem der Wind schon kühler geworden ist, unterhalten sich die Männer über das Wetter.

»Fürchte, er wird bis morgen gedreht haben«, sagt einer.

Einige Männer spielen Billard, andere sitzen auf Bänken und unterhalten sich. Der Abend dämmert.

»Sie sagen, daß er bis Neu-England hochbläst«, meint einer der Männer, die herumsitzen.

»Er wird herkommen. Das hat Wadey gesagt.«

Ich frage diese Männer, von denen die meisten ihren Lebensunterhalt auf dem Wasser verdienen, wie das Austerngeschäft läuft. Aber sie sind nicht sehr mitteilsam.

»Das Beste, was du tun kannst«, sagt einer von ihnen, »ist da rausfahren und selber nachsehen. Mal 'n Tag lang ehrliche Arbeit tun.«

Das ruft freundliches Gelächter hervor.

Ich bin immer noch in Fairbanks Anglerladen, als Wade Murphy reinkommt, in einem verdreckten grünen Arbeitsanzug und mit dem feierlichen Gesichtsausdruck aller alten Fischer. Jemand sagt ihm, daß ich Fragen stelle. Murphy mustert mich grimmig.

»Na, wenn du so neugierig bist, dann sei morgen früh um fünf Uhr hier und komm' mit raus.«

»Fünf Uhr morgens?«

»Punkt fünf Uhr.«

Es herrscht leichte Heiterkeit in Fairbanks Anglerladen.

Ich sage zu und denke, daß es die erste Regel des stillen Abenteurers ist, Einladungen anzunehmen. Es ist die einzige Möglichkeit, zu hören, was ein Austernmann zu sagen hat.

Die bekannte Silhouette des alten Ford bleibt heute nacht am Rand vom Schotterparkplatz des Hotels. Das ist beruhigend.

Bevor ich schlafen gehe, mache ich noch einen Spaziergang in der kühlen Stille der Tannen. Ich lausche dem Wasser und denke an das andere Leben, das ich heute morgen eingetauscht habe. In den meisten der alten viktorianischen Häuser ist es schon dunkel, obwohl in einigen Fenstern Fernseher hinter den Gardinen flackern.

Ein ehrlicher Tag

Der Himmel ist voller Sterne, als die Lichter in Fairbanks Anglerladen angehen. Das Wetter hat sich wirklich gedreht. Ein eisiger Wind fegt über den Wasserarm und rüttelt an den Masten der Segelboote.

»Er bläst«, sagt einer der Männer drinnen, während ich die Tür zuziehe. Sein Atem ist ein Schimmer in der Luft. Kaffee dampft aus einem Styroporbecher.

»Bist du sicher, daß du raus willst?« fragt ein anderer. Er grinst über das, was ich nicht weiß.

»Hast noch zwei Tage, Wadey.«

»Das wird reichen.«

»Fahr zwanzig Körbe ein. Der Wind könnte heute reinkommen.«

»Er wird sich beruhigen, Wadey.«

Ich stehe zitternd da und höre zu, ein Auge auf die dümpelnden Schiffsmasten gerichtet. Nach einigen Minuten gibt Wade Murphy ein grunzendes Geräusch von sich und verläßt den Laden. »Sieh mal zu, daß du da rauskommst«, sagt man mir, ganz nebenbei. »Er wird nicht auf dich warten.« Die anderen lachen. Fünf Minuten später bin ich auf dem Deck der *Rebecca T. Ruark*, die mit gleichmäßigen acht Knoten in das Dunkle hinein aufs offene Wasser hinauspflügt.

Unten schläft eine Drei-Mann-Crew auf kurzen Holzbänken, ihre Gesichter sind erhellt von den blauen Flammen eines Propangasofens. Ich stehe neben Murphy, während er steuert. Die Luft ist so kalt, daß es mir in den Lungen sticht. »Hast du noch ein Paar Handschuhe?« – Es folgt eine lange Pause, bevor dieser kleine Mann in dem grünen Arbeitsanzug mir ein Paar leiht. Er weist mich zurecht, weil ich keine mitgebracht habe. »Du hättest daran denken müs-

sen, bevor du rausgekommen bist«, sagt er und wendet sich
ab. Die Handschuhe sind verkrustet und riechen nach Fisch.

Die *Rebecca T. Ruark* ist der älteste Skipjack auf der
Chesapeake-Bay. Ein Teil der ältesten Segelflotte des Landes. Die »Skipjacks« – majestätische, hölzerne, Fünfzehn-
Meter-Schaluppen – wurden um 1890 entwickelt. Sie waren
als Austernboote wirtschaftlicher und lösten die zweimasti-
gen »Rig-bugeyes« ab, die damals allgemein gebräuchlich
waren. Daß es heute überhaupt noch Chesapeake-Skipjacks
gibt, liegt, das wird mir bald klar, an der Sturheit von
Menschen wie Murphy, der seit zweiunddreißig Jahren vor
der Insel Tilghman Austern fischt und vorhat, es noch
weitere fünfundzwanzig Jahre zu tun.

Als ich Wade Murphy erzähle, daß ich Geschichten über
den Niedergang des Skipjack gehört habe, scheint er wirklich beleidigt. »Shit. Wo hast du das gehört? Das kommt,
weil du Zeitungen liest. Das sagen die Wissenschaftler. Wissenschaftler haben gesagt, daß wir in ein oder zwei Jahren
ausgestorben sein werden. Die haben keine Ahnung. Au-
sternmänner wissen Dinge, die sich Wissenschaftler gar
nicht vorstellen können.« Er starrt geradeaus, während das
Boot das offene Wasser durchpflügt, und ich denke, daß
ich zu diesem Thema lieber nichts mehr sage. »Du mußt
bescheuert sein, daß du einem Wissenschaftler glaubst anstatt einem Austernmann«, sagt er. Hinter uns, in der Jolle,
die uns folgt, rattert tief und gleichmäßig ein Dieselmotor.

Als wir uns Plum Point am westlichen Ufer nähern, ist die
Crew schon an Deck, und das Wasser strahlt plötzlich im
Glanz der Sonne. Buchtenten verschwinden unter der Was-
seroberfläche, um nach Nahrung zu suchen.

»Wenigstens ist es ein schöner Tag«, sagt einer von der
Crew. Mir scheint es noch immer unglaublich kalt. »Du
hättest mal mit uns mitten im Winter rauskommen sollen,
als die Bucht noch ganz zugefroren war.«

Die Leute von der Crew sind aus Crisfield, und dies ist
das erste Mal, daß sie im Winter draußen sind. Sie sind
jung, siebzehn, vierundzwanzig und sechsundzwanzig, und
gehorchen wie selbstverständlich dem Kapitän. Murphy,

das sagt mir jeder von ihnen in kurzen, verstohlenen Gesprächen, kann wie kein anderer die Zeichen der Bucht lesen. Er weiß, wo die Austernbänke sind, wo das flache Wasser endet und die Kanäle beginnen. »Wenn du schon so lange dabei bist wie Wade, kannst du das Wasser lesen wie ein Buch«, sagt einer von der Mannschaft.

Während er das sagt, schaut der Kapitän mißmutig zu ihm rüber. Alles ist wieder ruhig. Auf der Suche nach einem geeigneten Platz geht Murphy mit dem Boot auf drei Knoten herunter, und einige Männer werfen zwei Einhundertelf-Meter-Metallschleppnetze über Bord, eins auf jeder Seite. Die Netze schleppen drei Minuten lang auf dem Boden, oder zumindest solange, bis Murphy an ihrem Widerstand merkt, daß sie voll sind. Sie werden mit einem hydraulischen Kran hochgezogen und auf dem Deck ausgekippt. Die Mannschaft hat zum Sortieren drei Minuten Zeit und trennt die guten Austern vom Abfall – Steine, Muscheln, Soft-Drink-Flaschen, Blaukrebse und *boxes*, Schalen, in denen tote Austern sind. Nach diesem Schema geht es fast ohne Pause bis zum Sonnenuntergang weiter, und die Austernschalen sammeln sich in vier verschiedenen Haufen auf dem Pinienholzdeck des Bootes an. Ich helfe eine Weile beim Sortieren, bringe es aber nur fertig, im Weg zu stehen.

»Warum guckst du nicht einfach zu?« schlägt Murphy schließlich vor.

Ich nicke und setze mich auf die Reeling, mein Aussichtspunkt für die nächsten paar Stunden. Im kalten Märzwind ist das Wasser den ganzen Tag mit Schaumkronen bedeckt. Den Crewmitgliedern merkt man die Kälte und die furchtbare Langeweile des Austernfischens nicht an.

Während sie arbeiten, redet Murphy, der sich anscheinend noch immer wegen meiner Bemerkung über das Aussterben des altmodischen Austernfischens ärgert. »Gib Mutter Natur doch eine Chance, und wir kriegen das schon hin. All die verdammten Wissenschaftler sagen, daß es so beschissen ist. Ich habe in diesem Winter viele junge Austern da draußen gesehen. Ich glaube, sie kommen zurück. Und in zwei Jahren, denke ich, wird es viel besser aussehen.«

19

»Du lernst, wo sie wachsen und wo nicht. Aber nur dadurch, daß du da draußen bist. Das Bescheuertste, was man tun kann, ist über Aquakultur reden. Dies ist ein Beruf für Leute, die das Wasser verstehen. Die Wissenschaftler verstehen einen Dreck vom Wasser. Die kennen die Zyklen nicht. Um das hier zu verstehen, muß man sein ganzes Leben lang da draußen sein.«

Trotz seines Wissens hat Murphy heute Schwierigkeiten, eine gute Stelle zu finden. Am West-Ufer dreht er das Boot in großen Kreisen. Aber seine Ausbeute liegt nur bei dreißig bis vierzig Austern pro Schleppnetz. An einer guten Stelle hatte er etwa hundert.

»Finden noch nicht sehr viel«, raunzt er mir zu.

»Warum nicht?«

Er wartet, bevor er spricht, als ob er statt einer Antwort einen weiteren Kommentar abgeben wollte.

»Es ist alles schon zu sehr bearbeitet worden. Wir kriegen hier zuviele Schalen.« Und er fügt hinzu: »Es lenkt auch ab, jemanden an Bord zu haben, der nicht hilft.«

»Versuchst du's noch an einer anderen Stelle?«

»Wir sind an der Grenze des Schlammgebietes«, sagt er und reagiert nicht auf meine Frage. »Also habe ich ein Schleppnetz dafür unten. Nicht so leicht wie ein Schlammnetz, aber leichter als eine Rundstange.«

»Das tut's wohl nicht, oder?«

»Was die Leute nicht verstehen«, sagt er, »ist, daß das Wasser immer gut ist, wenn du bereit bist zu arbeiten. Die Zeitungen haben beschlossen, daß das Austernfischen ausstirbt, weil das eine gute Geschichte hergibt. Aber was die Leute nicht verstehen, ist Angebot und Nachfrage. Der Austernfang mag ganz unten sein, aber der Preis ist ganz oben. Also macht es gar keinen Unterschied. Vor hundert Jahren kamen fünfzehn Millionen Scheffel aus der Chesapeake. Vor zehn Jahren waren es zwei Millionen. Im letzten Jahr waren es weniger als eine halbe Million. Aber damals, in den frühen Siebzigern, als ich all diese Austern reinholte, da gingen sie für drei oder vier Dollar pro Scheffel weg. In diesem Winter ging der Preis bis auf zweiunddreißig Dollar rauf.«

Wade Murphy, Kapitän der Rebecca T. Ruark, *einem Skipjack von der Chesapeake-Bay.*

Bis zum späten Vormittag hat Murphy eine gute Stelle gefunden, und bald zählt Aaron Lankford hundert Austern im linken Schleppnetz. Die Buchtenten tauchen jetzt schneller, auf der Jagd nach dem Futter, das wir hochholen. Die Sonne hängt hoch am Himmel, aber der Wind bleibt steif.

Murphy scheint zufrieden. Nachdem er mich eine Stunde lang ignoriert hat, dreht er sich um und lächelt stolz.

»An manchen Tagen dauert es einfach ein bißchen länger, die richtige Stelle zu finden«, sagt er.

Innerhalb von zwanzig Minuten kommt der Wind auf. Ein schlechtes Zeichen für den Nachmittag. Murphy unterbricht das Gespräch und geht ans Radio.

»Er ist jetzt ganz schön in Fahrt, Wadey«, sagt ein anderer Bootskapitän.

»Wie weit, Dickey?«

»Er ist bis auf zwölf.«

»Wir haben nur vier.«

»Er kommt vielleicht noch, Wadey.«

»Wir haben ihn bei vier gehalten, Dickey. Wo bist du?«

Bald wird es auch in der Bucht windiger, und die Radio-Unterhaltung wird fortgesetzt.

»Wieviel habt ihr jetzt, Wadey?«

»Jetzt fünf, Dickey. Aber er hält dagegen.«

»Ich habe befürchtet, daß das kommt.«

»Wir kriegen noch zehn, Dickey.«

»Ihr habt's schon schlimm genug ohne den Wind.«

»Weiß ich, Dickey.«

Der Wind ist jetzt schon so stark, daß die Schleppnetze nicht mehr auf dem Boden bleiben und das Boot in der Dünung schaukelt. Einmal, als ich am Steuerrad stehe, verliere ich das Gleichgewicht und falle gegen Murphy. Er faßt mich sofort am Arm und schleudert mich über das Boot. »Verdammter Zeitungsmann. Als nächstes fällst du wohl noch gegen den Gashebel.«

Einige Minuten stehe ich allein an der Seite und schaue weg. Die Crew scheint peinlich berührt. Höflichkeit, an Land eine feine Sache, hat hier draußen keinen Platz. Murphy sagt mir, ich solle unter Deck gehen. Es ist eine bittere Lektion. Während ich zitternd neben dem Propangasofen sitze, denke ich über meine Fähigkeiten in meinem eigenen Bereich nach und merke, wie wertlos sie hier in dieser Welt des Wassers sind.

Während ich da unten sitze, fern vom Wind, kommen nacheinander die drei Crew-Mitglieder herunter, um sich das Mittagessen zu machen. Jeder macht das Gleiche. Zwei Scheiben *Wonder Bread* aus dem Kühlschrank holen, eine Scheibe Schinken herausnehmen und das ganze mit Salz und Pfeffer bestreuen. Zusammen mit einer Pepsi ist das die Mahlzeit. Alle drei sind höflich, obwohl sie mich wie einen Eindringling behandeln.

»Was alles noch schlimmer macht, ist, daß die Flut dagegen läuft«, sagt Aaron Lankford, während er sich sein Brot zubereitet.

»Wie lange?«

»Ich kann das nicht genau sagen, aber es wird wohl noch 'ne Weile dauern. Was hat dich hier raus verschlagen?«

»Wollte sehen, wie es ist.«

»Na ja, jetzt weißt du's.«

Ich erkundige mich nach dem Austerngeschäft, und er grinst. »Ach, es könnte schlechter sein. Bei uns geht das sechs, sieben Generationen zurück. Mein Opa würde dir sagen, daß es schon immer hart war. Jetzt ist es auch nicht anders.«

»Wasser läßt dich altern«, sagt Kenny Welch, als er sich seinen Schinken auf *Wonder Bread* holt. »Bei manchen Leuten kannst du zwanzig Jahre draufgeben.«

»Aber sie bleiben doch dabei.«

»Na, es läßt dich nur von außen altern«, sagt er und lacht. »Siehst du, manche Leute sind erst dreißig, und sie sehen aus wie alte Männer. Aber sie bleiben trotzdem dabei.«

»Es ist hart«, sagt Jerry Lankford, Aarons älterer Bruder, während er Pfeffer auf seinen Schinken streut. »Weil du alles, was du auf dem Wasser verdienst, wieder reinstecken mußt. Und auf jede gute Saison folgt eine schlechte.«

»Also kommst du nie auf 'nen grünen Zweig?«

»Eigentlich nicht. Aber so ist es nun mal. Du kommst doch morgen nicht auch schon wieder mit?«

»Ich bin nicht sicher«, sage ich.

Der Wind hat jetzt zwanzig Knoten. Murphy steuert das Boot zurück über die Bucht und gibt das West-Ufer auf. Zum ersten Mal hat er das Segel hoch, um den Achtzehn-Meter-Mast zu stabilisieren.

Mir ist ein wenig übel von den Gasen des Propangasofens, und ich gehe wieder aufs Oberdeck. Das Boot durchschneidet die rauhen Wellen, als mir auffällt, daß niemand am Steuer ist. Ich suche Murphy und finde ihn an der Reeling, wo er sich über Bord erleichtert.

»Die Flut geht gegen den Wind«, erklärt er, als er mich sieht, und dreht sich etwas, um seinen Strahl Richtung Bucht zu lenken. »Du solltest lieber unter Deck bleiben.«

Ich entschließe mich, dort zu bleiben, wo ich bin. »Geht's zurück zum Ost-Ufer?«

»Cooper's Holler«, sagt er grimmig und zieht den Reißverschluß hoch.

»Sind wir fertig mit dem Austernfischen?«

Keine Antwort. Das Deck trocknet in der Sonne, als wir

durch turbulente Gewässer fahren. Wir stehen beide am Steuer. Der starke salzige Geruch von Austernschalen hängt in der Luft. »Paß auf!« sagt er irgendwann und versucht alles mögliche, daß ich im Weg bin.

Als wir Cooper's Holler erreichen, geht die Sonne unter, und die Winde sind wieder eisig. Murphy drosselt die Motoren, und die Schleppnetze gehen hinaus. In der Ferne sieht man die Konturen der Bay-Brücke, den Highway 50, der hier die Küste verläßt. Bald sind hundert Stück gefangen. Das bedeutet, daß Murphy uns bis zum Sonnenuntergang draußen halten wird. Das Licht wird jetzt orange über rosablauem Wasser – in den Fenstern der Kombüse und in den Gesichtern der Crew. Die Gischt ist eiskalt. Als die Sonne endlich verschwindet, gibt Murphy der Mannschaft den Befehl aufzuhören. Und er macht eine Vorhersage: »Fünfunddreißig, achtunddreißig.«

Bis wir Tilghman erreicht haben, sind die Sterne wieder draußen, und ich fühle mich vom Wellengang leicht unwohl. Murphy dockt an der Harrison Oyster Company an, wo ich durch die bekannte Silhouette des alten Ford, ganz allein am Rande des Parkplatzes, aufgeheitert werde.

Der Tagesfang wird in Metalleimer geschaufelt und mit Flaschenzügen auf das Dock gewuchtet. Ich schaue zu, während ein Mann in einer Glasbude sie zählt. »Achtunddreißig Scheffel«, verkündet er. Murphy nickt. Achtunddreißig. Ein kleiner Triumph. Ich gebe die verkrusteten Handschuhe zurück und danke ihm. Aber es kommt keine Antwort. Dies ist nicht das Leben, gegen das ich meines eintauschen werde.

Als ich weggehe, muß ich daran denken, daß Murphy und seine Crew in nur neun Stunden den Kanal wieder verlassen werden, mit gleichmäßigen acht Knoten in Richtung offenes Gewässer.

»Tastee 29«

Die Chesapeake-Bay ist mit Segeln betupft, während der alte Ford leise in Richtung West-Ufer von Maryland in den hellen kühlen Morgen gleitet. Der Ruhetag hat seinen Zweck erfüllt: Während der Fahrt durch die endlosen durcheinandergewürfelten Vororte von Annapolis und Washington bleibt die Motorleuchte erloschen.

In der Hauptstadt wird aus dem Highway 50 die Constitution-Avenue, die am Washington-Monument, an der Vietnam-Veteranen-Gedenkstätte und am Lincoln-Denkmal vorbeiführt. Der Highway hat verschiedene Namen und Ziffern, wenn er aus Washington in Richtung Virginia hinausführt: U.S. 50, Route 29, Lee Highway. Ich will schnell vom Verkehr und den Souvenirverkäufern wegkommen und fahre nach Fairfax, wo das Alte und das Neue miteinander verschmelzen wie ein gigantisches Objekt moderner Kunst – Bürogebäude mit Spiegelfassaden reflektieren den Himmel und halten das Sonnenlicht ab von den schmuddeligen Strip-Läden und alten Motels mit Namen wie *Highway 50 Motel*, *All States Motel*, *Hy Way Motel* (»Farbfernseher von RCA«). Überreste aus unterschiedlichen Epochen teilen sich den Raum.

Im *Tastee 29* haben die Stühle Chromrahmen, und die Tischplatten sind aus Formica-Marmor-Imitat. In jeder Nische steht eine Tri-Vue-Musikbox. Gerade läuft »She Deserves Him«, ein Song der »Judds«. Die lächelnde, Kaugummi kauende Kellnerin reicht mir eine Speisekarte. »Sie haben 'n Sonnenbrand gekriegt, was? Wie haben Sie das denn geschafft in dieser Jahreszeit?«

»Beim Austernfischen«, sage ich.

»Aha.«

Ich frage, ob ich noch Frühstück bestellen kann. »Sie können tun, was Sie wollen«, sagt sie. »Das einzige, was Sie hier drin nicht tun dürfen, ist mit den Fingern schnippen oder pfeifen, weil ich auf die Nummer nicht stehe.«

»Geht in Ordnung.«

Draußen fließt der Verkehr vorbei. Das Versprechen, das vor zwei Tagen noch in der Frühlingsluft lag, ist in diesen am Fenster rüttelnden Böen nicht mehr zu finden. Ich bestelle ein Champignon-Omelette mit Bratkartoffeln.

Jannet – »schreibt sich mit zwei ›n‹«, sagt sie – sitzt mir gegenüber.

»Gott«, sagt sie und atmet etwa zwanzig Sekunden lang aus. Sie trägt Levis und ein blaues spitzenbesetztes Oberteil mit einem Harley-Davidson-Emblem. Ich scheine der einzige hier zu sein, den sie nicht kennt. »Es stört Sie doch nicht, wenn ich hier ein paar Minuten sitze, um meine Füße auszuruhen, oder?« Sie zieht eine Packung Marlboro hervor, und ich sage ihr, nein, stört mich nicht.

»So. Austernfischen. Welche gefangen?«

»Achtunddreißig Scheffel.«

Sie legt ihren Kaugummi in den Aschenbecher und zündet sich eine Zigarette an und weiß nicht so recht, was sie darauf antworten soll. »Die Hälfte hiervon können Sie sich gar nicht vorstellen«, sagt sie und deutet mit dem Kopf in Richtung der Männer am Tresen. »Trotzdem einige sehr gute Leute«.

»Ist das so?«

»Oh ja. Ich bin schon seit über zehn Jahren hier. Hab einige sehr gute Freunde gefunden.« Sie nickt etwas, also nicke ich auch. »Ich meine, die meisten hier. Nicht alle, aber die meisten duzen sich. Und einige haben sogar ihre eigenen Spitznamen.«

»Vor einigen Wochen hatte ich ein Paar aus Kentucky, die haben mir auf eine Acht-Dollar-Rechnung sieben Dollar Trinkgeld gegeben«, fährt sie fort. »Sie sagten mir, daß sie noch nie eine Kellnerin hatten, die so gelächelt hat. Da fühlt man sich doch gut.« In Gedanken daran lehnt sie sich zurück und lächelt, dreht sich dann um und wirft einen Blick auf die Uhr. »Ich warte gerade auf Pops«, sagt sie.

Ich frage nicht, wer Pops ist, in der Hoffnung, sie bemerkt, daß jemand etwas bestellen will. Pech gehabt.

Anscheinend gehört es zu ihrem Job, mit der Kundschaft rumzusitzen. Während sie raucht, sehe ich mich im Diner um, und dabei fallen mir zwei Dinge auf. Etwas, das aussieht wie ein Einschußloch im Fenster, ein paar Zentimeter vor meinem Gesicht, und eine Reihe von Buchstaben über der Tür zur Küche: »YCJCYAQFTJB«. Die Männer am Tresen mustern mich ein paar Mal, während das Zischen der Hamburger und Würstchen auf dem Grill den Raum erfüllt.

»Pops«, erklärt sie, »ist ein älterer Mann, ein Witwer, der nachmittags vorbeikommt, um auszuhelfen. Kellnern und Geschirrspülen. Wir kümmern uns um ihn«, sagt sie. »Wissen Sie, wir füttern ihn. Er ist einfach ein netter Kerl. Viele Leute haben nichts anderes als diesen Laden.«

Endlich bemerkt Jannet, daß mein Essen fertig ist, und bringt es rüber. Die Portionen sind riesig, die Bratkartoffeln braun und knusprig, der Toast großzügig gebuttert. Es wird

Der Tastee 29 Diner in Fairfax, Virginia.
»Viele Leute haben nichts anderes als diesen Laden«,
sagt Jannet Emery, die Bedienung.

alles auf einem blauen Teller serviert. Ich esse langsam, dankbar, daß sie mich jetzt endlich in Ruhe gelassen hat.

Diners. Vor vierzig Jahren gab es zehntausend davon im Land. Jetzt sind es noch zweitausend, aber diese Zahl bleibt seit etwa zehn Jahren gleich. Als ich fertig bin, lasse ich drei Dollar Trinkgeld liegen und zahle an der Kasse.

»So, sind Sie hier aus der Gegend?« fragt Jannet und sieht mich zum ersten Mal richtig an.

»Nein. Wir wohnen etwas östlich von hier. Wir haben uns gerade entschlossen, alles hinter uns zu lassen und einfach loszufahren. Jetzt geht's in Richtung Westen. Die alte Isabel hat den Westen noch nie gesehen.«

Manchmal, wenn ich mich unterhalten möchte, nenne ich den alten Ford Isabel. »Oh, ich bin sicher, sie wird es mögen«, sagt Jannet mit einem Blick auf den Parkplatz.

»Ich glaube auch.«

Ich kann mich nicht mehr zurückhalten und frage, was diese Buchstaben über der Tür zur Küche bedeuten.

»Sind Sie sicher, daß ich's Ihnen sagen soll?« fragt sie grinsend und knattert noch schneller mit ihrem Kaugummi.

»Ja, los.«

»Es bedeutet, ›Your Curiosity Just Cost You A Quarter For The Juke Box‹ (Deine Neugierde hat dich gerade einen Quarter für die Musikbox gekostet.)«

»Oh.«

Das schiefe Grinsen, das blitzschnelle Kaugummikauen. Ich gebe ihr das Geld, und sie ruft rüber zu einem der Männer bei der Musikbox: »Hey, drück mal zwei – zweiundvierzig.« In merkwürdig leisem Ton erklärt sie mir: »Das ist Conway.«

Saubere und ehrliche Leute

Kurz hinter Fairfax wird die U.S. 50 zweispurig und heißt John S. Mosby Highway, nach dem Ranger der Konföderierten, dessen Partisanen-Armee einst die Kampfhandlungen der Union in diesem hügeligen Landstrich sabotierte. Alle paar Meilen sieht man jetzt alte Metallschilder, auf denen Ereignisse aus dem Bürgerkrieg beschrieben werden. An jedem halte ich den Ford an und ruhe mich aus. Die Reise wird geruhsam sein. Ich werde nichts verpassen.

»In der Nähe dieser Stelle ruhten sich am 17. Juli 1861 Jacksons Männer aus. Sie waren zu müde, um Posten aufzustellen. Jackson erklärte: ›Laßt die armen Kerle schlafen. Ich selbst werde das Camp bewachen.‹ «

»Hier drehte Lee nach Norden ab«, heißt es auf einem anderen Schild, »und rückte auf der Ox-Road in Richtung Dranesville und Leesburg vor. Am 5. und 6. September 1862 betrat die Armee den Boden von Maryland.« In der Nähe eines Ortes namens Chantilly wird das Land hügelig, und für einen kurzen Augenblick wird die Landschaft zwischen den Bäumen meilenweit sichtbar: Ein grünes Tal, gepflügte Maisfelder und verschwommene bewaldete Hänge. Die plötzliche Verwandlung der Landschaft läßt mich anhalten. Ich drehe auf der Straße, kehre um und parke auf dem Seitenstreifen der Schotterstraße. Ich starre auf die stille, endlose Erde. Ich sitze auf der Haube des alten Ford und lasse mich vom Wind, der inzwischen wieder warm geworden ist, berauschen. Mir scheint, daß selten so viel von einer einzigen Stelle aus sichtbar wird.

Nach einigen Minuten merke ich jedoch, daß ich nicht alleine bin. Ein kleiner grauhaariger Mann hat seinen Trecker in dem Feld geparkt und kommt mit entschlossenen Schritten auf mich zu. Es sieht aus, als ob er etwas festhält.

»Wie steht's«, sagt er und schaut den alten Ford ein wenig ungnädig an. Auf dem Highway 50 flitzen Wagen vorbei.

»Ich kann hier nicht parken?« frage ich.

Er schüttelt seinen Kopf und deutet an, daß das in Ordnung geht.

Der Himmel ist wechselhaft. Wolken treiben im Wind vorüber. Er macht seine Faust auf und zeigt mir ein kleines Stück Metall.

»Musketenkugel«, sagt er grinsend und reicht es mir herüber.

»Musketenkugel? Aus dem Bürgerkrieg?«

»Tja. So ist es. Gelegentlich finde ich noch ein paar.«

Er nimmt sie wieder zurück.

Der Mann heißt Calvin Alexander, und er erzählt mir stolz, daß er während der vierzig Jahre, die er in seinem Haus in der Nähe von Chantilly lebt, schon mehrere Dutzend Musketenkugeln gefunden habe. Wir starren beide noch eine Weile auf das Stück Metall in seiner Hand, während im windigen Schatten Telefondrähte leise pfeifen.

Die Straße weiter hoch werden die Bäume in der Dämmerung dunkel. An einer Ampel in der Nähe von *Lee's Corner* trampt ein langhaariger Mann mit nacktem Oberkörper und einer Grateful-Dead-Tätowierung auf der Brust. Außer dem alten Ford gibt es keinen Verkehr, und als ich an der Ampel halte, kommt er herüber und öffnet die Beifahrertür.

»Ich habe nicht angehalten«, sage ich.

»Was?«

»Ich habe nicht angehalten.«

Er sieht ein wenig überrascht aus. Er hält eine nasse Papiertüte fest, die nach Bier riecht. »Was?«

»Ich sagte, ich habe nicht angehalten. Es war nur wegen der Ampel.«

Er drückt die Tüte fester an sich. »Ich will doch nur ein bißchen die Straße runter.«

Er steigt langsam ein, und ich sehe mich um, ob noch andere Fahrzeuge auf der Straße sind. Es ist überall ruhig und leer. Ich kann das Klicken der Ampel hören, als sie wieder auf Rot schaltet.

»Wie weit?«

»Nur etwa sechs Meilen, Mann«, sagt er.

Die Ampel wird grün, und der Mann sitzt drin. Er wartet noch, daß ich nicke, bevor er die Tür zumacht.

»Okay.«

»Echt anständig.«

Vor uns windet sich die Straße über einen Hügel nach Aldie, eine alte hölzerne Mühle mit Steinbrücken und offenen Antikläden. In dieser Virginia-Landschaft hört man den Klang von Bächen und Vögeln.

»Willst du 'n Bier, Mann?« fragt der Tramper.

»Nein danke.«

Sein Geruch ist sehr stark. Bier und Schweiß und verdreckte Jeans. An seinem Gürtel sehe ich ein Messer in einer Scheide. Während wir fahren, summt er, schlägt sich mit den Fingern auf die Beine und auf den Sitz und wirft sein Haar im Rhythmus vor und zurück. Ich sehe mehrmals zu ihm hinüber und bin verblüfft, daß er eine gewisse Ähnlichkeit mit Jay Leno hat. Eine langhaarige Ausgabe.

»Wo willst du hin, Mann?« fragt er, als wir nach Middleburg kommen.

»Kein Ziel«, sage ich.

»Anständig.«

Während wir durch Middleburg fahren, trinkt er ein Bier und gleich danach, etwas weiter westlich, im Pferdegebiet, macht er noch eines auf.

»Fährst nur?«

»Fahr nur.«

»Das ist anständig.«

»Wo willst du denn hin? Du hast gesagt, sechs Meilen«, bemerke ich, nachdem wir schon elf gefahren sind.

Er lacht, als ob ich einen Witz gemacht hätte.

»Mann, komm mir nicht mit Entfernungen. Das is nicht mein Ding.«

Ich warte, daß er mehr sagt, aber es kommt nichts. Er schaut jetzt aus dem Seitenfenster, grinsend, mit einer Hand auf dem Bauch. Nach einer weiteren Meile beginnt das Summen wieder.

Draußen tauchen jetzt große Villen auf, Baumgruppen,

Kühe und Pferde. Gelegentlich eine Tankstelle oder ein Supermarkt, immer mit einem rostigen runden Coca-Cola-Schild. In der Nähe von Winchester kommen wir zu einem Club am Straßenrand, der *Silver Dollar* heißt, und der Tramper hebt seine feuchte Biertüte auf und drückt sie an die Brust.

»Check das aus, Mann«, sagt er.

»Wie bitte?«

Ich bin erst nicht sicher, ob ich halten soll oder bloß rüberschauen. Davor sind etwa sechs oder sieben Motorräder geparkt.

»Ist's das, wo du hin willst?«

»Das ist cool, Mann.«

Bevor er aussteigt, schüttelt er meine Hand. »Sicher, daß du nicht doch ein Bier willst?«

Wieder lehne ich ab. Aber während ich losfahre in die frische dunkle Berglandschaft, wundere ich mich selber darüber, daß mir ein Tramper im Wagen so unheimlich vorkam. Die Luft wird immer kühler, und der alte Ford beginnt, seltsame Geräusche von sich zu geben. Man könnte denken, er ratterte im Takt zur Country-Musik auf dem Radiosender WINC. Ein Motel in der Stadt wirbt mit: »Spezialpreise für saubere und ehrliche Leute«. Das *Tourist City Motel*. Ein altes Backsteingebäude mit einem Neonschild, das unregelmäßig über den Highway blinkt. Auf dem Parkplatz stehen noch drei andere Wagen, West Virginia, Vermont, South Carolina.

Der Mann an der Rezeption mustert mich erst einmal und macht dann eine kleine Verbeugung. Er erklärt, daß mir der spezielle Preis zustehen würde. Er ist ein Asiate in mittleren Jahren mit leichtem Körpergeruch.

»Woher wissen Sie, daß ich ehrlich bin?«

»Woher ich es weiß?«

Er winkt ab, als ob die Frage ein Witz sei, und gibt mir den Schlüssel. »Manchmal ist es besser, keine Fragen zu stellen«, sagt er.

Im Motelzimmer mache ich mir einen Drink, stelle den Fernseher an und grüble über diese Weisheit. Humphrey Bogart züchtigt Peter Lorre. Aber die Leute nebenan machen es einem schwer, sich zu konzentrieren. Sie spielen laute Country-Musik und lachen.

Mehrmals in der Nacht wache ich auf und höre die stampfende Musik – und greife nach meiner Uhr.

3.14 Uhr: »*There's something fishy going on on all those fishing trips you been going on.*«

4.43 Uhr: »*You say we tried and it's over, but honey, it's only over for you.*«

5.01 Uhr: »*I'm sitting here sipping on my second beer, just working on making your heavenly body all mine.*«

Etwas später ist es draußen schon hell, ich fahre erschreckt hoch, weil ich die eindringlichen Rufe einer Frau höre. Ein Bett quietscht heftig und stößt rhythmisch gegen die Wand. »Nicht aufhören, nicht aufhören!« schreit sie.

Danach Todesstille.

Ich liege da und höre das Fliegenfenster zum Klang der vorbeifahrenden Lastwagen im Wind klappern. Virginia-Luft. Als ich wieder einschlafe, besteht der Schlaf aus Träumen, seltsame Träume über Tramper, Motorräder und Jay Leno, der seine Sendung in einem Motelzimmer in der hügeligen Landschaft von Virginia macht. Am wirklichen Morgen ist es sonnig und schön, und der Frühling liegt in der Luft. Die eigentliche Musik.

Das Rattern des alten Ford wird schlimmer. Erst rüttelt der Motor und dann das ganze Fahrgestell. Die Country-Musik klingt, als würde eine ganze Blaskapelle spielen. Wieder auf dem Highway 50, will er nicht schneller als Tempo 30 fahren, und die Fahrer der anderen Wagen schütteln den Kopf, als sie mich überholen.

Ich halte schließlich an und frage einen Mechaniker in Winchester um Rat.

Er ist ein kleiner skeptischer Mann mit einem jungenhaften Gesicht, einem gigantischen Bauch und dicken haarigen Armen, die zu kurz sind. Ein paar Minuten lang starrt er in meinen Motor und kaut dabei auf seinem Kaugummi.

»Läuft er Ihnen zu heiß?«

»Er rattert.«

»Läuft er heiß?«

33

»Eigentlich nicht.«

Er beugt sich über den Motor und klopft an eine Feder genau unter dem Zündverteiler. Dann erhebt er sich kopfschüttelnd, schaut aber immer noch.

»Was ist es?« sage ich.

Er prüft noch etwas, faßt ein paar Teile an, knetet seinen Kaugummi, wischt sich die Hände ab und schaut mir dann schließlich genau in die Augen: »Wie lange fahren Sie schon ohne Ihr Auspuffventil?«

Ich schlucke. »Auspuffventil?«

Er deutet auf das Loch unter dem Vergaser, wo tatsächlich ein Ventil fehlt.

»Gefährliche Angelegenheit«, sagt er.

»Können Sie es reparieren?«

Er kaut und starrt noch eine ganze Weile in den Motor. »Möglicherweise komme ich morgen dazu«, sagt er, »spätestens am Montag.«

»Wie gefährlich ist es, so zu fahren?«

Wieder kaut und starrt er, fast eine Minute, als versuche er, seine Antwort sorgfältig zu formulieren.

»Nun, bei der Feuergefahr würde ich mit ihm nicht um den Block fahren«, sagt er und wischt sich wieder die Hände ab. »Das sind pure Abgase hier, direkt unter dem Vergaser. Da braucht er nur noch einen Funken, und Sie haben ein Feuer.«

»Aber wie wahrscheinlich ist ein Funken?«

Er kaut, er starrt. Er kaut, er starrt.

»Tja, möglicherweise könnten Sie noch einmal zwanzig Meilen fahren. Aber ich würde es Ihnen nicht empfehlen, weil Sie ebensogut nur bis zur Ecke hier vorne kommen könnten, ehe der Motor explodiert. Und für sowas will ich nicht verantwortlich sein.«

Jetzt starren wir beide auf die Maschine. Die Vorstellung, daß der alte Ford so einen spektakulären Tod stirbt – eine Explosion in Winchester, Virginia –, ist entnervend. Aber dieser Mechaniker hat etwas Unangenehmes an sich, und ich beschließe, nach einer Tankstelle zu suchen.

Der Mechaniker dort ist ein freundlicher, drahtiger alter Mann namens Gus. Er steckt seine Hand in den Motor, dort, wo das Auspuffventil sein sollte, und fragt: »Was ist passiert?«

»Ich denke, es wird einfach abgefallen sein.«

»Na ja, dann werden wir einfach ein neues bestellen müssen.«

»Wie lange wird das dauern?«

»Oh. Es könnte ein oder zwei Tage dauern, bis es hier ist.«

»Okay.«

Bevor ich gehe, frage ich ihn nach der Feuergefahr, und er grinst. »Nein, Sir, es gibt praktisch keine Feuergefahr. Er wird nur eine Menge Lärm machen.«

Die nächsten paar Tage verbringe ich in Winchester, mache lange Spaziergänge auf den Landstraßen und genieße die Frühlingsluft. Jeden Morgen kaufe ich eine Zeitung im *Winchester Valley News and Novelties* im alten Backsteinviertel der Stadt. In Jim Devines Laden hängen mehr als fünfhundert Baseball-Mützen an Drähten von der Decke. »Bloß um etwas zu tun«, sagt er, hat er mit dem Sammeln angefangen. Jetzt bringen ihm die Leute Mützen aus dem ganzen Land. Sein kleiner Laden ist wohl, wie er sagt, legendär geworden. »Anscheinend hat er ein Eigenleben bekommen.«

Jeden Tag, wenn ich reinkomme, fragt er das gleiche: »Gefällt's Ihnen in Winchester?«

Ich sage ihm, ja.

»Werden Sie heute spazierengehen?«

»Bin nicht sicher. Irgendwelche Vorschläge?«

Ohne den Wagen fühle ich mich plötzlich an diese alte Stadt, die einmal eine strategische Festung im Bürgerkrieg war, gefesselt. Es gibt keinen einfachen Abgang mehr. Der Geruch von Buchsbaum und Frühlingsblumen, die Anordnung der Straßen – Winchester wird mir vertraut. Ein Ort, den ich kenne. Die meisten meiner Spaziergänge führen mich durch das Zentrum, vorbei an dem alten Gebäude in der Braddock Street, wo George Washington als Landvermesser gearbeitet hat und den Hügel hoch zum Mount Hebron Friedhof, wo ich im kühlen Schatten der Douglas-

Tannen und Zedern sitze und zwischen den Kalkstein-Grabsteinen der alten Virginia-Familien die Zeitung lese.

Ein Kommentar zur Kultur: Heute tragen Grabsteine nur zwei Informationen, Anfang und Ende. Vor hundert Jahren erzählten sie Geschichten. Unter der Kalksteinplatte, die mir gegenüber schief aus dem Rasen ragt, ist ein Junge namens Willie Lockart begraben. Auf dem verblaßten Stein steht: »Für immer schwindet der Stolz und die Freude unseres Lebens, als wir erfahren vom Tod unseres geliebten Sohnes.« Gezeichnet J. und Amanda Lockart. Neben ihm liegt Amanda begraben, die siebenunddreißig Jahre später »endlich den Frieden fand, nach dem sie sich so oft sehnte, fürchtet nicht mehr des Lebens kalten Wind, obwohl sie mit gebrochenem Herzen starb«.

Nebenan markieren Reihen von meterhohen grauen Steinen die Gräber von Konföderierten-Soldaten. Ein getrennter Konföderierten-Friedhof. Virginia wurde durch den Bürgerkrieg in zwei Staaten geteilt, und viele Leute hier unten stellen auf ihren Lieferwagen immer noch Konföderierten-Flaggen zur Schau, als ob sie versuchten, ein Ideal des Südens zu bewahren. Als wäre die Ursache des Bürgerkrieges nicht die Sklaverei gewesen.

Eines Nachts schaue ich in der *Rebel Lounge* vorbei und lerne eine Frau namens Patty kennen, die ihrerseits auf der Suche zu sein scheint. Eine offene, entwaffnend ernsthafte Frau, die, umgeben von einer Gruppe Virginia-Hillbillies, an der Bar sitzt und, während sie sich eine Marlboro Light nach der anderen ansteckt, über sich erzählt. Sie wuchs in North Carolina auf, sagt sie, und wurde mit siebzehn schwanger.

»Ich denke, ich habe die letzten fünfzehn Jahre damit verbracht, vor meinen Schuldgefühlen wegzurennen. Ich komme aus einer katholischen Familie, und es war wahrscheinlich irgendeine Art von Rebellion. Ich verstehe es heute immer noch nicht.«

Sie ist eine große, ungelenke Frau mit kurzem schwarzem Haar und grünen Augen, die angezogen ist wie ein Teenager in der Großstadt: ärmelloses T-Shirt, schwarze Jeans und Turnschuhe. Beim Sprechen stößt sie mit ihrem Ellenbogen öfter Bierdeckel auf die Erde; einmal klebt mehrere Minuten lang eine Serviette an ihrem Arm, bis ich sie darauf aufmerksam mache und sie sie entfernt.

Im Fernsehen läuft eine Fortsetzung von »Mord, schrieb sie«, und die meisten Männer, die an der Bar sitzen, starren darauf, obwohl der Ton nicht eingeschaltet ist.

»Du lebst also jetzt in Winchester?« frage ich und bemühe mich, die Chronologie ihrer Vergangenheit ein wenig voranzutreiben, damit sie zur Gegenwart kommt.

»Ich besuche meinen Bruder«, sagt sie. »Mein Sohn lebt bei ihm. Meinen Bruder und seine Frau. Alle sind mit dieser Vereinbarung glücklich. Ich sehe auch nichts Verkehrtes dabei, wirklich. Die Leute haben ja vorgefaßte Meinungen darüber, was man tun sollte und was nicht. Zum Beispiel sehe ich nichts Verkehrtes dabei, wenn eine Frau allein in eine Bar geht.« Sie wedelt mit ihrer Zigarette in der Luft, um anzudeuten, daß sie genau das getan hat. »Es bedeutet ja nicht, daß sie unbedingt flachgelegt werden will. Ich meine, in den Augen mancher Leute bedeutet es das vielleicht. Aber das ist ihr Problem.«

Je mehr sie trinkt, desto mehr kommt ihr südlicher Akzent zum Vorschein, und sie wird immer freundlicher. Wie viele andere Fremde scheint sie mein Schweigen zu schätzen.

»Ich überlege, ob ich nicht zurück zur Schule gehen sollte. Ich habe jahrelang als Kellnerin gearbeitet. Aber darin war ich nicht sehr gut. Auch im Heiraten war ich nicht sonderlich gut. Oder Beziehungen. Aber ich denke, irgendwann kann ich etwas machen. Also wo gehst du hin?«

»Kein Ziel.«

»Warst du schon in Middleburg?«

»Ich bin durchgefahren.«

»Das ist ein gutes Ziel.« Sie raucht eine Weile ganz ernsthaft und wirft einen prüfenden Blick auf ihre Zigarette, als sie sie zum Mund führt. »Ich zeige es dir morgen, wenn du magst.«

Später wird getanzt, nachdem »Mord, schrieb sie« vorbei ist. Patty und ich sehen zu. Ein junges Paar schwankt ein wenig. Sie halten sich fest umklammert und streicheln sich gelegentlich. Ein älterer Mann tanzt Twist mit einer Frau, die halb so alt ist wie er. Zwei alte Damen tanzen zusammen, die eine von ihnen sehr unsicher, als ob sie auf der Stelle träte.

Patty fährt mich zurück zum *Tourist City Motel*, und wir verabreden, daß sie mich am nächsten Morgen um neun Uhr abholt. Während ich draußen auf dem Parkplatz stehe und aus dem Zimmer nebenan wieder Country-Musik tönt, summen die Telefondrähte. Plötzlich pulsiert Winchester mit Energie, mit neuem Leben.

The Main Street –
Die Hauptstraße

Um zwanzig Minuten nach neun am nächsten Morgen steht ein lärmender brauner Toyota mit laufendem Motor auf dem Parkplatz. Durch einen Spalt in der Gardine kann ich Patty sehen. Sie trägt eine Sonnenbrille, raucht und nickt mit dem Kopf im Takt zur Musik.

Sie ist heute anders. Durch die Sonnenbrille bekommt sie eine Distanz. Während wir durch die Stadt fahren, spricht sie ein paar Minuten lang kaum, als wäre sie nur eine entfernte Kollegin, die mich nicht ganz freiwillig mitnimmt. Wir fahren vorbei an der Tankstelle, wo der alte Ford mit offener Haube steht, vorbei an den Läden, die Feuerwerk und Apfelprodukte verkaufen. Ich sehe, daß der Rücksitz ihres Wagens voller Bücher ist: Gertrude Stein, Virginia Woolf, Edith Wharton, Flannery O'Connor, Carson McCullers, Harper Lee.

Als wir draußen auf dem Land sind, fängt sie allerdings an zu sprechen und sich nach dem Highway zu erkundigen. Während wir ostwärts nach Middleburg zurückfahren, erzähle ich ihr die Geschichte.

»Diese Straße«, sage ich, »stammt aus der Zeit George Washingtons. In den achtziger Jahren des 18. Jahrhunderts träumte er von einer Virginia-Handelsstrecke über die Alleghenies nach Westen. Diese Straße, der Northwestern Turnpike, begann hier in Winchester und endete in Parkersburg am Ohio. Die Hauptstraße Amerikas. Das war einer ihrer Spitznamen.«

»Das finde ich gut.«

»Das war allerdings nicht einzigartig. Die National Road, die erste Straße in den Westen, erhielt später den gleichen Spitznamen. Später nannten sie die Route 66 die Hauptstraße Amerikas.«

39

»Wann wurde aus ihr der Highway 50?«

»Die U.S. Routes gab es ab 1926«, sage ich. »Ursprünglich bloß eine Bezeichnungsweise, kein Programm zum Highway-Bau. Es war ein frühes Ziel der U.S.-Regierung, die verschiedenen Teile des ganzen Landes zu vereinen. Und am meisten half da der Bau eines weitverzweigten Highway-Netzes, das mit einer einzigen Streckennummer die Straßen von Küste zu Küste verband. So entstanden die U.S. Highways.«

Patty raucht angestrengt und dreht dann für einige Minuten das Radio sehr laut auf, bevor sie es ausschaltet. Sie will in Wirklichkeit über das Weggehen reden. Diese Reise, die ich mache.

»Ich bin auch mal losgefahren. Mehrere Monate bin ich in Europa gereist. Ich war die ganze Zeit allein, aber ich lernte viele Leute kennen. Es war eigentlich die beste Zeit meines Lebens, wenn du die Wahrheit wissen willst. Ich habe mich nie wieder so frei gefühlt.«

»Bist du jemals wieder hingefahren?«

»Nein. Ich wollte und hatte es geplant. Nochmal hinfahren, vielleicht drüben leben. Aber es wäre nicht das gleiche gewesen. Das ist die Schwierigkeit. Mit der Zeit bekommen die Dinge zuviel Gewicht.«

Sie ist eine Weile still und denkt vielleicht an eine Zeit ihres Leben, in der die Dinge besser liefen. Der Morgennebel in der Hügellandschaft ist einzigartig.

Auf der Straße birgt jeder Tag eine Überraschung. Es beginnt mit dem Bewußtsein der Möglichkeiten. Ein Gefühl, das sich wie der Morgentau verflüchtigt.

»Ich möchte, daß du Middleburg siehst«, sagt Patty und holt mich ins Gespräch zurück, während sie den Knopf am Radio durch einige Rockmusik-Explosionen dreht, bevor sie es wieder abschaltet.

Middleburg, Virginia, ist ein Dörfchen aus der Kolonialzeit mit Steingebäuden, Kopfsteinpflaster und holzbedeckten Straßenschildern. An der einzigen Ampel im Dorf, direkt am Highway 50, steht das *Red Fox Inn*, die älteste amerikanische Kneipe, die noch in Betrieb ist. So wird es uns

*Highway-Schild in West Virginia, wo die Straße einst
Turnpike (Schlagbaum) für Pferde und Wagen war.
Foto: Pam Leppin*

erzählt. Wir frühstücken dort, in einem blitzblanken getäfelten Speisesaal aus der amerikanischen Gründerzeit. Die anderen Gäste tragen alle Reiteranzüge und unterhalten sich über ein Polo-Turnier. In unseren geschliffenen Wassergläsern und dem polierten Silber spiegeln sich die Flammen des Kamins.

»Ich denke, daß ich irgendwann ziemlich reich sein werde«, sagt Patty, während sie ihre Eier und Muffins ißt. »Aber ich würde hier nicht leben. Ich würde mir irgendeinen Ort aussuchen, den noch niemand entdeckt hat.«

»Wo?«

»Im Westen wahrscheinlich. Für mich ist das am wichtigsten. Anders zu sein. Fährst du dahin?«

»Wohin?«

»In den Westen.«

41

»Irgendwann vielleicht.«

Sie starrt mich an, ihre Augen auf meine geheftet. »Weißt du? Einfach irgendeinen Ort finden.«

Als der andere Tisch leer wird, sind wir die einzigen in diesem Speisesaal im Erdgeschoß, und der Kellner, ein Mann um die fünfzig mit dunklem gelocktem Haar und Schnauzbart, kommt herüber.

»Wissen Sie, wer am Dienstag dort gesessen hat, wo Sie jetzt sitzen?« fragt er.

»Wer?«

»Jacqueline Kennedy Onassis.«

Aus dramaturgischen Gründen macht er einen Schritt zurück und schließt für einen Augenblick die Augen.

Middleburg ist eine reiche Stadt, wo, wie man sagt, die Hälfte der Einwohner Millionäre sind. Vierhundert Millionäre, sagt uns der Kellner und macht eine Verbeugung. Jack Kent Cooke wohnt hier, außerdem Paul Mellon. Wir hören zu und nicken. Mellon, sagt er, hat vor kurzem ein Haus für Jackie Onassis hier gebaut. Da sind noch andere: Robert Duvall, Stacy Keach.

»Sie versuchen mit aller Macht, das alte Geld zu erhalten, verstehen Sie? Die Neureichen rauszuhalten. Das ist nicht einfach. Alle Welt will hierherziehen. Da gibt's eine neue Villensiedlung, die viele Leute hier nicht haben wollten. Nur die Rezession kann das aufhalten, verstehen Sie. Niemand hat mehr Geld. Außerdem leihen die Banken nicht mehr an Landentwickler.«

»Da kriegen Sie wohl gutes Trinkgeld«, sagt Patty.

»Nein, eigentlich nicht. Keiner von ihnen gibt mehr als fünfzehn Prozent. Anders als Al Neuharth. Der Gründer von *USA Today*. Der gibt mir immer hundert Dollar.«

»Und wie ist es mit Jackie?«

»Jackie? Fünfzehn. Jackie ist auch anspruchsvoll. Sie ruft morgens an und sagt, daß sie ein Sieben-Minuten-Ei und die Schuhe geputzt haben will. So lebt sie nun mal. Sie erwartet es einfach. Sie ist sehr dankbar. Neulich sah ich sie im Supermarkt.«

»Ist das wahr?«

»Ja. Sie kaufte etwas Fleisch. Das sind ganz normale

Leute, die hier wohnen, wissen Sie. Wie Sie und ich. Sie sind nur zufällig reich.«

Nach dem Frühstück geben wir fünfzehn Prozent Trinkgeld und spazieren auf der Kopfsteinpflasterstraße an hübschen Stein-Villen und perfekt geschnittenem Rasen vorbei. Die Route 50 war an dieser Stelle ursprünglich ein Pionier-Pfad, erzähle ich Patty. Sie raucht. Mit ihren weitausgreifenden Schritten ist sie mir immer einen halben Schritt voraus. Sie stößt öfter mit anderen Leuten zusammen oder mit Straßenschildern und Zeitungsständern auf dem Fußweg. Das Sonnenlicht steigt an den Wänden der steinernen Läden immer höher. Die frische Morgenluft mit ihrem frühen Versprechen ist plötzlich verschwunden.

»Falls ich wirklich reich werden sollte, werde ich mit dem Geld etwas Wohltätiges machen«, sagt Patty in den Wind hinein. »An einem Ort wie diesem wäre es zu verlockend, etwas Eigennütziges zu machen.«

Auf dem Lande ist Wein zu einem großen Geschäft geworden. Vor zwanzig Jahren gab es hier noch keine Weinkellereien. Jetzt gibt es vierzig, und Virginia ist wahrscheinlich der fünftgrößte Weinproduzent des Landes (die lokalen Winzer behaupten, es sei der drittgrößte).

Die Ironie der Sache ist, daß Thomas Jefferson diesen Staat schon vor zweihundert Jahren als ideal geeignet für die Weinproduktion angesehen hat. Seine Bemühungen, europäische Reben nach Virginia zu bringen, scheiterten jedoch am Klimaunterschied. Weinexperten behaupten nach wie vor, daß es in Virginia zu heiß ist, um erstklassigen Wein zu produzieren. Aber die Winzer sind anderer Meinung.

Patty möchte mir die Kellereien zeigen, und sie fährt schnell in Richtung der Swedenbourgs auf der Ostseite des Ortes. »Manchmal zieh ich mir gern mitten am Tag einen rein«, sagt sie.

»Ich nicht.«

»Nur gelegentlich. Wenn ich reich wäre, würde ich es wahrscheinlich einmal die Woche tun.«

Sie fährt schnell auf diesen alten Straßen, mit einer Art

jugendlichen Selbstvertrauens. Eine Person, die sich noch nicht richtig für einen Lebensstil entschieden hat. Das macht sie in mancher Hinsicht zu einer perfekten Komplizin – in anderer Hinsicht zu einer furchtbaren.

Als wir am Gutshaus ankommen, sitzt der alte Mr. Swedenbourg allein am Fenster und schaut mit einem Ausdruck des Entsetzens auf seine 130 Morgen Trauben. Es ist sein natürlicher Gesichtsausdruck. Er begrüßt uns herzlich und führt uns nach hinten zu einem Stahlraum am Ende des Gebäudes, wo der Wein hergestellt wird.

Auf dem Weg sieht er immer genau zu, wenn Patty und ich uns unterhalten, als wolle er etwas über uns erfahren. An einer Stelle fragt er: »Wo kommt ihr denn her?«

»Aus North Carolina«, sagt Patty. Seine Augen wenden sich mir zu, als könnte meine Antwort anders ausfallen, und ich nicke.

»Virginia-Weine, die Traube ist etwas Besonderes, nicht wahr? Die kalifornischen Weine sind zu süß. Virginia-Weine sind mehr wie europäische Weine.«

Swedenbourg lacht, als Patty ihn fragt, warum er ins Weingeschäft eingestiegen sei. Wir amüsieren ihn.

»Nun. Man muß etwas mit dem Land tun, hm? Es ist zu kostbar, und die Regierung hat es uns leicht gemacht.«

Er dreht sich zu mir.

»Also des Geldes wegen?« frage ich.

Wieder lacht er. »Wie Sie sagen. Wegen des Geldes.«

Swedenbourg nimmt sich jedoch die Zeit, uns in aller Ausführlichkeit den Prozeß der Weinherstellung zu erklären. Wie die Trauben im September geerntet werden, dann durch den Sortierer gehen und durch die Presse, wo sie entsaftet werden. Der Saft wird in rostfreien Stahlbehältern gelagert, bevor er in die Fermentiertanks gepumpt wird. Hefe wird hinzugefügt und der Wein drei Wochen stabilisiert, bevor er in die Eichenfässer kommt, wo er seinen Geschmack bekommt. In den Fässern altert er zwei bis vier Monate zum Semillon, sieben bis neun Monate zum Chardonnay und zum Seyval Blanc.

»Der besondere Geschmack«, sagt Swedenbourg, »da kommt er her. Nun, was ist Ihr Lieblingswein?« fragt er mich. Und er räuspert sich, augenscheinlich schnell und etwas verächtlich, als ich Chardonnay sage.

Nach der Führung bietet er uns an, seine Weine zu probieren, einen nach dem anderen. »In Virginia haben wir doch einige der besten Weine dieses Landes, oder?«

»Diesen Teil mag ich am liebsten«, flüstert Patty, und Swedenbourg merkt auf wie ein Haustier, dessen Namen man gerade gerufen hat.

»Ja?« sagt er. »Sie möchten probieren?«

Draußen tanzt das Sonnenlicht in den frischen Grasweiden und in den Weinreben. Durch den Wein hat sich die Stimmung der Landschaft von Virginia bereits geändert.

Auf der schmalen Schotterstraße, die entlang an steinernen Mauern auf die Meredyth-Weinkellerei zuführt – eine der größten Weinkellereien des Staates – fährt Patty viel zu schnell.

»So, und wenn deine alte Karre endlich wieder flott ist, haust du also ab?«

»Vermutlich.«

Sie zündet sich eine Zigarette an.

»Ich würde losfahren. Ich würde gerne mit dir mit. Weißt du, das ist es, was ich meinen Eltern immer vorgeworfen habe. Sie sind ihr ganzes Leben lang in einer kleinen Stadt geblieben. Sie haben mir niemals irgendetwas nahegebracht. Sie haben mir gesagt, was ich tun sollte und was ich nicht tun sollte. Aber ich habe nie verstanden, warum. Und was ist passiert? Mit siebzehn bin ich schwanger geworden.«

Ihre Autobiographie ermüdet mich bereits ein wenig. Aber ich bleibe ein geduldiger stiller Abenteurer.

Patty trägt wieder ein ärmelloses T-Shirt, und ihre Unterarme sind mit Flaum und Sommersprossen bedeckt. Ihre dünnen Lippen verleihen ihr einen entschlossenen Ausdruck, während sie fährt, als würde sie sich auf die Straße konzentrieren. Das tut sie aber offensichtlich nicht. Mehrmals paßt sie nicht auf und verliert die Kontrolle. Der Wagen rutscht vom Straßenrand, und sie muß das Lenkrad rumreißen, um uns in der Spur zu halten.

»Ohh oh«, sagt sie jedesmal, wenn es passiert.

Auf dem Grundstück in Meredyth parkt sie neben einer grünen Scheune. Vorne hängt eine Glocke, und ein Schild fordert alle Besucher auf zu läuten.

Als wir klingeln, passiert nichts.

»Hallo? Huhuu?«

Patty schiebt die Tür zur Scheune auf. Drinnen ist es kühl, und es riecht nach Stein, Wein und Holz. Große Fässer liegen dort in langen Reihen, aufgetürmte Flaschen stehen herum, aber kein Mensch ist zu sehen. Ein paar Minuten lang wandern wir durch die Räume und folgen dann der Steintreppe hinunter in den Keller.

Eine quirlige dunkelhäutige Frau macht gerade eine Führung: »Die dreiundfünfzig-Gallonen-Eichenfässer geben dem Wein einen zusätzlichen butterigen Geschmack«, sagt sie mit erstaunlich tiefer und souveräner Stimme. »Die Fässer kommen aus Frankreich und kosten pro Stück vierhundert Dollar. Sie haben eine Lebensdauer von drei Jahren.«

Während wir uns unter die Touristengruppe mischen, nimmt Patty meine Hand und läßt sie nicht mehr los. Als Pärchen schlendern wir so weiter. Unsere Führerin macht den Eindruck, als ob sie ihre Begeisterung für Wein kaum zügeln kann, und während sie spricht, tritt ihr ein wenig Schaum aus den Mundwinkeln. Als sie uns erzählt, daß Virginia drittgrößter Weinproduzent im Lande ist, scheint fast jeder in der Gruppe überrascht und beeindruckt. Diese Plazierung (obwohl fiktiv) scheint alles ins rechte Licht zu rücken.

Mit einer neuen Gesetzgebung im Sinne der Weinbauern änderte sich 1980 die Weinfabrikation in Virginia, erklärt sie. Seitdem ist das ein wachsender Wirtschaftszweig. Meredyth war die erste Kellerei im Staat mit einer Lizenz. Die erhielt sie 1972. Jetzt werden hier zweihunderttausend Flaschen im Monat produziert.

»Aber warum sind diese Weine einzigartig?« fragt Patty.

»Nun, sie sind besser«, sagt unsere Führerin und lächelt, als wäre keine andere Erklärung nötig.

Eine sonnengebräunte Frau aus Kalifornien ist auch dabei, und sie stimmt zu: »Mais oui.«

»Wie steht es denn mit den New Yorker Weinen?« fragt Patty.

»Sie produzieren ja einige sehr gute Weine, aber sie haben keine Traube von der gleichen Qualität wie der Virginia-Wein.«

Anschließend kaufe ich eine Flasche Seyval Blanc, und wir gehen hinaus in die angenehme Nachmittagsluft.

Viele der Straßen in diesem Pferdeland sind ungepflastert und stammen aus der Zeit der Jahrhundertwende. Die Leute wollen sie auch nicht gepflastert haben. Man hat hier ein Gefühl von Frieden und Sicherheit, und schwarz geteerte Straßen stellen etwas Fremdes, von außen Eingedrungenes dar. Genauso verhält es sich mit Diners, Skipjacks und Highway-Motels aus den Fünfzigern – vereinzelte Überbleibsel einer anderen Zeit, die uns daran erinnern, daß das Neue nicht unbedingt besser ist. Unsere gesamte Gruppe steht um den Picknick-Tisch und schaut auf die Hügel, das Licht auf den grünen Feldern und die knospenden Bäume.

Später halten wir irgendwo in der Landschaft und schauen zu, wie die Sonne hinter den Hügeln, auf denen der Bürgerkrieg stattfand, untergeht und wie die Lichter in den Häusern immer heller werden. Augenscheinlich sagt uns das Land: Es war nichts verkehrt, so wie es war. Veränderung ist nicht nötig.

»Ich würde mit dir reisen«, sagt Patty. »Aber ich weiß nicht, was ich tun sollte. Ich muß einen Job finden.«

Wir sitzen lange da draußen, denken über die Fahrt nach und lassen die Dunkelheit an uns herankommen. Die Luft ist stiller geworden. Aus den Feldern kommt eine leichte Brise herüber. Wir hören sie leise in den Blättern.

Die Apfelhauptstadt

Gus erklärt mir, daß der alte Ford noch einen Tag brauchen wird, möglicherweise sogar zwei. Er reibt sein Kinn und starrt auf das Pflaster.

»Es ist nur eine Frage, das richtige Teil zu bekommen. Das, was sie geschickt haben, paßte nicht.«

Aber es macht nichts. Patty und ich kehren nach Middleburg zurück. Wir machen ein Picknick auf dem Lande, wir trinken Ale in einem alten steinernen Gasthaus und besuchen die Antiquitätenläden der Stadt. Mehrere Male erwähnt sie die Reise in den Westen, aber immer hypothetisch. Würden wir ihren Wagen nehmen oder meinen? Würden wir Jobs finden können, wenn uns das Geld ausginge? Es wird schnell deutlich, daß sie es ernst meint.

Am nächsten Morgen hole ich den alten Ford ab. »Er ist so gut wie neu«, sagt Gus. Als ich zum Motel zurückkehre, steht der braune Toyota vor meinem Zimmer.

»So gut wie neu, sagt er«, erzähle ich ihr. »Fertig für die Reise nach Westen.«

Mit gespielter Enttäuschung, so scheint es, erklärt Patty, daß sie nicht fahren kann.

»Warum?«

»Ich muß nach Florida«, sagt sie mit einer Stimme, die ich nicht wiedererkenne. »Mein Onkel hatte einen Schlaganfall.«

»Einen Schlaganfall?«

»Heute morgen. Ich glaube nicht, daß er es schaffen wird.«

Sie ist wieder zu ernst, wie am ersten Abend, als ich sie in der *Rebel Lounge* traf. Als würde sie alles, was danach kam, wieder zurücknehmen. Im hellen Morgenlicht gibt sie mir einen Kuß und schreibt eine Telefonnummer in North

Carolina und eine andere in Florida auf. Sie trägt heute ein anderes ärmelloses T-Shirt. »Ich könnte dich irgendwo auf dem Weg treffen«, sagt sie, und wir machen provisorische Pläne. »Kansas, oder Colorado vielleicht.« Als sie wegfährt, fühlt sich der plötzliche Abschied allerdings fast wie die Nachwirkung eines Überfalls an. Während ich auf dem Parkplatz des *Tourist City Motel* stehe, dämmert mir, daß es nur eines zu tun gibt: fahren.

Draußen auf dem Land sind überall Apfelblüten. Ein Schild an der Straße erklärt Winchester zur »Apfelhauptstadt« der Welt, und die Wirtschaft der Gegend feiert dies. Der Highway 50 führt an der *Apple Blossom Mall*, dem *Johnny Appleseed Restaurant* und dem *Apple Orchard Motel* vorbei. Das Motto des lokalen Radiosenders lautet »Von der Apfelhauptstadt zur Landeshauptstadt«.

An einer Tankstelle nahe der White House Apple Company fülle ich den alten Ford mit Super-Benzin. Dabei erzählt mir ein Tankwart, daß die meisten Apfelhaine von Johnny Appleseed selbst angelegt wurden.

»Dachte nicht, daß er so weit nach Süden gekommen ist.«

»Doch, Sir«, sagt er, und sein Grinsen gefriert. »Das ist er.«

Das beendet den Smalltalk. Wieder im Wagen, teile ich dem alten Ford etwas von meiner Weisheit mit: »Die Einheimischen geben dem Reisenden gerne Auskunft. Aber stelle diese nicht in Frage und verlange von ihnen keine Erklärung. Oft werden diese Geschichten bloß durch ständige Wiederholung zur Wahrheit.« Der alte Ford grummelt.

Während ich durch die Haine fahre, singt Patsy Cline vom Herzschmerz, und der Wind duftet nach Wildblumen. Ein Schild vor einem Haus trägt die Inschrift »Vielleicht kommt Jesus heute«. Ich fühle, wie sich mir das Herz zusammenzieht, und denke an Patty, die in ihrem vollgestopften Toyota nach Süden fährt. Ich werde ihr eine Postkarte schicken, von irgendeiner anderen Hauptstraße auf dem Weg. Aber auch nach diesem Entschluß fühle ich mich noch nicht besser.

Ein Marktstand außerhalb der Stadt preist neue hiesige

Äpfel an. Der Mann, der dort arbeitet, sagt allerdings, daß es noch zu früh in der Saison sei.

»Warum ist das Schild dann da?«

»Wir lassen es einfach immer stehen. Wahrscheinlich nur, um uns Ärger zu ersparen.« Um es wieder gutzumachen, gibt er mir einen Red Delicious, der gut und saftig schmeckt.

Während ich ihn esse, erzählt mir der Mann in seinem nervenraubenden südlichen Tonfall ein wenig über Äpfel.

»Der Stayman«, erklärt er, »das ist wahrscheinlich der beste Allround-Apfel der Welt. Der ist für alles gut. Und dann gibt es noch den Golden Delicious – gut zum Essen und für Salate. Der verliert auch nicht seine Farbe. Das ist ein guter Apfel, den Sie jetzt gerade essen.«

Ein Apfel-Fanatiker. Um höflich zu sein, nicke ich ständig.

»Es gibt natürlich eine Menge Geheimnisse über Äpfel, die die Leute nicht kennen. Ziemlich einfache Dinge. Zum Beispiel: Wenn man den Geschmack erhalten will, soll man die Äpfel niemals in Papiertüten lagern. Papier saugt die Feuchtigkeit auf. Äpfel soll man immer in Plastiktüten lagern. Und sie von anderen stark riechenden Lebensmitteln fernhalten, weil Äpfel den Geschmack von anderen Sachen annehmen können. Das passiert ganz leicht.«

Als ich aufgegessen habe, danke ich ihm, und es geht weiter, zurück auf den Highway 50. Ein bißchen die Straße hoch ist ein anderer Laden. Der verkauft mehr Apfelprodukte, als ich je für möglich gehalten hätte: Essig, Butter, Most, Sirup, Seife.

Der Verkäufer ist genauso zuvorkommend wie der letzte. Ein junger lockenköpfiger, fröhlicher dicker Mann. Sein Akzent ist südlich, aber musikalisch.

»Die Leute kommen aus dem ganzen Land hierher«, sagt er mir, und wenn er grinst, erinnern seine Backen an Äpfel. »Apfelhauptstadt der Vereinigten Straßen nennen sie es.«

»Sind die Leute wirklich so sehr an Äpfeln interessiert?«

»Ich weiß nicht warum, aber Äpfel haben irgendetwas, das die Phantasie der Leute befriedigt. Das war schon immer so. Und das kommt so bei keinem anderen Obst vor. Man sagt ja auch, daß es ohne Äpfel viele der großen Fabeln nicht gäbe.«

»Fabeln?«

»Ja, Sir. Sie wissen doch, die berühmten Geschichten und so, in denen immer irgendwo ein Apfel vorkommt. Beginnen wir am Anfang: Adam und Eva. Schneewittchen. Der Trojanische Krieg. Dornröschen.« Er schaut nachdenklich auf den Highway 50-Verkehr hinüber und fügt noch eine Geschichte hinzu:»Die Wilhelm-Tell-Ouvertüre.«

»Hm.«

»Ohne Äpfel hätten wir keine dieser Geschichten. Und ich nehme mal an, daß wir auch nicht das Gesetz der Schwerkraft hätten.«

Er lächelt jetzt siegessicher.»Das machen sich nicht viele Leute klar. Die meisten Leute wissen nicht einmal, daß kein Obst besser verkauft wird als Äpfel.«

Noch ein Wagen kommt an. Nummernschild aus Pennsylvania.

Wenn ich den größten Apfelhain der Welt sehen möchte, sagt er, solle ich umkehren und mal hinter Clifton Arnolds Haus gucken.»Der größte Apfelhain im Shenandoah-Tal.« Er lächelt, und seine Backen verwandeln sich in gigantische Red Delicious-Äpfel.

Ich fahre zurück zu Clifton Arnolds Haus mit dem roten Dach am Rande von Winchester, um mir das anzusehen. Ich parke an seiner Auffahrt und schaue mir die wogenden Felder voller rosa Blüten an. Nach ein paar Minuten erscheint ein großer Mann an der Hintertür und blinzelt im Nachmittagslicht, senkt seinen Kopf und spaziert über den Rasen, um zu fragen, was ich wolle. Er scheint beruhigt, als ich sage, daß ich bloß seinen Apfelhain bewundere.

Ich erfahre jedoch bald, daß Clifton Arnold ebensowenig der größte Apfelbauer im Tal ist, wie Winchester die Apfelhauptstadt der Welt. Und daß Äpfel auch nicht die meistverkaufte Frucht des Landes sind. (In Wirklichkeit sind sie an dritter Stelle, hinter Orangen und Trauben.) Aber als ich hinter das Haus schaue, blühen die Bäume im Frühlingswind, und ich rieche Spuren der Apfelblüten in der Luft. Für einen Augenblick bin ich benommen von den aufgeblasenen Darstellungen dieser Frucht – Opfer der Verschwörung, dieses amerikanischen Zeitvertreibs: Zeichen und Geschichten, die übertriebenste Bedeutung verkünden an den entlegensten Orten der Welt. Schwerkraft. Adam und Eva.

Clifton Arnold, ein stämmiger, leiser Mann, führt mich eine schattige Schotterstraße hinab. Er versucht gar nicht, mir die Geschichte des Apfels zu verkaufen. Er möchte sich bloß unterhalten, als hätte er nicht sehr oft Gesellschaft.

»Es gab mal eine Zeit, da produzierten wir zweihundertfünfzigtausend Scheffel. Jetzt sind es eher so um die hunderttausend«, sagt er. »Wir werden oft gehänselt wegen des Schildes in der Stadt, auf dem steht, wir seien die Apfelhauptstadt. Ich will nicht sagen, daß es nicht mal so war, aber das ist schon eine ganze Weile her.«

»Was ist passiert?«

»Ich glaube, daß in dieser Gegend einfach nie soviel Werbung für die Äpfel gemacht wurde wie drüben im Staate Washington. Da ist ja die eigentliche Apfelhauptstadt.«

Das Sonnenlicht schimmert durch die Zweige, während wir im kühlen Schatten spazieren. Arnold lacht und erklärt, wieso der Normalverbraucher den Vorgang der Apfelherstellung nicht versteht. »Es ist wie bei allem anderen. Du siehst einfach das Resultat – das sind in diesem Falle ein paar Haufen im Gemüseladen.«

»Es gibt viele Dinge, mit denen du hier draußen klarkommen mußt. Letztes Jahr verloren wir im Frühling die ganze Ernte. Das ist die größte Sorge: das Erfrieren. Und Insekten. Du mußt jede Woche sprühen, um die Insekten fernzuhalten, und trotzdem schaffen sie es manchmal.«

Arnold, heute vierundfünfzig Jahre alt, kam in den frühen Sechzigern hierher, um als Pflücker zu arbeiten, und ging nie wieder nach Hause. Jetzt bewegen sich unsere eigenen Schatten auf der Schotterstraße hinter seinem Haus durch die der Bäume hindurch. Langsam kommt Wind auf. Während ich den gleichen Weg gehe, den er schon seit sechsundzwanzig Jahren geht, denke ich wieder an das Highway-Schild in Ocean City: »Sacramento 3073«. Am Ende der Straße, vorbei an zweihundert Hektar Apfelhain, der leicht ansteigt, kehren wir um.

Auf dem Weg zurück zum Wagen erzählt er mir mehr über Äpfel, als ob es das einzige wäre, was er kennt.

»Es wird eine windige Nacht«, sagt er. »Wo fährst du hin?«

»Nirgendwo. Wir fahren einfach.« Ich sehe, wie er den Ford anschaut. »Wir nehmen die Hauptstraße nach Westen.«

»Das habe ich nie gemacht«, sagt er. »Wie weit nach Westen?«

»Soweit die Straße führt.«

Ein paar Minuten lang stehen wir am Auto und schauen auf das Land der Äpfel hinaus.

Ich danke ihm, daß er mir den Hain gezeigt hat. Aber statt sich zu verabschieden, beginnt Clifton Arnold wieder zu erzählen, wiederholt sich, atmet tief ein. »Im Staat Washington, da ist die wahre Apfelhauptstadt der Welt. Der Handel in Virginia hat einfach nie soviel Werbung gemacht wie der in Washington. Aber es gibt viele Produzenten an der Ostküste, die überzeugt sind, daß sie die geschmackvollere Frucht produzieren.«

»Ist sie geschmackvoller?« frage ich.

»Ich glaube, das ist gar keine Frage«, sagt er. »Ich glaube, jeder würde dir das sagen.«

Wasserfälle im Tonschiefer

Seitlich des Cacapon-Berges im östlichen West Virginia, wo die Wildblumen zwischen Eichen, Birken und Ahorn blühen, warte ich auf den Sommer. Ich entschließe mich, eine Weile in einer kleinen Hütte mit nur einem Schlafzimmer zu bleiben. Kein Telefon, Radio oder Fernseher. Nachts riecht die kühle Luft nach Wildapfel und Geißblatt. Wenn die Luft still ist, hört man gelegentlich das leise Wasserplätschern im Tonschiefer oder die Rehe. Hier regnet es tagelang, und ich sitze in einem alten, muffigen Stuhl, lese Emerson oder schreibe Tagebuch und schaue zu, wie die Bäume sich im Wind biegen. Wenn der Regen aufhört oder sich in ein Nieseln verwandelt, kommen manchmal Schildkröten in der Nähe der Hütte heraus.

Mehrere Wanderwege, gekennzeichnet durch orangefarbene und blaue Punkte an den Bäumen, führen auf den Gipfel des Cacapon-Berges. Während der alte Ford sich ausruht und seine verblaßte blaue Hülle, die neben der Hütte geparkt ist, durch das Harz der Tannen immer schmieriger wird, erkunde ich diese Wege. Es ist das erste Mal, daß ich nichts tue außer zuzuschauen, wie die Jahreszeiten sich ablösen.

Emerson behauptet, daß die Wälder neues Leben schenken. Und für eine Weile tun sie das. »Auch streift in den Wäldern«, schreibt er, »der Mensch seine Jahre ab ... In den Wäldern ist immerwährende Jugend. In diesen Pflanzungen Gottes herrscht Würde und Helligkeit, eine immerwährende Festlichkeit wird bereitet, und kein Gast vermag zu erkennen, wie er in tausend Jahren ihrer überdrüssig werden sollte. In den Wäldern kehren wir zur Vernunft und zum Glauben zurück. Dort fühle ich, daß mich im Leben nichts treffen kann – keine Schande, kein Unheil ..., was nicht die Natur heilen kann.«

Nach einer Weile jedoch beginnen die Wälder genau die entgegengesetzte Wirkung zu erzielen. Zuviel Zeit unter den Bäumen bedeutet zuviel Zeit zum Nachdenken, zuviel Gelegenheit, zu bereuen. Es war ein Fehler, ein sorgfältig, Stein auf Stein aufgebautes Leben zurückzulassen. Ein Einschnitt, der nie mehr rückgängig gemacht werden kann. Irgendetwas zu unternehmen, ohne die Jahre der Lehrzeit, ist wieder, wie auf Wade Murphys Austernboot unter Deck zu sein. Es ist eine düstere, beengende Vorstellung.

Um Lebensmittel einzukaufen und diesen Gedanken zu entkommen, nehme ich manchmal den alten Ford und fahre zu einem ländlichen Markt am Fuß des Berges. Der Laden riecht immer lecker nach frischem Obst, und der Besitzer scheint jedesmal erfreut, mich zu sehen. Als ich das erste Mal hinfahre, erzählt er mir einen echten West-Virginia-Witz:

»Weißt du, warum Jesus unter keinen Umständen aus West Virginia gewesen sein kann?«

»Nein, warum nicht?«

»Sie konnten keine drei Weisen hier finden und keine Jungfrau.«

Ein anderes Mal fragt er, ob ich eine Konföderierten-Flagge zum halben Preis kaufen möchte. Ich frage ihn, warum die Konföderierten-Fahne in West Virginia so verbreitet sei, wo doch West Virginia nicht einmal ein konföderierter Staat war.

Er zuckt, scheinbar unangenehm berührt.

»Kann ich dir nicht sagen«, sagt er.

»Einstellungssache. Viele Leute aus West Virginia sehen sich eher als Teil des Südens, nicht des Nordens.«

Anstatt einer Konföderierten-Flagge gibt er mir einen Aufkleber für die Stoßstange, auf dem steht: »*If You're not a Hemorrhoid, Get Off My Ass*«.

»Nimm es«, sagt er, »du bist ein guter Kunde.«

Nach mehreren Wochen muß ich aus diesen Wäldern raus, weg von diesen nervigen Gedanken.

Als ich endlich fahre, sind die Bergwinde warm. Am Rande der Straße, in den Biegungen, gibt es Stände mit Melonen,

Dairy Queens und ländliche Geschäfte. Der Highway 50 führt durch mehrere Wagenraddörfer, Städte des Northwestern Turnpike und beschauliche Bergörtchen wie Augusta, wo die Leute anhalten, um die Antiquitätengeschäfte anzugucken. Aber während die Straße sich langsam hinaufwindet, wird West Virginia unangenehmer. Autos, Reifen und gebrauchte Haushaltsgeräte ruhen für ewig in den Lichtungen. An steilen Berghängen sind die einzigen Gebäude Reparaturwerkstätten oder Dauer-Wohnwagen. Ein düsteres Backsteingebäude trägt die Aufschrift: »D & S. Garage, Restaurant und Ersatzteile«. In der alten Konföderierten-Festung Romney hängen die Kinder auf Parkplätzen herum, auf dem *7-Eleven* oder bei McDonald's (direkt neben dem Haus, das einmal Stonewall Jacksons Kommandozentrale gewesen ist). Unzählige junge Leute fahren auf der Hauptstraße, dem Highway 50 auf und ab, lehnen sich aus ihren Autos und Lieferwagen, rufen einander etwas zu und halten ständig an.

Junge Leute, die nichts zu tun haben zwischen jetzt und wann auch immer sie Erwachsene werden. Nichts zu feiern außer Samstagabend.

Hier oben, in diesen entlegenen Bergstädten mit ihren altmodischen und oft obskuren Gebräuchen, beginnt die Reise einsam und merkwürdig zu werden.

Billardtische

Hinter Romney fühlt sich alles verbraucht an: die Wälder, die längst abgeholzt wurden, die verschrotteten Autos und rostigen Gerätschaften, die entlang des Highway in die Landschaft gekippt wurden. Auf der Suche nach Begegnungen halte ich an einem klapprigen kleinen Restaurant und Lounge namens *Evelyn's*. Es liegt an einem Berghang neben einem großen Loch, wo Tonschiefer abgebaut wird. Der Bergwind, der leicht abkühlt, riecht unangenehm feucht.

Bei *Evelyn's* ist es drinnen genauso dunkel wie auf dem Parkplatz draußen. Es gibt vier Billardtische, zwei Sitznischen und eine Bar. Am einen Ende der Bar umarmt sich flüsternd ein übergewichtiges Pärchen in Flanellhemden und Jeans. Ich sitze auf einem wackeligen Hocker und frage die Barfrau nach dem Loch im Berg.

»Das da?« Sie legt einen Untersetzer auf die Bar.

»Ja«, sage ich.

Sie zuckt mit den Schultern.

»Das ist bloß die Tonschiefer-Grube. Ich weiß nicht viel darüber. Aber der Mann da hinten.« Sie nickt in Richtung eines der Flanellhemden. »Er arbeitet dort.« Der Mann dreht sich um und mustert mich von oben bis unten. Zweimal. Traditionelle Bergbegrüßung.

»Er sagt, es gibt mehr Tonschiefer in diesen Bergen, als irgendjemand gebrauchen kann«, sagt die Kellnerin und lacht.

»Ist das wahr?«

»Ja, ist es«, sagt der Mann.

»Geht's dem Bergbau in dieser Gegend gut?«

»Na ja, einigen geht's besser, einigen schlechter«, sagt er langsam, als warte er auf einen Einwand von mir. »Kohle taugt nichts. Hat zuviele Leben ruiniert.« Der Mann dreht sich wieder zur Frau im Flanellhemd. Sie flüstert etwas, ihre Augen genau auf meine gerichtet.

Ich bestelle ein Light-Bier und schaue der Kellnerin zu, während sie es holt. Sie trägt schwarze Jeans und eine Rüschenbluse, die ihr etwas zu eng ist. Nachdem sie meins gebracht hat, trinkt sie ebenfalls aus einer Flasche Budweiser, die auf der Kasse steht. Ihr Haar ist lang und gebleicht, fast weiß, und sie wirft ihren Kopf oft nach hinten, um es zurückzuwerfen.

»Warum geht es denn der Kohle-Industrie so schlecht?« frage ich sie.

»Industrielle Umwandlung, Nummer eins«, sagt der Mann am Ende der Bar mit lauter Stimme. »Dagegen kann man nichts machen. Ausländische Märkte, Nummer zwei – wogegen man allerdings etwas machten könnte. Wenn man sagen sollte, was in diesem Land schief läuft, dann ist es das.«

Er steht da, die Beine leicht gespreizt. Seine Arme scheinen bereit, eine Waffe zu ziehen, vielleicht eine Pistole. Ich denke, daß alles, was ich sagen würde, ihn reizen könnte und bleibe lieber still. Bald beginnt das Bier zu wirken, und in der Bar wird es langsam dunkler. Neben der Kasse ist ein Schild mit einer kleinen Lampe darüber, damit die Kunden es lesen können: »Streß. Die Verwirrung, die entsteht, wenn dein Gehirn das fundamentale Verlangen deines Körpers überstimmt, irgendein Arschloch, das es wirklich braucht, zu erwürgen.«

»Wird's hier manchmal voll?« frage ich die Frau, nachdem einige Minuten verstrichen sind.

Sie zuckt wieder mit den Schultern und mustert mich von oben bis unten.

»An manchen Abenden. Es kann recht heftig werden manchmal. An Samstagen.«

Ich sehe hinüber zum abgedunkelten Lounge-Bereich – die Oberfläche der Musikbox schimmert hinten neben den Toiletten – und frage mich, was für Sachen hier wohl passieren. Dann fällt mir ein, daß es ja Samstagabend ist.

Sie zuckt wieder. »Die Leute lassen sich einfach ein

bißchen gehen, du weißt schon.« Sie wischt jetzt die Bar ab. »Du bist doch nicht aus West Virginia, oder?«

»Nein. Woher weißt du das?«

Sie wirft wieder ihr Haar zurück, diesmal mit der Hand wegen des besonderen Effektes.

Ich trinke noch eine Weile mein Bier und gebe die Versuche, mich zu unterhalten, auf. Die Musikbox spielt »I'm No Angel« von Gregg Allman. Die Erkenntnis des stillen Abenteurers: Überall wo du hingehst, mußt du mit etwas bezahlen – Zeit, Erfahrung –, um akzeptiert zu werden. Das Land besteht aus Millionen Grüppchen, sozialen Sonnensystemen und Geheimbünden.

Nach einigen Minuten kommt eine Gruppe von vier Männern und einer Frau herein. Sie gehen nach hinten zu dem Billardtisch, der am weitesten von der Bar entfernt ist, und bauen auf. Einer der Männer kommt mit den Kugeln an den Tresen und nickt mir zu, kühl und mißtrauisch. Zur Barfrau sagt er hastig etwas, das klingt wie ›Dawny, hast du gesehen, daß Ace over town wieder drin ist?‹

»Wer?«

»Petes Cousin.«

»Oh ja. Hab's dir doch gesagt.«

»Bruchspezialist«, sagt er, und sie brüllen beide vor Lachen.

»Kannst nicht sagen, daß wir es nicht versucht haben.«

»Gleiche Geschichte.«

»Kannst wohl sagen. Lester wäre auch da. Aber er hat nichts mehr darüber gesagt.«

»Das wird wohl reichen.«

»Sag ich dir doch.«

Sie grinsen, als sie sich wegdrehen. Er trägt die Getränke auf einem Tablett zurück. Alles Biere.

Sie spielen Taschenbillard. Der Mann heißt Ernie. Er gewinnt zwei Spiele und zeigt mit einem Queue auf mich.

»Bereit, Chef?«

»Nee.«

»Los, Chef«, sagt er, während er die Kugeln zurechtlegt. »Wir spielen *Winners*.«

Er gibt mir keine weitere Gelegenheit, nein zu sagen. Er

läßt mir den Vortritt, und ich versenke eine. Die nächste Kugel geht daneben. Ernie, der groß, schlank und bärtig ist, beginnt einen Lauf.

Endresultat: 14:1.

»Na denn«, sagt Ernie und kreidet seinen Queue ein.

Danach sitze ich an einem Tisch, schaue bescheiden zu und trinke. Er spielt gegen die Frau, die groß und ungelenk ist. Während das Spiel weitergeht, erzählt mir einer der Männer eine Geschichte über eine Hirschjagd von 1983, die tragisch endete. »Wenn du da draußen in den Bergen bist«, sagt er, »kannst du leicht die Orientierung verlieren. Die Kugel ging direkt durch das Herz meines Onkels. Und dieser Mann sagt mir noch, daß er in dem Augenblick, als er abdrückte, wußte, daß es kein Hirsch war. Aber da wußte er auch schon, daß es zu spät ist. Da kann man nichts machen.«

»Scheiße«, sagt ein anderer Mann.

Die Unterhaltung schläft ein, und ich frage nach einer Unterkunft. »Gibt es ein Motel in der Gegend?«

»Für wieviele Stunden willst du es haben, Chef?« fragt Ernie.

Sie kichern alle.

»Eine Nacht.«

»Ja? Versuch's ein bißchen weiter die Straße rauf. Da sind drei«, sagt er. »Sie machen allerdings ziemlich früh zu.«

»Die zwei beliebtesten Sportarten hier oben, weißt du, welche das sind?«

Ich schüttle den Kopf. Er starrt mich an, bis ich wegsehe.

»Jagd und Ehebruch.«

Wieder Gelächter.

»Weißt du, warum Jesus nicht aus West Virginia gekommen sein kann?« fragt mich der Mann, dessen Onkel erschossen worden ist. »Sie konnten keine drei Weisen finden, und sie konnten keine Jungfrau finden.« Er lacht laut über den Witz. Höflich lache ich mit.

Einige Meilen weiter überquert die Bergstraße einen Fluß auf einer alten Metallbrücke. Ich halte an einem Laden namens *The Nod Wink Motel*, der fast gegenüber einer anderen Lounge namens *Shotgun Tavern* liegt. Es gibt vier Billardtische im *Shotgun*, und nur an einem wird gespielt. Ich zähle zehn Leute, die dem Spiel zusehen. Und ich bin erstaunt, hier wieder Ernie und den Mann, dessen Onkel erschossen wurde, spielen zu sehen.

Ich will bestellen. Ernie lehrt sich auf seinen Queue. »Hast du dein Motelzimmer gekriegt, Eric?« fragt er, und aus irgendeinem Grunde ruft das Gelächter hervor.

»Hab ich«, sage ich.

»Du fährst einen Ford, Chef. Sei lieber vorsichtig«, sagt er. »Die Ford-Getriebe sind nicht für diese Berge gemacht. Wirf mal einen Blick auf den Friedhof oben bei Romney.«

Ich stehe eine Weile an der Bar und grübele, ob er einen Autofriedhof oder einen richtigen meint. Ich sehe den alten Ford schon auf einem Schrottplatz auf einem Hügel in West Virginia enden. Eine der vier Frauen am Tisch mir gegenüber – sie hat eine dunkle Stimme und sieht sehr männlich aus – spielt gegen Ernie eine sehr ausgeglichene Partie. Eine andere wirft Geld in die Musikbox, und alle drei sitzen und schauen zu. Sie tragen kurze Hosen und weiße T-Shirts. Zwei singen mit, während »I Want Your Sex« läuft.

Das Spiel ist wieder *Winners*, und ich werde wieder eingeladen. Ich mache ein Spiel, aber ich gewinne nicht. Mary, das maskuline Mädchen, schlägt Ernie beim zweiten Versuch und anschließend noch einen anderen Mann. Ernie lehnt sich zurück an die Bar und hänselt sie, weil sie ihm keine Revanche gewähren will.

Es kommen noch mehr Leute herein, unter ihnen eine Frau mit einer Turmfrisur. Sie hat ein Dwight-Eisenhower-Double im Schlepptau. Im Ärmel von Ikes hellblauem T-Shirt steckt ein Päckchen Marlboro. Ernie ist ganz aufgeregt und tanzt zur Musik. Er schlendert zu dem Pärchen herüber, flirtet, legt seinen Arm um die Frau und flüstert etwas. Eisenhower schaut aufmerksam, aber ausdruckslos zu.

Eine Blondine kommt an meinen Tisch und stellt sich als Pearl vor. Wir geben einander die Hand. »Wo kommst du her?« fragt sie.

Ich erzähle es ihr.

»Bin ich schon mal gewesen.«

»Ist das wahr?«

»Dort oder Virginia Beach.«

»Das ist ein ziemlicher Unterschied.«

Wir unterhalten uns eine Weile. Sie sagt, daß sie aus der Hand lesen könne und gerne meine Lebenslinie sehen würde. Ich zeige sie ihr. Sie reibt mit dem Finger über meine Handfläche und hält dann für eine Weile meine Hand.

»Magst du es hier?« frage ich.

»Ich hab nichts dagegen. Es ist okay. Gelegentlich gehen wir Floßfahren. Unten auf dem Cheat. Habe ich nichts gegen.«

»Nach einigen Minuten überrascht sie mich mit der etwas nervösen Frage: »Willst du 'nen Smoke kaufen?«

»Wie bitte?«

Ihre Lider flattern, und sie wird rot.

»Er will wissen, ob du etwas Smoke kaufen möchtest.«

»Nein danke.«

»Okay.« Um die peinliche Situation zu überbrücken, schaut sie wieder meine Lebenslinie an, aber ein wenig zu angestrengt. Wir fühlen uns beide nicht ganz wohl.

Auf dem Männerklo gibt es einen »Dixie Deluxe«-Kondomautomaten (»Staatlich empfohlen«) und einen Aufkleber, auf dem steht: »Der Ku Klux Klan sieht dich – Kämpfe für weiße Rechte«. Als ich aus dem Klo komme, steht Pearl wieder an der Bar und unterhält sich mit Ernie, der seinen Arm um sie hat. Ich schaue beim Billard zu und trinke noch ein Weilchen.

Die vier Frauen stehen auf und machen Anstalten zu gehen – vielleicht zu *Evelyn's*, wo die Massen jetzt recht ausgelassen sein dürften. »Gutes Spiel«, sagt Ernie leise, als sie gehen. Mary lächelt, ohne zu grüßen.

Als ich endlich gehe, öffnet sich die Tür hinter mir. Pearl. »Geh noch nicht«, sagt sie. »Der Spaß fängt doch gerade erst an.« Ich bin allerdings müde und denke an das saubere Motelbett. Die Bergluft ist voller Glühwürmchen, die Landschaft vom Vollmond erleuchtet.

»Schöne Nacht«, sagt sie. »Wo wohnst du denn?«

»Genau da drüben.«

»Günstig.«

Wir schauen uns einen Moment lang an. Es riecht nach Geißblatt. »Vielleicht komme ich später rüber, und wir rauchen einen Joint«, sagt sie mit kecker Stimme und geht wieder rein.

König Kohle

Auf einem verblaßten Stoßstangenaufkleber eines Lieferwagens in den Tonschiefer-Hügeln nahe Mount Storm, West Virginia, kann man die Aufschrift lesen: »Kohle ist König«. Verblaßter Stolz. An einer von buschigen Eichen und gelben Pappeln gesäumten schmalen Schotterstraße sitzen Frauen und Kinder auf den Veranden der alten Holzhäuser und schauen zu, wie ich vorbeifahre. Niemand winkt. In den heißen, zugewachsenen Vorgärten stehen rostige Autos und Möbelstücke. Erzreiche Flüsse fließen die Berghänge hinab, silber und orange im tanzenden Sonnenlicht, und Insekten summen in der schattigen Luft. Auf dem Weg hinab läuft ein Junge mit einem toten Eichhörnchen in der Hand auf der Mitte der Straße, und es bleibt mir nichts anderes übrig, als hinter ihm herzufahren, bis er zu Hause angekommen ist. Dort bleibt er am Briefkasten stehen, dreht sich um und grinst mich an.

In diesen Bergen geht das rote Licht des alten Ford wieder an, und er beginnt, ein klackendes Geräusch von sich zu geben: möglicherweise seine Reaktion auf dieses feindselige Land. In der Nähe von Oakland halte ich an den Toren eines Kohlebergwerks, um einen Blick unter die Haube zu werfen.

Ein silberhaariger Mann mit zerfurchtem Gesicht erscheint im Eingang des Hauptgebäudes, und wieder einmal fühle ich mich wie ein Eindringling. Er nickt, nicht zu mir, sondern zu der Maschine.

»Die Zündung«, sagt er.

»Ist das der Grund?«

Er beugt sich herunter und fummelt herum. In weniger als einer Minute hat er ihn repariert.

»Du suchst hier hoffentlich keine Arbeit«, sagt er, während

er eine Packung Winston aus der Tasche zieht. Er grinst, als wäre es ein Witz. Hinter ihm türmt sich eine dreißig Meter hohe Kohlenhalde.

»Habt ihr keine?«

»Na ja, nein, unter Tage jedenfalls nicht. Aber vielleicht haben wir oben etwas.«

»Früher«, sagt er, und wir stehen in der Hitze und schauen zu, wie die Bergarbeiter aus dem Schacht kommen, »war Kohle hier in der Gegend das einzige Thema. Es war der einzige Beruf. Sie nannten sie ›König Kohle‹, aber seit drei Jahrzehnten sterben die Bergwerke in diesen Bergen langsam aus.«

»Wir können mit den ganzen Dritte-Welt-Ländern nicht mithalten«, sagt der Mann, der Brian Allison heißt. »Wir können auch nichts gegen den Atomenergie-Markt machen. Dieses Bergwerk wurde 1977, während der Ölkrise, eröffnet. Dreihundertfünfzehn Arbeiter sind hier beschäftigt. Aber seine Lebensdauer beträgt weniger als zwanzig Jahre, und es gibt gar nicht mehr Land, um es zu erweitern. Kann man nichts machen.«

»Du baust die Kohle ab, und dann ist sie weg. So funktioniert das. Dann mußt du woanders gucken«, sagt Allison. »Eine Menge Leute, die ihren Job verloren haben und keine Ingenieure sind, sitzen in der Klemme. Viele von ihnen bleiben in den Bergen.«

»Was ist denn das für ein Job, der oben noch frei ist?« frage ich. Die Vorstellung, eine Weile in einem Kohlebergwerk zu arbeiten, in dieses karge, wenig einladende Bergland einzudringen, reizt mich plötzlich.

Er nimmt meine Frage ernst. »Laß mich mal eben Joe anrufen. Er kann es dir zeigen. Es gibt noch eine freie Schicht, glaube ich.«

Allison, der Chefingenieur, führt mich ins Hauptgebäude. Ein Backstein- und Ziegelkasten, der aussieht wie ein Schulgebäude. Während wir auf Joe warten, erzählt er mehr über Kohle und über sich selbst, über das Ereignis, das seine Kindheit prägte.

Als er sieben war, wurde sein Vater bei einem Grubenunglück getötet. »Eine Lokomotive fiel auf ihn, in Kentucky. Ich wuchs mit dem Gedanken auf, daß ich alles tun könnte, nur nicht im Bergwerk arbeiten. Aber wir wohnten in einem Dorf in Tennessee, das vom Bergbau lebte, und ich kannte nur Leute, die unter Tage arbeiteten. Wenn der Job da ist und das Geld da ist, ist es manchmal schwer, davon loszukommen. Nachdem ich aus der Armee entlassen wurde, nahm ich doch einen Job im Bergwerk an, einfach weil er gut bezahlt war. Und nach einer Weile begann er mir Spaß zu machen. Es geht einfach ins Blut über.«

Er nimmt tiefe Züge von seiner Zigarette und raucht, bis nur noch der Filter übrig ist. Wieder ein Mann, der ein Leben lebt, das er nicht wollte, und es dennoch akzeptiert. Wenn du an einem Ort bleibst, kann dich das Leben in die Zange nehmen und zur Aufgabe zwingen.

»Was geschieht, wenn das Bergwerk geschlossen wird? Werden dreihundertfünfzehn Leute arbeitslos?«

»Ja. Sowas ist in den letzten zehn Jahren öfters passiert. Viele Leute, die ihre Jobs verloren haben, wissen nicht, was sie sonst machen sollen, also bleiben sie in diesen Bergen. Das sind die, die einem leid tun.«

»Was gibt es hier denn noch?«

»Holzfällen. Das ist noch erträglicher als Kohle. Und Ackerbau. Manche sagen Tourismus. Aber das ist mehr Wunschdenken als Realität.«

Es ist ein stiller, heißer Tag. Durch die geöffneten Fenster zieht der zarte Duft von Blumen und Geißblatt.

»Ich dachte, wenn ich schon ein Bergmann sein müßte, dann wollte ich wenigstens ein guter sein«, sagt Allison. »Ich wollte nicht den Rest meines Lebens unter Tage verbringen wie manche Leute. Oder zehn Jahre Kumpel und dann arbeitslos. Ich wollte diese Industrie verstehen. Also ging ich an die Universität von Kentucky und studierte, um Ingenieur zu werden. Es hat sich natürlich viel geändert. Vor zwanzig Jahren war das harte körperliche Arbeit unter Tage. Jetzt wird die Arbeit von ferngesteuerten oder hydraulisch arbeitenden Maschinen getan.«

Während wir sprechen, sinkt die Sonne und strahlt für einen Augenblick durch die Blätter. Allison überrascht und

beeindruckt mich. Ein Mann, der sich über den erdrücken-
den wirtschaftlichen Nebel dieser Gegend erhoben und etwas Richtiges gemacht hat. Jemand, von dem man lernen
kann.

Joe, ein viel jüngerer, schnauzbärtiger Mann mit dunklem
Haar, erscheint, und Allison stellt mich vor als den »Kerl,
der sich für den Turm-Job interessiert«.

Ohne ein Wort zu sagen, drückt mir Joe einen Helm in
die Hand und führt mich nach draußen zu seinem Chevro-
let-Lieferwagen. Sein Schweigen läßt mich Ablehnung spüren.

»Schon mal im Bergbau gearbeitet?« fragt er, als wir losfahren.

»Nein.«

»Brian setzt dich oben ein?«

»Anscheinend.«

»Es ist ein kurzfristiger Job. 'ne Teilzeitsache. Schon mal
mit Maschinen gearbeitet?«

»Seit Jahren nicht mehr«, sage ich.

Während wir auf einer schmalen Schotterstraße bergab
fahren, winkt Joe vorbeifahrenden Lieferwagen zu und sagt
Dinge, von denen ich nur ein bißchen verstehe.

»Es gibt hier drei Schächte«, erklärt er mir, »auf fünftausend
Morgen Land.«

»Wenn wir das aufgebraucht haben, war es das. Dann
machen sie dicht. Das wird hier alles noch viel schlimmer
machen, als es sowieso schon ist.«

»Was willst du tun, wenn das passiert?« frage ich, während
wir an einer Lichtung voller Schrottautos und Reifenhaufen
vorbeifahren.

»Ich bin bei den Ingenieuren«, sagt er schließlich. »Deswegen kann ich versetzt werden. Die meisten anderen werden einfach arbeitslos sein. Es ist hart, hier zu leben.«

Wir fahren an einem Grubeneingang vorbei, und Joe
zeigt auf die Fließbänder, die die Kohle transportieren –
dreieinhalb Meilen an der Oberfläche und zwanzig Meilen
unter der Erde.

Ich frage ihn nach den gesundheitlichen Bedenken.

»Am meisten wird über Kohlestaub geredet. Wir haben getan, was wir können, um das zu verbessern. Allerdings kannst du an einem heißen Tag im Sommer nicht viel machen. Heute ist es ungewöhnlich heiß, und da kannst du einfach nicht viel machen. Die meisten Leute sind ja bloß froh, einen Job zu haben.«

Schließlich kommen wir zum Zug-Turm.

»Hier ist der Job«, sagt er und parkt den Wagen. »Die Dampfkohle wird von der Halde auf die Penn-Electric-Bahn-waggons geladen. Klingt das gut?«

Oben wird mir ein Mann vorgestellt, dessen Gesicht und Kleidung mit Kohlestaub bedeckt ist. Er starrt mich an. Ein *Minstrel*-Sänger mit bemaltem Gesicht.

»Es ist Drecksarbeit«, sagt Joe, und das Gesicht des anderen Mannes faltet sich zu einem Lächeln.

»Aber es ist nicht so schlecht, daß du dich nicht dran gewöhnen kannst.«

»Meistens ist es bloß langweilig«, fügt Joe hinzu.

Während Joe zuschaut, erklärt Rick, der andere, was man beim »Turmjob« zu tun hat. Er zieht an einem Hebel, und Kohle fällt durch eine Schleuse in einen Bahnwaggon. Wenn der Waggon voll ist, zieht er einen anderen Hebel, und die Bahn bewegt sich vorwärts, bis der nächste Waggon an seinem Platz ist.

»Auf diese Weise können wir fast achtzehnhundert Tonnen Kohle in der Stunde verladen«, sagt Joe. »Wir schicken das ganze Jahr hindurch jeden Tag einen Zug raus. Im Winter müssen wir Frostschutzmittel daruntermischen.«

»Wo geht denn das alles hin?«

»Nach Morgantown, zum Elektrizitätswerk.«

Ich verbringe den Rest des brütenden Nachmittages oben auf dem Turm mit Rick und lerne, wann ich den ersten Hebel und wann den zweiten zu ziehen habe. Es erinnert mich an die Eintönigkeit des Austernfischens – Männer, die die Arbeit einer Maschine machen.

Um fünf bietet mir Rick an, mich zum Hauptgebäude zurückzufahren, wo der alte Ford geduldig wartet. Seine Fenster sind mit einem feinen schwarzen Film bedeckt. Ich gehe hinein, um mit Allison zu sprechen.

»Wie ist es gelaufen?« fragt er.

»Schien einfach genug.«

»Sicher ist es einfach, aber es ist Arbeit. Die Arbeit eines langen Tages.«

Er gibt mir einen Bewerbungsbogen zum Ausfüllen und fragt mich nach meinen Plänen. »Hast du vor, dich hier oben niederzulassen?«

Ich zucke mit den Schultern. Es drängt mich, wieder etwas Geregeltes zu finden, einer ehrlichen Arbeit nachzugehen, und ich sage: »Ja.«

»Es ist ein zeitlich begrenzter Job«, sagt er. »Wie begrenzt, das kommt drauf an.«

»Okay.«

Der Reiz, ein neues Leben in einem scheinbar so widerspenstigen Land zu finden. Allison fragt, ob ich am nächsten Morgen wieder dasein kann.

Ich fahre unter dem sich verdunkelnden Himmel die Straße hinauf und finde um kurz nach neun ein Motelzimmer in der Nähe von Mount Storm. Die Besitzerin, eine kleine, alte, weißhaarige Frau, scheint mir nicht so recht zu trauen.

»Können Sie sich ausweisen?« fragt sie, nachdem ich die Anmeldung ausgefüllt habe.

»Ausweisen?«

Während sie hinter dem riesigen Tresen im Motelbüro steht und viel zu lange meinen Führerschein studiert, macht ihr Gebiß merkwürdige klappernde Geräusche. Bevor sie mir den Führerschein zurückgibt, schaut sie noch auf die Rückseite, als ob sie dort etwas finden könnte, was mich disqualifiziert.

»Bloß eine Nacht?« fragt sie.

»Für den Anfang ja«, erwidere ich.

Ihre Lippen verziehen sich voller Verachtung. Sie steckt mich in das Zimmer, das am weitesten vom Büro entfernt ist, und schaut vom Eingang aus zu, wie ich dorthin gehe.

Sieben Tage lang fahre ich neun Meilen bis Oakland und sitze oben im Eisenbahnturm, manchmal mit Rick, manchmal alleine, ziehe Hebel und schwitze. Zuerst ist es eine erfreuliche Sache, wieder einem richtigen Job nachzugehen.

Ich werde langsam vertraut mit dem Gefühl der Hebel und dem gewohnten Klang, wenn der Zug bremst. Am Abend, wenn ich nach Hause komme, sehe ich aus wie ein Schwarzer. Dann dusche ich ausgiebig im Motelzimmer.

An manchen Tagen kommt die alte Frau ins Zimmer, um das Bett zu machen und die Handtücher zu wechseln. Eines Abends bemerke ich, daß sie meine Notizbücher durchgesehen und eines offen auf dem Schreibtisch liegengelassen hat. Als das zum zweiten Mal passiert, gehe ich rüber zum Büro und klopfe einige Male. Keine Antwort. Als ich mich zum Weggehen umdrehe, öffnet sich die Tür ein wenig. Die Sicherheitskette liegt noch vor.

»Oh«, sage ich und versuche, höflich zu bleiben. »Ich wollte nur darum bitten, daß niemand in mein Zimmer geht. Ich brauche nicht jeden Tag neue Bettwäsche.«

Die Tür knallt zu.

Eine halbe Stunde später klopft ein großer pockennarbiger Mann mittleren Alters und mit Ringen unter den Augen an meiner Tür. Er stellt sich so hin, daß er bei Bedarf einen Fuß in die Tür stellen kann.

»Was ist dein Problem, Typ?« fragt er, und ich sehe, daß seine Zähne so gelb wie sein T-Shirt sind.

Ich schüttle den Kopf. »Kein Problem.«

»Nein? Na ja, wenn irgend jemand meiner Mutter unterstellt, sie würde klauen, hat er ein Problem. Meine Mutter würde von niemandem etwas klauen. Verstehst du, Typ? Wir sind nicht solche Leute.«

Ich versuche, ihm zu erklären, daß ich sie ja gar nicht des Diebstahls bezichtigt habe. Aber er hört mir gar nicht zu. Er steht da, die Arme in der Seite, als wollte er sich gleich auf mich stürzen.

»Das ist ein Mißverständnis«, sage ich. »Ich habe sie doch mit Sicherheit nicht des Diebstahls verdächtigt.«

»Na ja, wenn du ihr noch mehr Schwierigkeiten machst, werde ich dafür sorgen, daß du keinen weiteren Tag in dieser Gegend bleibst. Verstehst du mich, Typ?«

Im Zugturm redet sich Rick alles von der Seele. Meistens geht es um die Wirtschaft. Oder um Politik oder wie es um die Cincinnati-Reds gerade steht. Und jeden Tag wird die Menge Senf kommentiert, die seine Frau auf sein Bologna-Sandwich geschmiert hat. Dann gibt es noch eine Kritik des Fernsehprogramms vom letzten Abend. Oft stöhnt er über die Hitze. Ich höre in den Nachrichten, daß das die schlimmste Hitzewelle seit dreiundzwanzig Jahren ist.

Nach der Arbeit schaue ich noch auf ein Schwätzchen bei Allison vorbei, um etwas über den Betrieb zu lernen und etwas von seiner schlichten Weisheit aufzunehmen. »Bist du glücklich?« fragt er eines Nachmittags. »Vergiß nicht, dir diese Frage zu stellen. Wenn die Antwort nein ist, dann stell dir noch eine andere Frage: Warum nicht?«

Abends schreibe ich Tagebuch oder genehmige mir ein paar Drinks unten in der *Mountaintop Bar.* Manchmal kommt Rick bei mir vorbei, um sich auszusprechen.

Ich fühle mich schon so zu Hause auf diesen Bergstraßen, daß ich überlege, ob ich nicht bleiben soll. Rick sagt, daß er für mich ein Haus zu einem guten Preis bekommen kann, wenn ich möchte. Ein kleines Holzhaus bei einem Bach, sagt er.

Deswegen bin ich am nächsten Abend völlig überrascht, als ein Mann in der *Mountaintop Bar* zu mir rüberkommt und fragt: »Also, was ist los, Kumpel? Wieso glaubst du, daß du hier einfach hochkommen und einen unserer Jobs wegnehmen kannst?«

Ich starre ihn an, und er starrt zurück.

»So habe ich das noch gar nicht gesehen.«

»Nun, ich aber.« Er geht zurück zum anderen Ende der Bar, schaut aber öfter zu mir herüber. Die Frage, das Unvermittelte seines Blicks machen mir klar, daß ich hier nicht mehr erwünscht bin.

Es ist vielleicht bloßer Zufall, aber am nächsten Morgen hat der alte Ford einen Platten. Während ich die Reifen wechsle, schaut die kleine Frau aus ihrem Bürofenster zu. An diesem Tag sage ich Allison, daß ich kündige.

Der berühmteste Dairy Queen

An diesem kurvenreichen Abschnitt des Highway 50, der heute »George Washington's Highway« heißt, komme ich zum berühmtesten Dairy Queen in West Virginia. »Pensioniere den Penny, USA«, steht draußen auf dem Schild. Dies ist der Dairy Queen, der keine Pennies akzeptiert. Nachdem ich einen heißen *Fudge* bestellt habe, erzählt mir die gebückte, runzlige Frau, die heute arbeitet, warum.

»Es ist dieselbe Idee, auf die der Rest des Landes auch noch kommen wird: daß ein Penny heute nichts mehr wert ist. Das lohnt nicht den Aufwand.«

»Er ist einen Cent wert.«

»Ja, aber ein Cent ist nichts wert. Lohnt nicht das Theater. Früher konntest du einen Bonbon für einen Penny kaufen. Jetzt kostet er fünfundzwanzig.«

Auf einem Schild am Fenster wird mit Beispielen erklärt, wie die Aurora-Dairy-Queen-Pennyregeln funktionieren:

»41 bis 42 werden auf 40 Cents abgerundet.

43 bis 44 werden auf 45 Cents aufgerundet,

46 bis 47 werden auf 45 Cents abgerundet,

48 bis 49 werden auf 50 Cents aufgerundet.«

Unten auf dem Schild ein witziges Wortspiel: »*Come to Your Centses. I've Lost Mine. Use Yours.*«

»Hat sich schon mal jemand darüber beschwert?« frage ich die Frau.

»Nein, um ehrlich zu sein, scheinen alle ganz erleichtert. Das ganze Land kommt doch langsam dahinter. Bald wird doch niemand mehr Pennies akzeptieren. Das lohnt nicht den Aufwand.«

»Pensioniere den Penny« ist die Idee von Don Crumbaker, dem der Aurora-Dairy-Queen gehört. Einen Teil des Jahres lebt er in einem Wohnwagen dahinter. Ich esse mein Sundae-Eis auf einem Stein in der warmen, dünnen Bergluft und höre Crumbaker zu. Er ist zweiundsechzig und erzählt jetzt stolz von seiner »Pensioniere den Penny«-Kampagne und von der ganzen Aufmerksamkeit, die sie bereits auf lokaler und nationaler Ebene bekommen hat.

»Es ist überwältigend«, sagt er, »ich hätte es nicht erwartet. Aber ich sage Ihnen, wenn wir nicht auf dem richtigen Weg wären, gäbe es nicht so viel Interesse.«

»Woher kommt die Idee?«

»Nun, ich erzähle es Ihnen. Die nächste Bank ist fünfzehn Meilen entfernt. Ich habe diesen Dairy Queen vor drei Jahren gekauft und recht schnell festgestellt, daß es ziemlich nervig ist, mit einem Haufen Pennies ständig zur Bank zu fahren. Die Leute gaben mir Recht. Sie wollten nichts mehr mit diesen ganzen Pennies zu tun haben.«

Im Frühling kam eine Geschichte über Crumbaker bei Associated Press heraus, sagt er, und die Penny-Kampagne wurde schnell zum Politikum. Eine Gegenbewegung namens »Rettet den Penny« wurde gegründet. Crumbaker grunzt darüber.

»Es sollte wie eine patriotische Sache aussehen. Aber ich habe nachgeforscht. In Wirklichkeit war es die Zink-Lobby aus Tennessee. Sehen Sie, sobald irgendetwas in Gang kommt, tauchen die Lobbyisten auf und arbeiten dagegen. Lobbyisten und Meinungsmacher, das sind die Leute, die dieses Land regieren.«

»Aber ich sage Ihnen, alle stimmen mir zu. Auf der Route 50 fährt hier jeder Staat des Landes vorbei, Staaten, in denen ich noch nie gewesen bin. Wie Nord- und Süd-Dakota. Und ich frage die Leute immer: ›Was macht ihr hier draußen?‹ – Meistens sind sie zur Erholung hier. Viele von ihnen haben Kajaks und sowas. Egal, woher sie kommen, sie sagen mir, daß sie froh sind, daß ich diese Sache angefangen habe. Die Leute wollen einfach keine Pennies mehr. Das ist eine Tatsache.«

»Die Regierung denkt, daß dadurch die Umsatzsteuer in Gefahr ist. Na ja«, lacht er leise, »das ist sie gar nicht. Durch die Inflation verliert der Penny sowieso ständig an Wert. In zehn Jahren wird er durch die Inflation einfach verschwunden sein. Wenn eine Münze in der Herstellung mehr kostet, als sie wert ist, darf sie nicht mehr geprägt werden. Das ist Gesetz.«

Noch mehr Bergweisheit. Während wir dasitzen, summen Insekten im hohen Gras. Mein Sundae-Eis ist fast geschmolzen.

»Natürlich findet man heute viele Läden mit diesen kleinen Bechern neben der Kasse, damit man keine Pennies mit sich herumtragen muß. Die Leute wollen sie nicht mehr, aber sie werden wegen der Lobbyisten einfach weiter hergestellt. Das ist der einzige Grund. Wußten Sie, daß fünfundsiebzig Prozent aller Münzen Pennies sind? Vierzehn Milliarden Pennies werden jedes Jahr geprägt, und sie sind nichts wert.« Voll tiefer Selbstzufriedenheit schüttelt er den Kopf.

Zwanzig Läden haben bereits Crumbakers »Pensioniere den Penny« – Kampagne übernommen, sagt er. »Ich hatte ein paar T-Shirts und Mützen machen lassen, und die Leute wollten sie kaufen. Damit hatte ich nicht gerechnet. Das ist eine der Angelegenheiten, über die die Leute sich einig sind, die aber die Regierung verhindert. Also muß man alles selber machen.«

Von hier aus führt die Straße steil bergauf. Es gibt andere Stellen zum Anhalten. An einem Berghang in der Nähe von Aurora zum Beispiel steht ein Steinhaus mit einem Schieferschild, auf dem die *Red Horse Tavern* angepriesen wird. In dem Feld daneben steht ein alter Conestoga-Planwagen. Früher war dieses Haus eine wichtige Haltestelle für Planwagen und Maultierzüge, die auf dem Washington Turnpike in Richtung Westen zum Ohio-Tal unterwegs waren. Am Tag meines Besuchs renoviert gerade ein Mann namens Bob Guthrie das Haus. Er macht mit mir eine Führung. »Der Northwestern Turnpike war eine Straße, die eigentlich gar nicht gebaut werden sollte, aber es mußte. Als die Leute hier ankamen und die Herberge sahen, wollten sie auch wirklich Halt machen. Es war ihnen egal, ob sie zu fünft oder sechst in einem Bett schlafen mußten.« Guthrie trinkt »Stroh's Bier« aus einem Steinkrug, während er vom Northwestern Turnpike erzählt.

Einige Meilen weiter, im Cool Springs Park, dreht sich ein Wasserrad zwischen den Bäumen an der Stelle, an der angeblich Washington sein Lager aufgeschlagen haben soll, als er das Land für diese Straße vermessen hat. »Steine auf der Straße« steht auf einem Schild, »Achtung! Steinschlag« auf einem anderen.

Später halte ich an einem Wasserfall neben dem kurvigen, zweispurigen Highway an und entschließe mich, die neblige Nacht im alten Ford zu verbringen und zu schlafen, damit ich die unberechenbaren Bergwindungen mit ausgeschlafenen Augen in Angriff nehmen kann.

Schrein in der Eisenbahnstadt

Der erste Unionssoldat, der von den Konföderierten getötet wurde, ist in Grafton, West Virginia, auf der ersten Terrasse des Nationalfriedhofes beerdigt. Thornesberry Bailey Brown. Mit einer Musketenkugel wurde ihm in der Nähe einer B & O-Eisenbahnbrücke am 22. Mai 1861 das Herz durchschossen.

Nach einem Besuch auf dem Friedhof fahre ich nach Grafton hinein und halte am Waschsalon. Die Kleider der letzten zwei Wochen müssen wieder gewaschen werden. Mehrere alte und ein junger Mann sitzen vor den Maschinen auf Stühlen, obwohl nur eine Waschmaschine in Betrieb ist. Sie trinken alle Kaffee und schauen auf die Straße, bemerken mich kaum, als ich reinkomme.

Während meine Wäsche sich dreht, versuche ich mehrmals, eine Unterhaltung in Gang zu bringen und diese Männer über Grafton auszufragen.

»Nichts Besonderes an dieser Stadt«, sagt einer der Kerle. Ein glatzköpfiger Mann, dessen altes weißes Hemd verkehrt zugeknöpft ist. »Nicht der Rede wert.«

»Die Eisenbahn gibt es nicht mehr«, sagt ein anderer. »So einfach ist das.« Seine Hand mit der Kaffeetasse zittert ein wenig.

»Das ist wohl die Geschichte vieler Städte.«

»Einiger«, sagt er, während er auf die Straße schaut, »jede Stadt ist anders. Wenige so armselig wie diese.«

»Diese hier hat die Glasfabriken verloren, die Töpfereien und die Bahn«, sagt der junge Mann, der aussieht, als könnte er der Sohn des Glatzköpfigen sein. »Es sind nur ein paar Sachen geblieben. Wir haben hier die Firma, die diese Reifenschützer an den Lastwagen herstellt.«

»Es gab alle möglichen Pläne, wie man diese kleine Stadt

wieder zum Leben erwecken könnte, aber es wird nicht funktionieren.«

»Warum?«

»Erstens gibt es kein Geld dafür. Und selbst wenn, es würde ja keiner hierherkommen. Ohne die Industrie haut das nicht hin. Und keiner will die Industrie an einem so gottverlassenen Ort wie dieser kleinen Stadt ansiedeln.« Darüber lachen die Männer, obwohl es klingt, als würden sie husten.

»Heute wollen die Leute Einkaufszentren«, sagt der junge Mann. »Die Einkaufszentren sind ja nicht sehr weit weg, also wird niemand zum Einkaufen nach Grafton kommen.«

»Ist die Bahn völlig verschwunden?«

»Fast ganz, würde ich sagen. Früher arbeiteten sechzig bis siebzig Prozent der Leute in Grafton für die Eisenbahn. Jetzt ist sie weg, und es gibt keine Aussicht auf Ersatz. Sieht nicht so aus, als würde sich etwas tun. Das ist einfach eine alte, unbrauchbare Bergstadt.«

»Städte können ihren Sinn verlieren, genauso wie Menschen«, sagt der Glatzköpfige.

Im Waschsalon in Grafton kommt die Rede lange nicht darauf, daß sich am anderen Ende der Straße die kleine Kirche befindet, in der der internationale Muttertag ins Leben gerufen wurde.

Als es mir die Männer endlich erzählen, kann ich es gar nicht glauben. Warum sollte der Muttertag in einem düsteren backsteinernen Bahnstädtchen wie diesem ins Leben gerufen werden? Dann würde man doch sicherlich Reklameschilder an der Autobahn sehen. Aber nachdem ich meine Wäsche getrocknet und auf dem Vordersitz des Ford verstaut habe, gehe ich zu der zweigeschossigen Kirche aus roten Ziegeln hinüber. Dort arbeitet Leonora Shafer, die mir erzählt, daß es stimmt.

Mrs. Shafer hat eine etwas andere Meinung zu Grafton als die Männer im Waschsalon. »Dies ist eine Rentnergemeinde geworden, seit es die Eisenbahn nicht mehr gibt. Und das gefällt uns eigentlich ganz gut. Es ist eine friedliche Stadt. Das war allerdings nicht immer so. Wir könnten viel mehr aus Grafton machen. Zum Beispiel der Muttertag. Wir könnten da natürlich mehr Werbung machen. Aber viele von uns mögen Grafton als stille kleine Stadt, nach den ganzen Jahren mit der Eisenbahn.«

Es war die Tochter von Anna Jarvis, die dem Kirchenvorsteher den Vorschlag machte, in Grafton einen Muttertags-Feiertag auszurichten. Als Datum wählte man den dritten Sonntag im Mai, den Todestag ihrer Mutter. Zwei Jahre später wurde der Muttertag auf staatlicher Ebene abgesegnet, und 1914 wurde er zum nationalen Feiertag. Innerhalb von wenigen Jahren wurde der Muttertag zum internationalen Feiertag, der um den Todestag von Anna Jarvis gefeiert wurde.

Mrs. Shafer kümmert sich für zwei Dollar am Tag um den Muttertags-Schrein, »weil das ein wichtiger Teil der Gemeinde ist.« Ich bin heute der einzige Besucher und bekomme eine lange Führung durchs Gebäude. Sie zeigt mir den Raum, in dem der erste Muttertag gefeiert wurde, und dann das Zimmer, in dem Mrs. Jarvis ihre Sonntagsschulklasse unterrichtete. Sie führt mich nach oben zum Schrein selbst. Neben dem Altar ist eine Sonnenuhr, die John Glenns Mutter 1962, in dem Jahr, als ihr Sohn die Erde umrundete, der Kirche gestiftet hat. An den Wänden sind Tafeln mit biblischen Szenen.

»Es gibt jetzt nur noch an einem Tag im Jahr Gottesdienst«, sagt sie, »am Muttertag. Für den Rest des Jahres ist die Kirche nur für Führungen wie diese geöffnet.«

»Kommen viele Besucher hierher?«

»Es läuft ganz gut«, sagt sie. »Aber längst nicht so gut, wie es laufen könnte. Vor allem, weil so wenige Leute wissen, daß es uns gibt. Die Herkunft der Dinge gerät in Vergessenheit.«

Draußen ist es heiß, windig und bewölkt. Über den Bäumen vor den Backsteinläden hängen dicke Wolken. Als ich aus dem Muttertagsschrein in den späten Nachmittag hinaustrete, schläft ein Mann vor *Capri-Pizza* auf dem Fußweg. In den Bergen riecht es angenehm nach Laub und Essen.

Coffindaffers Kreuze. Gezimmert aus Telefonmasten,
gibt es mittlerweile mehr als fünfhundert Gruppen im
Land, die zehn Millionen Autofahrer im Jahr sehen.
Die ersten wurden in Städten West Virginias mit
biblischen Namen aufgestellt.

Bei Bridgeport ist das Land flach geworden. »Normalere
Zeiten liegen vor uns«, beruhige ich den alten Ford, während
wir vor einem Laden namens *Exciting Irene's Fast Foods*
anhalten. Beim Reingehen frage ich mich, ob Irene oder
das Fast Food aufregend ist. Auf jeden Fall ist es nicht das
Lokal.

Die Kellnerin kommt herüber. »Was willste denn?« fragt
sie.

»Cola«, sage ich.

»Sonst nichts?«

»Nee.«

Sie nimmt die Karte und spricht nicht mehr mit mir. Die
beiden Männer, die *Exciting Irene's* Hamburger essen,
unterhalten sich über Coffindaffers Kreuze. Ich hatte sie
wohl bemerkt: jeweils drei Kreuze in den Bergen von West

Virginia. Ein gelbes Kreuz und zwei blaue. Ein reicher pensionierter Geschäftsmann namens Bernard Coffindaffer hatte 1985 damit begonnen, die Kreuze aufzustellen. Zuerst hier in West Virginia, und seitdem hat ihn keiner aufhalten können. Inzwischen gibt es fünfhundert Kreuzgruppen über das ganze Land verteilt.

»Das ist Amerika«, sagt einer der Männer. »Hast du genug Geld, kannst du alles tun, was du willst. Egal, wie seltsam es sein mag.«

»Ich sehe nichts Seltsames dabei, das Wort Gottes zu verbreiten. Das ist Coffindaffers Aufgabe, und ich wünsche ihm alles Gute. Ich bin der Meinung, daß der Mann es ernst meint.«

»Scheiße. Wenn du drei Millionen Dollar ausgeben willst, solltest du ein Krankenhaus bauen oder die Armen in Afrika füttern. Nicht bescheuerte Kreuze aufstellen, damit die Leute in der Zeitung über dich schreiben.«

»Mensch, du erreichst doch viel mehr, wenn du die Leute dazu bringst, über ihren Glauben nachzudenken, als daß du sie ein bißchen Geld für wohltätige Zwecke spenden läßt.«

»Sowas bringt keinen dazu, über seinen Glauben nachzudenken. Statt dessen denkt man über Coffindaffer nach.«

So geht es weiter. Es ist noch keine Lösung in Sicht, als ich *Exciting Irene's* verlasse und weiter in Richtung Westen fahre.

In der Nähe liegt die Industriestadt Clarksburg, die nach ihrem Entdecker George Rogers Clark benannt wurde. Sie befindet sich an der Stelle, wo der Elk-River und der westliche Arm der Monongahela zusammenfließen. Dann kommt Parkersburg am Ohio, ein weiteres zerstörtes Backstein-Städtchen, das westliche Ende von George Washingtons Northwestern Turnpike.

Parkersburg wurde nach Alexander Parker benannt, der 1783 hier 1.350 Morgen Land gekauft hat. Der Turnpike brachte viele Menschen in diese Ecke und half Parkersburg aufzubauen. Heutzutage sind jedoch viele Gebäude in der Innenstadt zugenagelt. Aus anderen sind inzwischen Porno- und Videoläden geworden. Obdachlose schauen mir vom Fußweg aus nach, als ich vorbeifahre.

West Virginia

Ich habe genug von West Virginia und will die Nacht in einem anderen Staat verbringen. Ohio – ein Irokesen-Wort, das bedeutet: »Feiner Fluß«. Hier folgt der Highway 50 nicht mehr Washingtons Turnpike, sondern dem alten Ohio Trail, einem indianischen Kriegspfad, der früher dazu diente, Reisende am Fluß zu überfallen. Ich schlage mein Lager am Wasser auf – mit einem neuen Gefühl des Anfangs. Ein neuer Tag, ein neuer Staat. Eine weitere Chance, neu zu beginnen.

50

Ein amerikanischer Maler

Nach West Virginia komme ich in das reizende, hügelige Farmland im Osten von Ohio, wo Milchkühe neben dem zweispurigen Highway weiden, wo der Mais grün und hoch steht und wo viele Scheunen mit der Reklame »Kaut Mail Pouch Tabak!« bemalt sind. Ich höre mir mehrere Geschichten über die Scheunen an, jede mit viel Autorität dargeboten, aber alle untereinander widersprüchlich.

Der Inhaber eines Futtermittelgeschäfts in der Nähe von Athens erzählt mir, daß die meisten Scheunen in den Dreißigern bemalt wurden und daß die Mail Pouch Company seit etwa 1955 nicht mehr existiert. »Sie werden wohl in ein paar Jahren alle verschwunden sein«, sagt er mit trauriger Stimme. Aber das kann nicht stimmen, denn einige Schilder, an denen ich vorbeifahre, sehen wie frisch gemalt aus.

Ein Traktorverkäufer in McArthur lacht über die erste Geschichte, steckt dann seine Hände in die Taschen und lacht völlig anders: »Hihihihihi.«

»Also wirklich, Sie unterhalten sich wohl mit den falschen Leuten, um mit so einer Geschichte zu kommen«, sagt er. »In Wirklichkeit ist es eine Familie mit fünf oder sechs Brüdern, die die Scheunen bemalen. Und das immer nur im April.«

»Warum im April?«

»Nun, anscheinend will die Fabrik es so. Immer im April machen sie sich auf den Weg. Ich könnte mir vorstellen, daß das mit dem Klima zusammenhängt. Und dann ist das auch die Touristen-Saison.«

»Wie heißen denn diese Brüder?«

»Ich glaube, es sind die Bloch-Brüder.«

Nicht weit von Albany halte ich an einer Tankstelle, wo

82

der Tankwart über die Geschichte von den sechs Brüdern nur sachte den Kopf schüttelt.

»Die Schilder werden alle von einem Mann gemalt«, sagt er, »– wenn Sie es wirklich wissen wollen.«

»Von einem Mann?« sage ich in Erwartung einer Pointe.

»Harley Warrick. Er lebt oben in Belmont. Hillbilly. Manche Leute sagen, daß er da oben auch noch eine Schwarzbrennerei betreibt.«

In der Annahme, daß diese Mail Pouch-Schilder wahrscheinlich ein running gag sind, lächle ich diesem Mann zu, entschließe mich aber doch, den Umweg über Belmont zu nehmen, um zu sehen, was es dort gibt.

Es regnet, als ich in Richtung Norden fahre, aber bis ich die Ausfahrt nach Belmont erreicht habe, scheint wieder die Sonne, und die Kornfelder dampfen und verströmen einen frischen Geruch. In der Tankstelle in Belmont sitzen zwei Männer in Overalls und schauen aus dem Fenster. Der übliche Zeitvertreib in Kleinstädten. Ich frage, ob sie wissen, wo Harley Warrick wohnt.

»Klar doch«, sagt einer von ihnen. »Immer der Straße nach, durch die ganze Stadt, und hinter der roten Scheune links.«

»Okay.«

»Sie nehmen den Gang raus und rollen den Berg runter, und dann die Schotterstraße direkt neben der roten Scheune entlang. Wenn Sie wieder bergauf fahren und keinen Schotter mehr unter sich haben, dann sind Sie zu weit gefahren. Verstanden?«

Das bejahe ich, verpasse aber beim ersten Mal doch die Abfahrt – wohl weil die Scheunen alle rot sind. Die Schotterstraße, die zu Harley Warricks Haus führt, ist beängstigend schmal und fällt seitlich in einem 45-Grad-Winkel ab. Am Ende befinden sich ein großes Haus und mehrere Bäume, in denen Vogelhäuser hängen. Ich sehe genauer hin, und da fällt mir auf, daß die Vogelhäuser Miniaturscheunen sind und an den Seiten »Kaut Mail Pouch Tabak!« aufgemalt ist.

Aus dem Eingang einer echten Scheune neben dem Haus kommt ein kleiner Mann und sieht mich mißmutig an.

»Harley Warrick?«

Er sieht mich an und zieht an seiner Pfeife.

»Bist du von der EPA?«

»Nein.«

Er mustert mich noch einmal gründlich.

»Okay«, sagt er. »Wer bist du dann?«

Ich erläutere ihm die verschiedenen Geschichten, die ich über die Schilder gehört habe. Und daß ich herausfinden möchte, welches die echte ist.

Er schmunzelt. »Na ja, ich bin es alleine. Ich bin für die ganzen Mail Pouch-Scheunen zuständig. Da gibt es kein Team.«

»Keine Brüder?«

»Nee.«

Es fängt wieder an zu nieseln, und Harley lädt mich in seine Werkstatt neben der alten Scheune ein.

»Die Regierung hat vor kurzem das Verbrennen von schwefelhaltiger Kohle verboten«, sagt er und führt mich nach hinten, wo er »Mail Pouch«-Vogelhäuser baut. »Und deswegen sind viele Leute hier arbeitslos geworden. Es ist sowieso schon alles schwierig genug. Die Holzindustrie geht langsam kaputt, das Glasgeschäft haben die Chinesen übernommen. Es ist nicht mehr viel übrig geblieben hier.«

»Das habe ich auch schon woanders gehört.«

»Also wenn du von der EPA wärest, dann wärst du hier in der Gegend nicht allzu beliebt. Die Leute hier haben langsam genug von der Regierung.«

Seit 1970 ist Harley Warrick der einzige Maler für die »Mail Pouch«-Werbung und führt damit eine Tradition fort, die fast einhundert Jahre zurückliegt. Als Anfang des Jahrhunderts Straßenschilder und Reklametafeln aufkamen, gaben die meisten amerikanischen Betriebe die Werbung an den Scheunen auf. Aber »Mail Pouch« nicht. Inzwischen werden die Scheunen als Relikte des alten Amerika betrachtet.

»Das geht zurück in die Zeit, als Lady Bird Johnson das Verschönerungs-Dekret durchbrachte und das Bemalen von Scheunen verboten werden sollte. Das kann man doch nicht machen. Da wurde das Interesse erst richtig geweckt.

Das ist einfach die Natur der Amerikaner. Immer wenn man ihnen sagt, daß sie etwas nicht dürfen, dann wird es erst richtig beliebt.«

Das Nieseln ist wieder zu einem leisen Sommerregen geworden, der zart auf das Dach der Scheune klopft. Während Warrick spricht, hat man den Eindruck, seine Augen sehen einen mit der Weisheit einer anderen Zeit an.

»Vor Jahren«, sagt er, »mußtest du dich halb umbringen, damit die Leute ihre Scheunen bemalen ließen. Jetzt bekommen wir so viele Angebote, daß wir nicht mehr nachkommen. Heute bezahlen sie uns. Und weißt du was? Ich mache nichts anders als vor vierzig Jahren.«

»Was bedeutet das?«

»Nun, ich bin kein Psychologe, aber ich glaube, es bedeutet eine Menge. Ich glaube, daß die Leute alle so schnell vorwärts gehetzt sind, daß sie es jetzt an der Zeit finden, wieder ein bißchen rückwärts zu gehen.«

Er zündet seine Pfeife wieder an, ein langes, befriedigendes Ritual.

»Es ist, wie wenn sich jemand übernimmt. So haben wir

Harley Warrick, der einzige Maler, der die Reklame für
Mail Pouch auf Scheunen malt, in Belmont, Ohio.

85

uns bewegt. Jeder ist immer auf der Suche nach der nächsten modernen Sache. Zur Hölle. ›Mail Pouch ‹ hat sich gesagt, wir bleiben einfach da, wo wir sind. Wir haben nichts geändert. Das Schild ist noch genauso wie vor vierzig Jahren. Wir haben weder die Farben geändert noch sonst etwas. Und dann, plötzlich, kamen all diese Leute vorbei und waren wieder an uns interessiert.«

Dies sind die alten Traditionen der Main Street, wie die alten gepflasterten Straßen von Middleburg, die 24-Stunden-Diners, die Eckapotheken.

»Das Ganze hat schon so überhandgenommen, daß manche Leute meine Arbeit als moderne Kunst bezeichnen«, sagt Warrick. »Da dürfte einem doch klarwerden, daß etwas nicht stimmt.«

Er stopft etwas mehr Tabak in seine Pfeife und zündet sie wieder an. Er zieht mehrmals.

»Allerdings wird ja heute alles Kunst genannt. Piß in eine Flasche, und es ist Kunst. Heutzutage brauchst du tausend Worte, um ein Bild zu erklären. Nimm Andrew Wyeth oder Norman Rockwell. Ein Bild ist tausend Worte wert. Ich persönlich habe keine Lust mehr, ein Bild weiter anzugucken, wenn es mir nicht auf den ersten Blick eine Geschichte erzählt. Es gibt einfach zuviele von diesen gottverdammten Intellektuellen. Ich glaube, das ist es, was mit diesem Land nicht stimmt. Zuviele Intellektuelle. Keiner, der die Arbeit machen will.«

Warrick wuchs am Highway 50 in Londonderry bei Chillicothe auf. Als er in den Vierzigern anfing, Scheunen zu bemalen, gab es vier Kolonnen, die für die Bloch-Brothers-Company in Wheeling, West Virginia, arbeiteten. Jetzt gibt es nur noch ihn. Zur Zeit übermalt er etwa zwanzig Scheunen in der Woche in einem Gebiet, das neun Staaten umfaßt: Pennsylvania, West Virginia, Ohio, westliches Maryland, Kentucky, Indiana, New York, Illinois und Michigan. Harley fährt in der Regel für eine Woche mit seinem Lieferwagen los und übernachtet in Motels in seinem Gebiet.

»Ich bin immer freitagabends rechtzeitig zu den Stock-Car-Rennen zu Hause«, sagt er. »Bis Freitagabend habe ich meine Arbeit erledigt. So soll es sein.«

Die Scheunenmalerei wird freihand gemacht, sagt er. Es gibt keine Schablonen und keine Meßwerkzeuge. Gelegentlich, sagt er, schreibt er »Tabak« mit zwei b's, nur um zu gucken, ob es jemand merkt.

Draußen zieht die Abenddämmerung herauf, und der kühle Geruch des Regens kommt durch die geöffneten Scheunentore. Warrick genießt es offensichtlich, wie viele der Menschen, die ich auf dieser Reise kennengelernt habe, ein Publikum zu haben. Er hat es überhaupt nicht eilig.

»Wenn du wirklich darüber nachdenkst«, sagt er, »ist das meiste, was ›Fortschritt‹ genannt wird, gar kein wirklicher Fortschritt. Ich glaube, die Leute lösen sich langsam von diesem ›Fortschritt‹ und kehren zurück zu den Dingen, die wirklich funktionieren. Sie begreifen langsam, daß man nicht alles auf die einfache Art machen kann. Daß das einfach nicht funktioniert.«

Während er das sagt, erinnert er mich an Wade Murphy, den Austernmann. Immer wieder das gleiche machen. Überzeugt sein, daß es keine andere Art zu arbeiten gibt. Als er mich fragt, ob ich nicht mit ihm rausfahren möchte, um Scheunenmalerei zu lernen, lehne ich ab. Da könnte ich ebensogut für Murphy arbeiten.

Als ich Warricks Werkstatt verlasse, ist es fast neun Uhr, und es regnet stark. Er geht mit mir zum Wagen und sagt noch, daß ich auf dem Rückweg den Hügel hinunter vorsichtig fahren soll.

»Wo fährst du denn hin?«

»Ich fahre Richtung Westen, auf dem Highway 50.«

»Guter Highway. Da gibt's 'ne Menge Scheunen. Wie weit willst du denn heute noch kommen?«

»Weiß ich noch nicht.«

Er nickt und greift nach seiner Pfeife.

»Genauso wie ich. Ich weiß auch oft noch gar nicht, wo ich hinfahre, bis ich da draußen auf dem Highway bin.«

Ich brauche fast zehn Minuten, um wieder am Fuß von Harley Warricks Berg anzukommen. Danach ist es eine einfache Fahrt zurück zum Highway 50.

Der einzig wahre
amerikanische Sport

In der zugewucherten bergigen Landschaft von Stewart in Ohio – wo ich neben einem breiten, aber flachen Bach kampiere – lerne ich den Unterschied zwischen einem *Wedge*-Auto und einem *Jig* kennen. In diesem Land der Milchfarmen und Maisfelder, wo die Zikaden ununterbrochen summen, ist das ein wichtiger Unterschied. An den Wochenenden gehen die Leute hier zum Stock-Car-Rennen. Manche zum Zuschauen, manche um zu fahren. Es ist die Lieblingsbeschäftigung dieser Bergleute, die unter der Woche Holz fällen, Kohle abbauen und Autos reparieren. »Man ist immer überrascht, wie sie aussehen, wenn sie aus dem Rennauto steigen«, sagt der Chef des Campingplatzes, auf dem ich wohne.

Jeden Freitag und Samstag gegen sechs Uhr tauchen die Wagen allmählich auf: auf Anhängern hinter Lieferwagen, die alle auf den Feldwegen in Richtung Rennbahn fahren. Ich folge ihnen weit in die saftige Landschaft hinein. Es gibt keine Schilder. Lange bevor man die Tribüne sehen kann, hört man den Klang der Maschinen wie Donner in der Ferne, und der Wind trägt den Geruch von Benzin.

Als ich ankomme, fahren die Wagen ihre Übungsrunden und bereiten sich auf das Rennen des Abends vor, den »Marc Balzano Classic«. Ich finde einen Platz auf der Tribüne und kaufe bei einem zahnlosen Mann eine Dose Budweiser für einen Dollar. Der andere Teil der Tribüne ist die ›alkoholfreie‹ Seite.

»Sind Sie aus Parkersburg gekommen?« fragt er und schüttelt Bierdosen, um zu sehen, welche leer sind.

»Nein, ich ...«

Ich werde vom Lärm der Wagen, die um die Rennbahn

rasen, übertönt. Und durch den Maschendrahtzaun hindurch werden wir mit Matsch besprüht.

Der Mann nickt, als hätte er mich gehört.

»Buckshot sieht gut aus in den Runden«, sagt er. »Hat ein paar gute gefahren.«

»Wer ist Buckshot?«

Er spuckt aus. »Buckshot wird hart sein. Balzano macht auch einen guten Eindruck. Beim alten Boggs weiß ich nicht.«

Bei den Dirt-stock-Rennen am Samstagabend gibt es alle möglichen Zuschauer. Alte Männer, die in Gartenstühlen sitzen, Tabak kauen und auf den Rasen spucken. Grüppchen alter Frauen, die Kreuzworträtsel lösen, stricken und nur gelegentlich einen Blick auf die Rennbahn werfen. Familien, die Decken ausgebreitet und Butterbrote und kalte Getränke mitgebracht haben wie für ein Picknick. Pärchen, die den größten Teil des Abends hinten bei den Andenkenständen verbringen, wo sie reden und knutschen können, wenn sie auch die Rennbahn nicht sehen. Kinder, die von der Vorstellung gefesselt sind, eines Tages selbst zu fahren oder vielleicht hinterher einen der Rennfahrer, Buckshot oder Balzano, zu treffen. Einige dieser Leute sind Rennfans. Sie haben Stoppuhren und kritzeln Zeiten auf ihre Programmhefte. Aber die meisten sind hier, weil alle hier sind. Weil es an einem Samstagabend in Ost-Ohio nichts Aufregenderes gibt als die Stock-Car-Rennen. Sie sind wie die Teenager in Romney, West Virginia, die sich jeden Samstagabend auf den Parkplätzen treffen, die Hauptstraße rauf und runter fahren und sich gegenseitig ansehen.

»Buckshot fährt sehr gut«, sagt ein Mann neben mir. Der bärtige Mann, dem auch einige Zähne fehlen, steckt sich etwas Kautabak in den Mund.

»Wer ist Buckshot?«

»Bob Adams Junior, der lokale Favorit.«

Der Mann, der mir das Bier verkauft hat, arbeitet unter der Woche als Holzfäller und fährt freitags oder samstags gelegentlich Rennen in der Straßenwagenklasse. Nichts ist so, wie am Samstagabend in einem Rennwagen zu sitzen, sagt er. Sein Name ist Rudy.

»Schon mal in einem Rennwagen gesessen?«

»Nein.«

»Na, dann läßt du dir einfach ein bißchen von der Kraft des Lebens entgehen.«

Rudy ist ein wiedergeborener Christ, obwohl er auf einem Arm eine Tätowierung mit dem Bild einer Schlange, die sich um den Körper einer nackten Frau windet, hat. »Menschen sind seltsame Wesen«, sagt er und beugt sich vor, um mir ins Ohr zu sprechen, während unten weiter Übungsrunden gedreht werden. »Der größte Fehler, den wir machen, ist zu urteilen. Das bedeutet für mich Religion: niemanden zu verurteilen. Wenn du in einen Rennwagen steigst und du fährst mit 90 Meilen die Stunde um eine Kurve, hast du keine Zeit für solche Gedanken. Du hast keine Zeit, irgend jemanden zu verurteilen oder sündige Gedanken zu haben. Das kannst du dir nicht leisten. Näher an eine religiöse Erfahrung kommst du nicht.«

Die Männer vor uns rauchen jetzt Maiskolbenpfeifen. Zwei alte Frauen trinken am Zaun »Pabst Blue Ribbons«-Bier und lachen über etwas.

»Weißt du, was sie hierüber sagen?« fragt Rudy, während er mir sein Fernglas in die Hand drückt und auf irgend etwas an den Boxen deutet. »Der einzig wahre amerikanische Sport. Alle anderen Sportarten kamen von woanders. Dies ist der einzige Sport, der wirklich amerikanisch ist.«

Um Dirt-stock-Rennen wirklich zu verstehen, mußt du runter in die Boxen gehen, meint Rudy, und mir wird bald klar, warum. In den Boxen ist die Stimmung gehetzt. Der Klang der Maschinen macht einen wahnsinnig. Zwischen Haufen von Reifen und Werkzeug schreien die Fahrer verschmierte Mechaniker in Arbeitsanzügen an.

»Ich möchte, daß du die Kraft dieses Sports wirklich spürst«, sagt Rudy und führt mich eilig an den Boxen entlang, wo die warme Luft nach Benzin und Auspuff schmeckt. Okay. Weil ich ein stiller Abenteurer bin, lasse ich mich von Leuten an Orte führen. Ich halte mich mit meinem Urteil zurück.

»Willst du fahren?« fragt er mich.

»Was? Fahren?«

Rudy stellt mich Darrell Willey, dem Besitzer der Rennbahn vor, und wir unterhalten uns, ohne ein Wort des anderen zu verstehen. Die Boxen sind nicht der Ort für eine zwanglose Unterhaltung. Wir stehen da und schauen zu, wie die Mechaniker die Maschinen einstellen. Rudy schreit mir ins Ohr: »Die Männer und Frauen, die heute abend fahren, gehören zu einem Wanderzirkus, der ›STAR Series‹ heißt und den ganzen Sommer im Ohio-Tal, im westlichen West Virginia und in Kentucky Rennen veranstaltet. Nach und nach lernt man alle Fahrer kennen«, sagt er.

Als es Zeit für die Straßenwagen ist, fragt ein Freund von Rudy, ob ich bereit bin.

»Bereit? Nein.«

»Nur eine Runde«, sagt Rudy.

»Ich weiß nicht.«

»Ich möchte, daß du die Kraft des Rennens am eigenen Leib erfährst.«

»Eine Runde?«

»Eine Runde.«

Okay. Ich ziehe einen Rennanzug an, setze einen Helm auf und höre angestrengt auf die gebrüllten Anweisungen, während sie mich in einem dunkelblauen Chevrolet festschnallen.

»Jetzt. Fertig? Einfach durchdrücken. Du bist dran.«

Ich tu's. Der Wagen fährt. Zuerst durch eine schmale Gasse im Boxenbereich hindurch, und dann bin ich plötzlich im Freien auf der Bahn, vor Hunderten von Zuschauern. Die Bahn zu umkreisen, mit Vollgas ins grelle Licht der Tribünenscheinwerfer zu fahren – das ist ein Rausch, genau wie er gesagt hat. Ich fahre 80 auf der Geraden, rutsche auf dem Matsch in der Kurve und gebe auf der Zielgeraden wieder Vollgas.

Als ich die Boxen erreiche, der Wagen jetzt mit Matsch bespritzt, möchte ich noch eine Runde fahren. Aber sie rufen mich rein.

Rudy weiß Bescheid. Er weiß genau, was ich fühle, und er kann nicht aufhören zu grinsen.

Auf der Tribüne verkaufen sie jetzt das »Pabst Blue Ribbons«-Bier für zwei Dollar.

»Du bist angetörnt«, sagt Rudy mehrmals und meint damit nicht das Bier, sondern die Runde. Er genießt es genauso wie ich. Der Rausch des Fahrens klingt noch nach. Das Gefühl der Maschine.

»Es ist das Gefühl der Selbstverwirklichung«, sagt er. »Zu spüren, wie mächtig du bist. Wenn du da draußen am Steuer sitzt, bist du im Zentrum der Dinge. Du kannst dich nicht wegschleichen, du mußt wach sein. Du mußt lebendig sein. Das versetzt dich ins Zentrum des Lebens.«

Ich grinse höflich. Einige Leute laufen in »Buckshot« Bob Adams-T-Shirts herum. Rudy erzählt mir, wie Willey aus Respekt vor den religiösen Leuten in dieser Gegend vor Jahren die »alkoholfreie Zone« eingeführt hat. »Es gibt 'ne Menge religiöser Leute hier, und es gab Beschwerden. Also hatten wir den Eindruck, es wäre nötig. Viele Rennfahrer fahren am Sonntag nicht. Das ist einfach so üblich in dieser Gegend.«

Für die Pause kündigt der Ansager des Abends »Mike Rossi and the Doomsday Chair« an – eine Nummer, in der ein Mann auf einem Holzstuhl voller Dynamit sitzt und sich in die Luft sprengt.

»Wie funktioniert das?« frage ich einen der Männer neben mir.

»Keine Ahnung. Es gibt 'ne Menge wahnsinnige Spinner in dieser Welt.«

»Das ist ein Trick«, sagt Rudy, der Tabak kaut. »Ich hab's gesehen. Er sprengt sich im Sommer jede Nacht in die Luft. Sieht nie allzu mitgenommen davon aus.«

Man unterhält sich jetzt über das neueste Modell, und ich habe das Gefühl, außen vor zu sein. Ich frage Rudy, wodurch sich das neueste Modell auszeichnen würde. In Laien-Sprache.

»Es ist ein Vollrennwagen mit Überrollkäfig und verstellbaren hydraulischen Stoßdämpfern.«

Den Rest kann ich nicht mehr verstehen.

Draußen auf der Bahn fährt Judy White, die Nummer

sechsundfünfzig, ihre Runden. Sie ist aus Charleston, und »die Besitzerin einer der größten aufgeforsteten Mülldeponien im Osten«, ruft Rudy.

»Das ist Larry Bond«, sagt er und zeigt mit dem Finger auf jemanden. »Er fährt ein aktuelles Modell. Er ist auch Holzfäller. Da drüben ist Big Porky Shores. Wenn das Rennen zu Ende ist, kannst du sehen, wie er aus seinem Wagen steigt und heult wie ein Schloßhund.«

Während wir darauf warten, daß die Rennen beginnen, erklärt mir Rudys Freund, wie die Stocks sich verändert haben. Sein Tabakatem dringt an mein Ohr.

»Früher gab es nur ein Stock-Car. Aber die Leute haben die Regeln etwas erweitert. Haben den abgeänderten *Jig*-Wagen erfunden. Kein Stock-Rahmen, sondern bloß ein Überrollkäfig und eine dünne Scheibe Metall. Okay? Dann gaben sie diesem Wagen eine flache Schnauze. In den späten Siebzigern brachten sie den *Wedge*-Wagen raus, mit hohen Plexiglas-Spoilern hintendrauf. Also wurden die Bahnrekorde ständig gebrochen. Und die Preise für Motoren stiegen. Auf fünfzigtausend Dollar. Manche Bahnbesitzer bezahlen heutzutage einhundert Dollar Preisgeld mehr, wenn du eine Stock-Schnauze statt einer *Wedge*-Schnauze hast.«

Er habe einen Street-Stock gefahren, sagt er. »Einen gewöhnlichen Wagen mit einer neuen Maschine, einer Heck-Einfassung und breiten Reifen.«

Ich frage ihn, wie sicher es ist, Street-Stocks zu fahren und überlege, wie ich den alten Ford umbauen, ihm eine Heck-Einfassung und breite Reifen verpassen könnte.

»Es ist sicher«, sagt er. »Die Jungs da draußen auf der Bahn sind sicherer als die Fahrer, die die Wagen zu den Rennen schleppen.«

»Es ist ein absolut sicherer Sport«, fügt Rudy hinzu.

Während der Übungs- und der Vorentscheidungsrunden sitzen wir und starren gebannt auf die Bahn. Bis zu den Vorschlußrunden ist unsere Kleidung voller Matsch. Zu Beginn der Pause kommt Mike Rossi unter spärlichem Applaus auf die Rennbahn spaziert.

Seine Assistenten bauen den »Doomsday Chair« auf und befestigen das Dynamit. Ein Krankenwagen parkt sechs Meter vom Stuhl entfernt. Die Nummer geht so, sagt der Ansager: Rossi sitzt auf einem Holzstuhl, an dem einein- viertel Stangen Dynamit befestigt sind. Das Dynamit ex- plodiert, und Rossi überlebt.

Mit leiser Stimme warnt der Ansager das Publikum: »Wenn Sie ein Hörgerät haben, stellen Sie es jetzt bitte auf leise. Wenn Sie stehen, setzen Sie sich bitte sofort hin, sonst würde die Wucht der Explosion Sie zu Boden werfen. Bitte, wir möchten, daß niemand verletzt oder getötet wird.«

Rossi, fährt der Ansager fort, habe dieses Kunststück bereits einhundertsiebenundsechzig Mal vorgeführt. Aber bevor er sich hinsetzt, um wieder einmal in die Luft ge- sprengt zu werden, nimmt Rossi das Mikrophon und er- klärt ganz dramatisch, daß er heute ein schlechtes Gefühl habe.

»Jedes Mal wird es gefährlicher als das Mal zuvor«, sagt er. »Ich weiß nicht warum, aber heute abend habe ich mehr Angst, als jemals in all den Jahren zuvor.«

Das Publikum ist leise, obwohl hinter uns Gemurre laut wird: »Wo geht er denn hin?« fragt jemand.

»Er geht nirgendwohin. Er sitzt doch da auf seinem Stuhl.«

»Scheiße.«

Eine Frau sagt: »Ich dachte, sie schießen ihn aus einer Kanone.«

»Scheiße.«

Ein alter Mann tippt mir auf die Schulter und sagt: »Dafür zahlen wir heute abend unsere zwei Dollar extra.«

Er zwinkert.

Endlich, der größte Teil des Publikums hält sich schon die Ohren zu, explodiert der Stuhl. Holzstücke fliegen durch die Luft, und durch den Rauch sehen wir Rossi. Er liegt, vollkommen unbeweglich, im Staub.

»Ich glaube, er ist tot«, sagt der Mann neben mir.

»Wart mal ab«, sagt ein anderer Mann.

Die Mannschaft des Krankenwagens eilt ihm zu Hilfe. Das Rotlicht geht an. Das Publikum hat sich erhoben, wäh- rend die Krankenpfleger sich um Rossi bemühen. Endlich steht Mike Rossi unter großen Schwierigkeiten auf. Er hinkt und winkt der Menge zu. Der Applaus ist ohrenbetäubend.

Es ist ein klarer angenehmer Abend mit Vollmond in Ohio. Der Bahnansager, Don Everhart, bittet das Publikum, beim Singen der Nationalhymne die Mützen abzunehmen. Fast jeder trägt eine Mütze.

Die Hauptveranstaltung ist ein Vierzig-Runden-Rennen mit zwanzig Wagen in der erfrischenden Nacht Ohios. Der Gewinner beim Rennen der neuesten Modelle bekommt zweitausend Dollar, und die sechs Führenden der Serie sind heute abend alle hier. »Es gibt nichts auf der Welt, was du mit dem Fahren der ersten Runde vergleichen kannst.« Rudy grinst. »Wenn dir die Übungsrunde schon wie ein Rausch vorkam, dann solltest du das hier mal probieren.«

Und tatsächlich bereitet einen keines der Vorbereitungs-rennen auf die Schnelle und Härte dieses Rennens vor. Das Publikum bleibt die ersten Runden über stehen, und selbst als alle sitzen, wird kein Wort geredet. Jeder starrt gebannt auf die Rennbahn. Rudy schreit mir dauernd etwas zu, aber ich kann nicht verstehen, was er sagt. Ich nicke immer nur.

Jack Boggs führt die meiste Zeit das Rennen an, und nachdem er die karierte Fahne gezeigt bekommt, hält er seinen Wagen an und steigt am Rande der Bahn aus, um dem Publikum zuzuwinken. Aus der Bier-Abteilung wird laut gebuht. Die alkoholfreie Zone klatscht aber höflich Beifall.

»Warum buhen sie ihn aus?« frage ich Rudy. Er buht auch.

»Warum buhen sie?« frage ich, nachdem es wieder ruhig geworden ist.

Er zuckt mit den Schultern. »Kein Grund.« Sobald die ersten paar Wagen die Ziellinie überfahren haben, fangen die Leute an zu gehen.

»Ach, er ist doch ein Würstchen.«

»Wer? Boggs?«

»Ja.«

»Ist er nicht von hier?«

»Nee, darum buhen sie ihn doch aus. Er hat Bob Adams geschlagen. Boggs ist aus Kentucky.«

Später klingt die Kraft des Rennens noch in mir nach. Während ich bei Mondschein mit dem alten Ford über die gewundenen Straßen fahre, ist meine Kleidung ein Anzug aus Schlamm, und auf den Buckeln der Straße spüre ich neue Abenteuer auf mich zukommen. Rennfahrer und Zuschauer, alle sind aufgedreht und voller Energie, als ob sie nicht in ihr gewöhnliches Alltagsleben zurückkehren würden.

Noch den ganzen Abend und Tage danach überlege ich, wie ich wieder auf die Rennbahn rauskommen könnte. Noch einmal im Kreis herumfahren, nur noch ein paar Runden drehen unter diesen Tribünenscheinwerfern.

Hauptstadt

Im südlichen Ohio werden hohe Maisfelder an vertrockneten Sommernachmittagen langsam braun. Farmstädtchen säumen den Highway. Frauen hängen die Wäsche auf langen Leinen neben den Holzhäusern auf, und häufig versperren riesige Trecker die zweispurige Straße. In jedem dieser Örtchen halte ich, manchmal für einen oder zwei Tage, um zu hören und zu entdecken.

In Bourneville (nach dem Kartographen Alexander Bourne aus Ohio benannt) erzählt mir ein Farmer, dessen Overall allem Anschein nach mehrere Nummern zu groß ist, im Brustton der Überzeugung von den frühen Tagen des Turnpike:

»Das bewaldete Ohio war das erste Land, das man als den ›Westen‹ bezeichnete. Wenn man in den offenen fernen Westen wollte, mußte man sich einen Weg durch diese Wälder bahnen, denn das Waldgebiet hörte nicht auf, bis man in Kansas war. Bevor es ein Turnpike wurde, war es eine Poststrecke. Nach und nach wurde es zum alten Cinsennati Turnpike. Damals, in der Mitte des 19. Jahrhunderts. Der führte bis nach Cinsennati. Auf dem ganzen Weg gab es Zollhäuschen. Wir hatten sogar hier in Bourneville eines. An jedem Tor gab es einen langen Pfahl, der sich an einem Scharnier drehte. Sie wissen, was ein Scharnier ist? Den Pfahl nannten sie ›Pike‹; wenn die Gebühr bezahlt war, drehten sie den Pike und ließen einen vorbei. Daher kommt der Name – Turnpike. Zum Begriff ›Gate-Crasher‹ – das können sich einige junge Spunde aus Chillicothe zuschreiben. Sie setzten sich in den Kopf, durch die Holztore zu brechen, ohne zu bezahlen. So begann man, sie ›Gate-Crashers‹ zu nennen. Das ist eine wahre Geschichte.«

An der Hocking River Handelsstation in Albany zeigt mir ein Mann einige Bluegill und Largemouth – Flußbarsche, die er gerade gefangen hat, und sagt mir, daß ich doch sicher nach Chillicothe fahren würde.

»Woher wissen Sie das?«

»Oh, das kann ich sehen.«

Er schmunzelt, und die anderen Männer in der Handelsstation tun es ihm gleich. Die Unterhaltung wendet sich der Maisernte zu, aber letztendlich kommen wir wieder auf Chillicothe zu sprechen.

»Die Leute in Chillicothe«, sagt er, »haben immer die Neigung, ein bißchen großkopfert zu sein, könnte man sagen. Die waren schon immer so.«

»Großkopfert?« frage ich. »In welcher Hinsicht?«

»Ich weiß es nicht. Sie glauben einfach, daß sie etwas Besseres sind.«

»Nun, ich glaube das nicht.«

»Nein, Sir. Das habe ich auch nicht gesagt.«

»Aber Sie haben gesagt, Sie könnten sehen, daß ich nach Chillicothe fahre?«

Er steht am Eingang und schaut raus auf den Highway 50. Keine Antwort.

»Chillicothe« ist ein altes Wort der Shawnee-Indianer. Es bedeutet »Hauptstadt«. Der Ort lag einmal im Herzen des Shawnee-Gebietes – Tecumsehs Land –, bevor die Siedler aus Virginia und Kentucky nach Westen zogen und ihn übernahmen. Heutzutage ist er wahrscheinlich besonders wegen seiner gigantischen Papierindustrie bekannt, obwohl die Stadt noch jeden Sommer mit einem Fest der Shawnee gedenkt. »Fest des blühenden Mondes« heißt die Feierlichkeit.

»Das war hier mal das Land von Tecumseh«, erzählt mir der Historiker John Barber in einem Pfannkuchen-Lokal in Chillicothe. Er behauptet von sich, zum Teil Navajo zu sein. »Ich habe einen Familienstammbaum als Beweis«, sagt er, falls ich ihm nicht glauben sollte. Wir sitzen am Tresen und essen Pfannkuchen. »Heutzutage behauptet jeder, teilweise amerikanischer Ureinwohner zu sein. Die uramerikanische Bevölkerung hat sich in zwei Jahren angeblich verdreifacht. Aber die meisten können ihre Herkunft nicht beweisen. Tecumseh versuchte, dies Land zu retten. Er versuchte, die indianische Nation zu vereinen, um gegen den weißen Mann zu kämpfen.«

»Aber er hat es nicht geschafft?«

»Er hat es nicht geschafft, weil es keine indianische Nation gab. Es war ein Land mit vielen indianischen Nationen. Nicht nur mit einer. ›Shawnee‹ bedeutet ›Leute aus dem Süden‹. Sie kamen im siebzehnten Jahrhundert aus dem Mississippi-Tal nach Mittel-Ohio.«

»Und was war mit Tecumseh?«

»Tecumseh tauchte im achtzehnten Jahrhundert auf. Er war nachweislich ein Hellseher. Er hat das Erdbeben von 1811 vorhergesehen. Er war allerdings keine friedliche Erscheinung. Er war wahrlich ein edler Wilder. Tecumseh haßte den weißen Mann von ganzem Herzen. Sein Bruder wurde ›Der Prophet‹ genannt. Er hatte auch hellseherische Fähigkeiten.«

Er gießt mehr Sirup auf seinen Teller und wischt mit einem Pfannkuchendreieck darüber. Die Ampel springt um, und der graue Ohio-Himmel ist voll mit dem schwarzen Dieselrauch vorbeidonnernder Lastwagen. Barber schlürft seinen Kaffee. Sein Ausdruck ist feierlich.

»Nun, wenn sie diese ganzen Kräfte hatten – warum konnten sie den weißen Mann nicht fernhalten?« frage ich.

»Weil der weiße Mann eine andere Art von Macht besaß. Sie waren geistig mit anderen Waffen ausgerüstet. Es war nie ein fairer Kampf.«

1812, in dem Jahr, bevor Tecumseh in einer Schlacht fiel, wurde die Papierindustrie am Kinnikinnick Creek ins Leben gerufen. Vierzig Jahre später wurde die erste Eisenbahnlinie gebaut und die Stadt wirtschaftlich erschlossen. 1890 lebten mehr als elftausend Menschen in Chillicothe. 1892 kaufte Colonel Daniel Mead die Papiermühle der Stadt und gründete das »Mead-Paper-Unternehmen«.

Ich verbringe einige Tage damit, in diesem indianischen Land bei Chillicothe, das die Leute auch ›Tal der Könige‹ nennen, umherzustreifen. In den putzigen grünen Hügeln gibt es ganze fünftausend Begräbnishügel der Hopewell-

und Adena-Indianer – manche behaupten, es seien mehr als irgendwo anders im Land. Im Spätsommer ist das ein buntes mystisches Reich mit Feldblumen auf den Hügeln und großen Strecken Weideland, die in der Sonne schimmern. Aber in Wirklichkeit ist es die Gegenwart der indianischen Ahnen, die dem Land Leben verleiht. Ich fahre zu den Hügeln: Seip, Mound City und, am beeindruckendsten, Serpent, der sich am Osthang des Ohio-Creek entlangwindet. In der heißen Ohio-Landschaft ist Serpent Mound ein verbogenes Sinnbild mit widersprüchlichen Bedeutungen: Gut. Böse. Ewigkeit. Sühne. Häutung. Ich denke an Rudy vom Stock-Car-Rennen in Stewart. Er hat eine Tätowierung mit einer Schlange, die sich um eine nackte Frau windet.

Bei Fort Hill wandere ich in einem abgelegenen Gebiet, das sich in tausend Jahren nicht wesentlich verändert hat. Zwischen den Eichen am Nordosthang hört man das Plätschern des Baches und riecht die Baumrinde. Im Sonnenlicht blühen kanadische Veilchen und Butterblumen. Während ich mich dem Gipfel nähere, zieht überraschend kalte Luft durch die Bäume.

Die Land-Schlachter

Kurz nachdem ich Lester und Jean Wallis auf der Hauptstraße durch Hillsboro, Ohio, kennengelernt habe, fährt Jean mit voller Geschwindigkeit rückwärts, gegen meinen alten Ford.

»Huch.«

»Da hast du aber nicht aufgepaßt«, sagt ihr Ehemann. »Ich hatte vergessen, daß er dort geparkt war.«

Langsam steigen wir alle drei aus ihrem Wagen, um nachzusehen. Aber der Schaden am alten Ford ist unwesentlich.

Ich zucke mit den Schultern.

»Du mußt etwas besser aufpassen«, sagt Lester, und wir steigen alle drei wieder in ihren kleinen Wagen, Jean und ich vorne, Lester hinten.

Lester Wallis ist ein großer, gebeugter Mann, der hinkt und langsam redet. Er ist der Gegenpol zu seiner Frau, die klein und voller nervöser Energie ist. Die Wallis' führen das Highland House-Museum in Hillsboro. Da ich Interesse an der Geschichte des Städtchens und der hier lebenden Indianer gezeigt habe, besteht Jean Wallis darauf, mir einige Sehenswürdigkeiten der Gegend zu zeigen.

Während wir raus aufs Land fahren, erinnert sich Lester, wie er in Hillsboro aufgewachsen ist. Damals hatten die Farmen noch alle Zäune, und die Leute tauschten Waren, anstatt sie zu kaufen.

»Wir tauschten Hühner und Eier gegen fast alles, was wir brauchten«, sagt er. »Das war ein gutes Verfahren. Die Leute brachten uns Sachen, die wir nicht hatten, und wir tauschten Dinge, die sie nicht hatten. Eine wirtschaftliche Lebensweise. Es wäre nicht schlecht, wenn die Menschen zu dieser Lebensweise zurückkehrten. Einmal baute Dad einem Mann ein Extrazimmer ans Haus, und er wurde mit einer Kuh und einem 38er Revolver bezahlt.«

Der Wagen nimmt einen Hügel viel zu schnell, und es fühlt sich an, als ob wir abheben.

»Du fährst jetzt siebzig, Jean.«

»Oh, Lester.«

»Ja, das tust du.«

Die Luft ist kühl. Die Fenster des Wagens beschlagen. Jean stellt die Heizung und die Heckscheibenheizung an. Sofort wird es unerträglich warm, und ich kurbele ein Fenster herunter.

»Du fährst zu schnell«, sagt Lester.

»Ach nein, tu ich nicht.«

Als ein Blatt über die Straße weht, tritt Jean auf die Bremse. Dann fährt sie für ein paar Meilen mit 30 Meilen pro Stunde dicht auf den vorausfahrenden Wagen auf, bis dieser abbiegt.

Jeans Stimme klingt wie die eines Touristenführers: »Die sieben Höhlen sind dort hinten. Ein dichtes Netzwerk von Höhlen und Indianerpfaden. 1778 kampierte hier Daniel Boone. Er wurde von den Indianern gefangen und an eine Buche gefesselt. Da unten gibt es einen Baum, den sie ›Boones Baum‹ genannt haben. Aber wenn du genau hinschaust, ist es nicht einmal eine echte Buche. Sie nehmen sich bei dieser Geschichte einige Freiheiten heraus. Der Rocky Fork Creek ist hier hinten«, sagt sie und schaut nach rechts raus.

»Sieh auf die Straße.«

»Lester.«

»Es war die Nord-West-Verordnung, die wirklich alles veränderte«, sagt Lester und übernimmt das Kommentieren, damit sich Jean aufs Fahren konzentrieren kann. »Die brachten die Einwanderer hier raus und sagten ihnen, sie könnten ihre eigenen Farmen haben. Das hat die Indianer letztlich ganz vertrieben.«

Plötzlich steigt Jean Wallis in die Bremse, und der Wagen kommt zum Stehen.

»Fuchshörnchen«, sagt sie.

Ein rotes Eichhörnchen mit buschigem Schwanz rennt

vor uns über die Straße und verschwindet hinter den Bäumen. Hinter uns hält ein Wagen, und der Fahrer schüttelt den Kopf, während er vorsichtig an uns vorbeifährt.

Als wir weiterfahren, beugt sich Lester nach vorn, um mir etwas über Eichhörnchen zu erzählen. »Du bist wahrscheinlich mit dem Fuchshörnchen nicht vertraut. Aber das ist hier in Hillsboro ganz verbreitet. Du kennst ja wahrscheinlich das graue Eichhörnchen. Aber an dem grauen Hörnchen ist nicht viel dran. Niemand mag das graue Hörnchen. Aber ein Fuchshörnchen ist fast so groß, na, fast so groß wie ein normales Kaninchen. Tja, wir haben hier ja keine Hasen. Nur die gewöhnlichen Kaninchen. Und das Fuchshörnchen ist in dieser Gegend das verbreitetste, fast so groß wie ein Kaninchen.«

»Lester, hör doch auf, er interessiert sich nicht für Hörnchen.«

Daraufhin spricht Lester eine ganze Weile nicht mehr. Sie zeigen mir noch einige andere Stellen: Ein Schulhaus mit nur einem einzigen Klassenzimmer, eine alte Mühle und die Reste eines Indianerforts. Dann fährt Jean in die Vorgebirge der Appalachen. Dort haben die Hügel alle Namen von Pionierfamilien, die sich ursprünglich dort niedergelassen haben. Während wir vorbeifahren, zeigt sie darauf: Butler Hill, Reed Hill, Graham Hill ... Auf jedem gibt es jetzt große kahle Stellen, und es riecht streng nach geschlagenem Holz.

»Siehst du, was sie dort angerichtet haben? Das macht mich krank.«

»Das läuft darauf hinaus, daß die obere Erde nach unten rutscht und eine Tonkrone bildet«, sagt Lester. »Ich nenne sie die Land-Schlachter. Immer wenn sie etwas abreißen, das sie nicht abreißen sollten, nennen sie es Fortschritt.«

»Schau dir das ganze Holz an, das sie fällen«, sagt Jean und hält mitten auf der Straße an. »Und der Mann, dem das Land gehört, hat auch noch in der Lotterie gewonnen.«

»Wenn die Leute erst einmal zu Geld gekommen sind, wollen sie nur noch mehr«, sagt Lester, der, immer noch nach vorne gelehnt, auf den Tacho schaut, während Jean

103

beschleunigt. »Du kannst den Hunger nach Geld nicht stillen.«

»Er hat vierhunderttausend Dollar gewonnen.«

»Sie sind nie zufrieden.«

Wir kommen nach Sinking Springs, der ersten Siedlung des Bezirkes, deren Anfänge bis ins Jahr 1795 zurückgehen. Jean Wallis besteht darauf, daß ich das alte Schulgebäude, das die beiden mit restauriert haben, besichtige. Während des Bürgerkrieges wurde es als Wachhäuschen genutzt.

»Ich zeige es dir«, sagt sie.

»Nein, ich würde da nicht rausfahren«, sagt Lester scharf.

»Da drunter ist doch Schotter.«

»Aber es ist ganz naß.«

»Lester.«

Sie fährt raus auf den Rasen hinter dem Gebäude. Da drehen die Hinterräder durch, und wir kommen nicht mehr vom Fleck.

»Fahr rückwärts.«

»Lester, ich kann nicht. Ich kann weder rückwärts noch vorwärts fahren.«

Lester und ich steigen aus, und wir schieben zehn Minuten lang von hinten, während Jean den Motor heulen und die Reifen durchdrehen läßt. Wir sind voller Matsch, und ich habe das Gefühl, noch einmal bei den Stock-Car-Rennen zu sein. Wir schaukeln vor und zurück, die Reifen drehen durch, und die Maschine kreischt. Endlich bewegt sich der Wagen, und ich schaue rüber zu Lester, der aussieht wie eine Figur in einem schlechten Horrorfilm.

»Es geht los«, sagt er.

»Na ja.« Jean Wallis sieht mich schuldbewußt an, als wir wieder losfahren. »Das war ja ein Erlebnis.«

Auf dem Weg zurück nach Hillsboro klauben Lester und ich die Schlammbrocken von unserer Kleidung und werfen sie aus dem Fenster.

»Du wirst etwas besser aufpassen müssen«, sagt Lester irgendwann. Jean antwortet nicht.

In einem kleinen Ort namens Carmel hält sie an einer Kreuzung und wartet.

»Es gibt hier keine Ampel«, sagt Lester.

»Das weiß ich. Ich warte auf diesen Mann, Lester.«

Aber der Mann steht bloß an der Ecke und schaut zu uns herüber. Jean Wallis winkt ihm über die Straße zu. Der Mann winkt zurück.

Als die Sonne wieder auf der alten Ohio-Straße Highway 50 untergeht, laden mich die Wallis' zum Abendessen bei *Bob's Big Boy* ein, als Entschädigung für den Matsch. Ich fühle mich wohl dort mit ihnen und werde fast jedem vorgestellt, der vorbeigeht. Alle necken uns wegen des trockenen Schlamms im Haar und am Hals.

Als ich alleine in meinem Zimmer bin, kommt kalte Luft durch das Fliegengitter, und ich liege viele Stunden wach. Die kältere Jahreszeit steht vor der Tür.

Vor über einem Jahrhundert ereignete sich eine der bemerkenswertesten Begebenheiten im Zusammenhang mit den Alkohol-Beschränkungen in Hillsboro. Einige der Einheimischen behaupten nach wie vor, daß dies letztendlich zur großen nationalen Prohibition der zwanziger Jahre führte. Einige Tage vor Weihnachten kam Dio Lewis, ein Prediger aus Boston, nach Hillsboro, um eine feurige Rede über den Dämon Alkohol zu halten. Die Frauen von Hillsboro waren von seiner Rede derart angetan, daß sie einen Kreuzzug anzettelten mit dem Ziel, die dreizehn Saloons und Spirituosenläden der Stadt zu schließen. Siebzig Frauen waren beteiligt. Sie gingen in die Saloons und sangen Hymnen auf den Herrn. Sie beteten. Die Saloons machten einer nach dem anderen zu.

Heutzutage ist Hillsboro wieder eine alkoholfreudige Stadt. Und bevor ich abfahre, trinke ich noch ein Bier im *North High Lounge*, dem bekanntesten Saloon der Stadt. Vor einigen Jahren hat der Country-Musik-Sänger Johnny Paycheck hier im Streit einen Mann angeschossen.

Es ist ein kleiner, düsterer Schuppen, und alle Besucher sind Männer. Sie sind freundlich, und alle erzählen Geschichten über Donny Lytle, denn so heißt Paycheck in Wirklichkeit.

»Er ist ein guter Kerl, aber wenn er getrunken hat, ist er immer in Schwierigkeiten geraten«, sagt ein großer Mann mit Bierbauch und Lederjacke. »Dieser Song sagt viel über ihn selbst aus. So sah er die Dinge.«

»Take This Job and Shove It«, fügt ein anderer Mann hinzu.

Der Typ, den er angeschossen hat, war ein Klugscheißer, erzählen sie mir. Und zufällig war auch sein Name »Kluge«. Er war Tierpräparator. Die Männer behaupten alle, an dem Abend, als es passierte, hiergewesen zu sein. Manche vorher am Abend, manche genau in dem Augenblick, als der Schuß fiel. Aber alle Versionen der Geschichte unterscheiden sich.

»Er war am Trinken und mischte sich in einen freund-schaftlichen Streit zwischen einigen Männern ein. Ein Jäger und ein Tierpräparator waren darunter. Paycheck schoß den Präparator an.«

»Warum den Tierpräparator?«

»Er hat sich einen ausgesucht.«

»Worüber stritten sich sich?«

»Über Schildkrötenfleisch. So geht die Geschichte.«

»Ich würde allerdings sagen, daß da noch ein bißchen mehr dran war«, sagt ein großer, strenger Mann mit Narben auf den Wangen und über der Nase.

»Verstehst du, Donny wuchs ziemlich arm auf«, sagt der große Mann. »Er hatte nicht sehr viel. Es heißt, daß seine Familie sich von Schildkrötenfleisch ernähren mußte, weil kein Geld da war, als er klein war.«

»Na«, sagt der große Mann, »da steckt noch etwas anderes dahinter.«

»Er ist in der siebten Klasse von der Schule abgegangen und hat sich einen Namen gemacht. Ich glaube, daß er den Erfolg nicht recht verkraftet hat.«

»Das würde ich nicht sagen. Er war bösartig. Er war immer in Schwierigkeiten. Kleinigkeiten. So war er schon immer.«

»Na ja. Er ist auch ein sehr kleiner Mann«, sagt der große Mann. »Er ist nur ungefähr eins-vierundsechzig.«

»Aber die Leute mochten ihn. Wegen seines Erfolges haben viele Leute ihn bewundert.«

»Hat er hier gewohnt?« frage ich.

»Zu der Zeit hat er in Georgia gelebt. Aber er ist oft

hierher gekommen, um seine Mutter zu besuchen. Sie wohnt immer noch in Greenfield.«

»Und in der Nacht, als der Schuß fiel?« frage ich. »Was passierte?«

»Nun, wie gesagt. Es wurde ein bißchen getrunken. Und diese Typen standen dort hinten, glaube ich.«

»Dort hinten«, sagt der andere Mann.

»Und dann boten sie Donny ein Bett für die Nacht und ein Abendessen mit Schildkrötenfleisch an. Es gab einen Wortwechsel, und Donny zog seinen Revolver.«

»Er sagte, seine Sicherheitsbeauftragten hätten ihm nahegelegt, einen zu tragen.«

»Ja, der behauptet immer noch, die Pistole sei versehentlich losgegangen.«

»Die Kugel traf Kluge am Kopf. Sie hat ihn nicht getötet, aber Paycheck war wegen des Schusses mehrere Jahre im Gefängnis.«

Wir trinken Bier, und die Geschichte von Johnny Paycheck wird etwas weitergesponnen. Während ich zum Motel zurückkehre, zittere ich. Ich wehre mich gegen die Kälte und bewege mich. Es ist Zeit, Hillsboro zu verlassen.

Frank

Nach einigen Monaten auf der Straße wird mir klar, daß nicht wenige Menschen solche Reisen wie ich unternommen haben. Leute, die ein geregeltes Leben zugunsten einer unbestimmten Suche hinter sich gelassen haben. Draußen auf der Straße fallen dir andere Menschen, die an nichts gebunden sind, plötzlich auf. Und du ihnen. Während ich nachzähle, wieviel Geld noch in der Köderdose ist, wird mir bewußt, daß das womöglich das einzige ist, was mich von diesen Leuten unterscheidet: das Geld in der Köderdose.

Auf der Straße draußen vor Hillsboro trampt ein alter Mann, und ich halte, um ihn mitzunehmen. Als er einsteigt, sehe ich, daß seine Kleider zerfetzt sind und stinken. Sein Name ist Frank, sagt er mir. Er zieht eine zerknüllte Packung Camel raus und zündet sich eine an.

»Wohin?« frage ich ihn.

»Cincinnati. Auf Arbeitssuche. Wie weit fährst du?«

»Cincinnati. Was für Arbeit?«

»Alles, was sie anbieten.«

Mir fällt auf, daß seine Schuhsohlen abgenutzt und zerrissen sind. Er trägt nur eine Socke. Er nimmt einen tiefen Zug von der Zigarette und läßt nicht den ganzen Rauch wieder heraus.

»Ich war schon in New York, Memphis, Richmond, Parkersburg. Kann nichts finden«, sagt er.

Es ist schwer, ihn zu verstehen. Wahrscheinlich weil er nur noch wenige Zähne hat. Seine Sorgen interessieren mich plötzlich.

»Wie lange bist du schon arbeitslos?«

»Sieben Jahre.«

»Sieben Jahre?«

»Na ja, wenn du rausfällst, kommst du nie wieder rein. Mit jedem Versuch wird's ein bißchen schwieriger. Aber es ist nicht so, daß ich's nicht versucht hätte.«

Er lacht, und aus seinem Lachen wird ein langer, schmerzhafter Hustenanfall.

»Woher kommst du?« frage ich.

Er denkt darüber nach. »Ich würde sagen, hauptsächlich Cleveland. Richmond. Ich habe viele Jahre in Richmond verbracht.«

»Was hast du gemacht?«

»Ich hab alles gemacht. Was du willst. Vor Jahren habe ich in Richmond gewohnt und für die Telefongesellschaft gearbeitet. Vierzehn Jahre lang. Oh, ich habe herausgefunden, daß die einige Sachen gemacht haben.«

»Sachen?«

»Ja. Ich habe alles herausgefunden, und das war vielleicht mein Fehler. Ich hab's in Phoenix versucht und in Memphis, und ich hab's in New York versucht. Nichts.«

Spät am Nachmittag erreichen wir Cincinnati, dieses städtische Konglomerat am Fluß, nahe an der Grenze zu Indiana. Die letzten Sonnenstrahlen spiegeln sich orange in den Fenstern der Bürogebäude. Das Licht des Himmels vergeht, die Lichter aus den Häusern beginnen plötzlich, sich auf den langen grünen Rasenflächen widerzuspiegeln. Wie die meisten alten Städte wurde auch Cincinnati im Zusammenhang mit den ersten Transportsystemen im Land erbaut. Aber der Highway 50 führt an Cincinnati vorbei, nicht hindurch. Wie er an fast allen großen Städten, die auf seinem Weg liegen, nur vorbeiführt. Die Wege, denen er folgt, sind älter.

Eine Weile führt der Highway am Ohio entlang, durch ein Gebiet mit verlassenen Gebäuden und Werkstätten, Raffinerien, Kornsilos, Salzbergen und Petroleumtanks. Binnenschiffe werden beladen. Die Luft riecht nach Chemikalien. Ein bißchen weiter die Straße hinauf befindet sich North Bend, die vierte Siedlung in Ohio (1789) und die Geburtsstätte von William Henry Harrison, dem neunten Präsidenten der Vereinigten Staaten. Er starb einen Monat nach der Vereidigung an einer Lungenentzündung. Frank und ich laufen in dieser alten Stadt voller Schrottautos den Hang hinauf und lesen die Inschrift auf dem riesigen Gedenkstein für Harrison.

Als wir in Indiana angekommen sind – wieder ein Staat, der nach den Indianern benannt worden ist – halte ich an, um ein paar Lebensmittel einzukaufen: Käse, Tomaten, Salat, Senf, Brot, etwas zu trinken. Wir essen dicke Sandwiches auf einer Bank, unten am rauschenden Ohio. Frank kaut laut und mit großen Schwierigkeiten, wie ein Hund an einem Stück Knorpel. Er verdreht den Kopf und wendet sich mit schmerzhaftem Gesichtsausdruck zur Sonne. Nachdem er geschluckt hat, erzählt er mir, daß er seine Meinung über Cincinnati geändert hat.

»Ich denke, ich kann es ebensogut in Kansas City probieren, wenn ich's ernst meinen will. Es gibt nichts in Cincinnati.«

»Woher willst du das wissen?«

»Ich geh schon mein ganzes Leben lang immer nach Cincinnati. Muß da keine Zeit mehr verschwenden.«

Mir dämmert, dies bedeutet, daß er mit mir zusammenbleiben möchte. Er möchte an meiner Reise teilnehmen, die anregender und weniger enttäuschend als seine ist. Eine Pause von seinen eigenen einsamen Reisen.

»Ich fahre aber nicht durch«, sage ich und kneife im hellen Morgenlicht die Augen zusammen. »Ich denke, ich werde eine Weile in Lawrenceburg oder Aurora halten.«

»Stört mich nicht.«

Er ißt noch ein Stück von seinem Sandwich und spricht lange Zeit nicht. Ein leises, regelmäßiges schmerzvolles Geräusch kommt aus seinem Hals. Nachdem er geschluckt hat, folgt ein weiterer Hustenanfall. Als er fertig ist, zieht er eine Camel raus.

Wir kommen jetzt ins Talgebiet des südöstlichen Indiana, wo die Städte Rising Sun, Aurora oder Friendship heißen. In jedem Frühjahr überschwemmt der Ohio dieses Land und hinterläßt den Farmern fruchtbaren Boden. Die meisten Überschwemmungen sind leicht, aber eines Tages wird es eine große geben, wie die Überschwemmung von 1937, die Lawrenceburg vernichtet hat. Jeder weiß das und akzeptiert es, wie die Leute in Kalifornien die Erdbeben akzeptieren und die Leute in Florida die Wirbelstürme.

Als die Sonne hoch am klaren Himmel Indianas steht, parke ich am Ohio und erzähle Frank, daß ich alleine weiterfahren möchte. Er sieht mich nur an. Ich schüttle seine Hand und spüre dabei die Dreckkruste an seinen Fingern. Er gibt kein Zeichen des Abschieds von sich. Während ich in den Wagen steige, sehe ich, daß er mir nachschaut, in der Hand ein Käsesandwich.

Am Abend treffe ich in einer Kneipe in Lawrenceburg einen robusten Sargmacher mit dickem schwarzem Haar. Er arbeitet für Aurora Casket, erzählt er mir, die den rostfreien Sarg erfunden haben und der größte Sargproduzent des Landes sind.

»Dafür ist diese Stadt bekannt, wenn du die Wahrheit wissen willst: Aurora Casket, Sarghauptstadt des Landes. Die Leute denken ja nicht darüber nach, woher die Särge kommen. Aber hier ist es, Aurora in Indiana. Das wußtest du nicht, oder?«

»Nein.«

»Weißt du, was unser größtes Problem ist? Du kannst nur eine bestimmte Anzahl Menschen für Särge interessieren. Verstehst du, was ich sage? Dein Markt ist immer durch die Tatsache begrenzt, daß nur zwei Millionen Leute jährlich in den Vereinigten Staaten sterben.«

»Darüber habe ich nie nachgedacht.«

»Oh ja. Das ist anders als andere Geschäfte. Autohersteller zum Beispiel. Mit Autos kannst du werbemäßig viel mehr machen.«

Er lächelt. Neben ihm an der Bar sitzt seine zierliche Frau und schweigt. Sie raucht eine Zigarette nach der anderen und wendet den Kopf, um den Rauch aus einem kleinen Winkel ihres Mundes auszublasen. Zuerst glaube ich, daß sie ärgerlich ist, weil er so laut spricht. Aber ich begreife dann, daß es bloß ihre Art ist.

»Zu allem Überfluß ist die Feuerbestattung jetzt bei achtzehn Prozent. Und das schadet dem Geschäft. Dieser Teil des Landes ist einzigartig. Hier fing es mit der Autoindustrie an. Aber die Banken in Indiana wollten nicht mitziehen, und so ließ sie sich im Norden nieder. In Detroit. Jetzt sind die Hauptindustriezweige in Aurora Whiskey und Särge.«

Die Frau bläst ganz langsam eine lange Rauchsäule in die Luft. Nach einem Drink gehe ich.

Am Morgen sehe ich vor dem Zaun des Motels Frank, der einen wenig überzeugenden Tramper abgibt. Er winkt und tut überrascht, als ich aus dem Zimmer komme.

»Scheiße«, sagt er und hustet. »Ich habe diese ganze verdammte Stadt abgegrast. Kann nichts finden. Ich werde es wohl in Kansas City versuchen müssen.«

Wir schauen beide den Highway 50 rauf und runter.

»Verdammtes Indiana. Hat noch nie zu was getaugt.«

»Na ja. Viel Glück«, sage ich und schüttle seine Hand noch einmal. Er schaut mich an. Offensichtlich habe ich seine Gefühle verletzt.

Ich fahre nach Westen auf den Highway 50, aber nach einigen Meilen kehre ich um, um Frank nach Kansas City mitzunehmen. In Lawrenceburg und Aurora ist allerdings nichts von ihm zu sehen. Ich sehe Frank nie wieder.

»Larrison's«

In der Rexall-Apotheke vor Lawrenceburg verliere ich eine Stunde. Der Mann an der Kasse erklärt mir, warum. Von allen Städten des Landes hat Indiana die verwirrendste Zeiteinteilung. Sechsundsiebzig Bezirke des Landes richten sich das ganze Jahr über nach der Östlichen Standard-Zeit. Elf haben die Zentrale Standard-Zeit im Winter und die Zentrale Sommer-Zeit im Sommer. Fünf haben die Östliche Standard-Zeit im Winter, wechseln aber im Sommer auf die Östliche Sommer-Zeit. Lawrenceburg stellt im April auf die sogenannte *fast-time* um. Aber wenn man nur ein wenig nach Westen fährt, stehen alle Uhren auf *slow-time*.

Einige Leute weigern sich, die Uhren umzustellen.

»Es gibt Haushalte mit zwei verschiedenen Zeiten«, erzählt mir die Frau in der Apotheke. »Wir müssen uns oft gegenseitig fragen: ›Ist es *fast-time* oder *slow-time*?‹ An vielen Orten gehen die Kinder mit *slow-time* zur Schule, aber die Eltern arbeiten mit *fast-time*.«

Der Highway 50 überquert in *slow-time* die Moränen bis zu den inneren, niederen Ebenen. Er führt durch Ripley County und den Staatspark Versailles ins Hochland nach Seymour, wo die Straße von Buchen, Eichen und Erlen gesäumt ist.

Spät am Tage fängt das Radio am östlichen Rand von Seymour zu rauschen an, und die Armaturenbeleuchtung erlischt. Ich fahre in die erste Werkstatt, die ich finden kann. Ein dreckiger Mechaniker kommt herüber.

»Brennt's bei Ihnen?«

»Wie bitte?«

»Es riecht, als gäbe es hier ein Feuer. Steigen Sie aus.«

»Ich glaube nicht.«

113

Der auffallend gebeugte Mann winkt mich weg und öffnet mit unheilvoller Geste die Haube.

»Gehen sie zurück«, sagt er.

»Ich glaube, es ist der Anlasser«, sage ich. Irritiert weist er mich darauf hin, daß ich immer noch zu nah dranstehe.

»Ist dieses Ding versichert?«

»Natürlich.«

Er wischt sich die Hände an einem Tuch ab und tritt einen Schritt zurück, als könnte die Maschine jeden Augenblick in Flammen aufgehen. »Was glauben Sie?«

»Ich glaube, daß Sie Glück gehabt haben«, sagt er. »Haben Sie vor, ein paar Tage in Seymour zu bleiben?«

»Eigentlich nicht.«

»Na, Sie sollten es lieber einplanen.«

»Was ist denn da kaputt?«

»Als erstes?« Er schaut mich an, als wäre ich verrückt. »Da läuft Benzin aus. Ihnen fehlt der Anlasser-Riemen. Und zu allem Überfluß haben Sie da drin einige Teile, die gar nicht dahingehören. Sie sind gerade rechtzeitig hier reingefahren. Das ist die gute Nachricht. Die schlechte Nachricht ist, daß die Hälfte dieser Maschine neu gemacht werden muß, bevor Sie irgendwohin können.«

»Ich nehme nur den Anlasser-Riemen«, sage ich, »und sehen Sie mal nach dem Leck.«

Der Mann sagt, daß er erst am nächsten Morgen dazu komme, aber er bietet mir an, mich in die Stadt mitzunehmen. Er brauche bloß »eine Minute«, sagt er und verschwindet fast eine Dreiviertelstunde lang auf der Toilette. Ich warte in der Werkstatt, blättere im Telefonbuch und in einem Prospekt für Uniroyal-Reifen. Endlich kommt er aus der Toilette, ganz sauber, und riecht nach billiger Seife und Zahnpasta. Sein Haar ist mit Wasser zurückgekämmt und seine Haltung zackig. Mit seiner Kleidung hat er die Persönlichkeit gewechselt.

»Fertig?« fragt er und winkt mit einer Sporttasche. »Das ist mein Lieferwagen da drüben.«

Ein Mann im mittleren Alter, der als Krebspatient durchgehen könnte. Er fährt schnell, überholt gerne und wechselt ständig von einer Spur zur anderen, als ob die Fahrt nach

Hause eine Fahrt im Vergnügungspark wäre. Gelegentlich hält er seinen Kopf in den Wind und pfeift »Strangers in the Night«.

Als ich ihn frage, was *Hoosier*, das Motto des Staates, bedeutet, ist er peinlich berührt. Ich bereue die Frage sofort.

»Hoosier?«

»Ja.«

»Hoosier?«

»Ja.«

Um einen Subaru zu überholen, beschleunigt er auf fünfundsiebzig. Für einen Augenblick steigt ihm die Röte ins Gesicht.

»So nennt man es einfach. Der ›Hoosier-Staat‹. Das ist Indiana. Zum Teufel, ich weiß es nicht, es ist einfach ein Name.«

Offensichtlich ist er mit seiner Erklärung nicht zufrieden. Während er schnell durch den Feierabendverkehr kurvt, kommt er mehrmals auf das Thema zurück und versucht anscheinend, eine etwas angemessenere Antwort zu finden. »Es gab wirklich mal eine Geschichte über Hoosier. Irgendetwas über jemanden, der an einer Tür klopft, und der dahinter antwortet ›Who's 'er? ‹ (Wer ist da?) – ›Hoosier‹. Irgendsoetwas. Soweit ich weiß, ist das einfach so eine Geschichte mit einer Verdrehung.«

Um das Thema zu wechseln, frage ich ihn nach der Wirtschaft in Seymour, und er scheint erleichtert, wieder mit etwas Sachverständnis sprechen zu können.

»Nun, im Augenblick bringt die Wirtschaft dem mittleren Westen viele Einwanderer. Früher war das nur an den Küsten der Fall. Es gibt auch viele neue Industriezweige in Seymour, und deswegen bekommen wir auch immer mehr Einwanderer. Zur Zeit ist das große Thema, daß wir mehrere japanische Firmen hierher kriegen, und das verändert den Charakter von Seymour. Einige Leute mögen das nicht. Mir ist es recht, weil es mir mehr Kundschaft bringt. Wollen wir bei *Larrison's* halten?«

Er parkt den Lieferwagen an einem Eckrestaurant in der Stadt, und wir gehen hinein, um eine Tasse Kaffee zu trinken. Die graue schimmernde Luft der Dämmerung fühlt

Ed Larrison, Besitzer von Larrison's, *einem beliebten Treffpunkt in Seymour, Indiana.*

sich angenehm kühl an. Männer sitzen in einer Reihe am Tresen, trinken Kaffee und essen Torte. Der Lohn des Tages.

Larrison's Restaurant, ein rotes Ziegelgebäude mit einer grün-rot-weiß-gestreiften Markise, erfüllt in Seymour eine

116

besondere Funktion. Es scheint den Abstand zwischen dem, was diese Stadt einmal war – eine kleine landwirtschaftliche Gemeinde, in der jeder jeden kannte – und dem, was aus ihr wird – eine blühende Industriestadt, voller Fast-food-Ketten und ausländischer Investoren – zu überbrücken. Man hat den Eindruck, daß jeder hier zu *Larrison's* kommt: städtische Beamte, Geschäftsmänner, Farmer, die Japaner und die pensionierten Alten. Es ist ein sicherer, unveränderlicher Hafen im Zentrum einer sich wandelnden Gemeinde.

Während der Tage, die ich in Seymour verbringe, gehe ich zum Frühstück zu *Larrison's* und nachmittags nochmal. Ich unterhalte mich mit dem Besitzer Ed Larrison, der sich an die Tage vor Fast food erinnert, als er sein kleines Restaurant jeden Abend bis zwanzig Uhr geöffnet hatte. Wegen des Fast foods mußte er die Öffnungszeit verkürzen – erst bis sieben Uhr abends, dann bis sechs Uhr. Jetzt schließt er um fünf, wenn der Bürotag zu Ende ist.

»Damals waren die Ketten noch nicht in diesen kleinen Städten«, sagt er. »Aber jetzt ist denen das egal. Sie gehen überall hin. Ich habe zwanzig, fünfundzwanzig Restaurants aufmachen sehen, seit ich hier bin. Letztendlich werden sie auch dieses in den Ruin treiben, nehme ich an. Sie haben mir ja schon das Abendessengeschäft weggenommen. Aber weißt du, was ich sehe? Jedes Mal, wenn ich in ein Fast-food-Restaurant gehe? Eine Schlange. Das kann doch nicht im Sinne des Erfinders sein.«

Larrison stammt aus Columbus, Ohio, und seine Frau aus North Vernon. Für sie war Seymour ursprünglich neutrales Gebiet. »Wir sahen auf die Karte und suchten nach einem Fleck, der nicht zu nah bei irgendwelchen Verwandten lag. Da schien uns Seymour genau richtig.«

Es ist eine Geschäftsphilosophie Larrisons, sich eine gemischte Kundschaft zu halten.

»Alle sind hier willkommen«, sagt er. »Alle waren hier: Reiche, Arme, Obdachlose. Wir hatten einen Kunden, der schlief in der Gosse. Wir nannten ihn ›Blitzer‹. Er hatte immer dreckige Klamotten an, aber er zog ein Tuch raus und wischte den Tisch ab, und wir mußten anschließend

117

desinfizieren. Ich habe ihm nie gesagt, er könne nicht reinkommen. Das habe ich mit niemandem getan. Aber manchmal roch er einfach so fürchterlich. Ich tat es ungern, aber manchmal mußte ich ihm einfach sagen: ›Es ist Zeit, wieder mal in den Fluß zu springen.‹ Einmal hat es ihn wohl getroffen, und er ist nie wiedergekommen.« Während er das sagt, denke ich an Frank und frage mich, ob es sich um dieselbe Person handeln könnte.

Eines Tages sitze ich bei *Larrison's* am Tresen, als Sonny Mellencamp, der Vater von John Cougar Mellencamp, vorbeiläuft.

Der Rockstar Mellencamp ist in Seymour aufgewachsen und in den letzten Jahren eine Art Troubadour geworden. Er singt über die Sorgen der Menschen im mittleren Westen: Farmer und Leute, die in kleinen Städten leben und sterben. In der Musikbox läuft einer seiner Songs: »Pink Houses« mit dem Refrain »Ain't that America«. Wo man nach Seymour hereinkommt, steht ein Schild auf dem Highway 50: »Geburtsstadt von John Cougar Mellencamp«.

»Worauf sind die Leute in Seymour so stolz?« frage ich Sonny Mellencamp.

»Hier zu wohnen.«

»Aber es scheint noch etwas anderes hier zu geben, einen einzigartigen Geist.«

»Kann ich nicht sagen. Ich wohne hier.«

Sonny Mellencamp ist herzlich, aber zurückgezogen. Es interessiert ihn nicht, interviewt zu werden.

»Es gibt genügend andere Leute, die Ihnen über Seymour etwas erzählen können«, sagt er.

Bei *Larrison's* wird manchmal über Mellencamps Sohn geredet. Ed Larrison erinnert sich daran, daß John Mellencamp ein typischer Seymourer Junge war. Bloß etwas entschlossener. »Ich denke, das hat ihn wahrscheinlich von den anderen unterschieden. Er hat so verdammt hart daran gearbeitet. Ich muß zugeben, ich kann nicht alle Texte verstehen. Aber er wollte es schaffen, und das hat er hingekriegt.«

Geri Schepman, die in der Handelskammer arbeitet, ist immer noch darüber verblüfft. »Das haut mich um«, sagt sie. »Das habe ich nicht kommen sehen. Ich wußte, daß er sehr willensstark und entschlossen war, aber ich hätte mir nie träumen lassen, daß er berühmt wird. Er war okay, aber ich habe Leute singen gehört, die viel besser sind. Seine Songs haben mich nicht besonders interessiert. Damals konnte sein Bruder Joe viel besser singen.«

Eine ältere Frau, die am Tresen sitzt, sagt, daß John Mellencamp Seymour nicht genügend gewürdigt habe, als er ein Star wurde. »Das hat einige von uns geärgert. Er schien seine Herkunft zu vergessen. Aber letztendlich wurde ihm klar, daß dies sein Zuhause war. Er hat Seymour den guten Namen verschafft. Aber die Stadt hat ihm auch geholfen. Das ist eine Sache, die auf Gegenseitigkeit beruht.«

Als der alte Ford endlich fertig ist, warnt mich der Mechaniker, daß er noch gar nicht so weit sei. »Ihr Keilriemen ist jetzt in Ordnung. Aber so, wie die Maschine kocht, wird sie, noch bevor Sie die Grenze von Illinois erreichen, brennen. Ich schlage vor, daß Sie das ganze Ding Stück für Stück überholen lassen. Ich kann mich da morgen ranmachen. Ganz früh, wenn Sie möchten.«

»Sie sagen, daß es noch vor der Grenze nach Illinois einen Brand geben wird?«

»Ich garantiere es.«

»Soll ich Sie beim Wort nehmen?«

Er lächelt.

»Na ja, wenn diese Tankstelle solche Garantieformen gewähren könnte, ja. Aber da das nicht geht, kann ich Ihnen keine Garantie geben. Im übertragenen Sinne tue ich es aber doch.«

Ich schreibe seinen Namen und seine Adresse in mein Notizbuch und beschließe, ihm aus dem Westen eine Postkarte zu schicken. Das heißt, wenn der alte Ford nicht zwischen hier und Illinois in Flammen aufgeht.

Bevor ich Seymour verlasse, halte ich noch ein letztes Mal bei *Larrison's* auf ein Stück Torte und ein Glas Milch.

Kalk-Tempel

Die Ränder des Kontinents sagen nichts darüber aus, wie diese riesige Erdmasse zu einem Land wurde. Sie haben lediglich eine gekürzte romantische Version zu bieten. Es ist die Landesmitte, diese mysteriöse Region mit Flüssen und unendlichen offenen Räumen, die die wahre Geschichte erzählt.

Die Monumente des Fortschritts im Osten des Landes haben den kleinen Städten im mittleren Westen, wie Bedford in Indiana, vieles zu verdanken. Auch die Steine, aus denen sie gebaut wurden. Das Empire State Building, die National Cathedral, das Pentagon und das Metropolitan Museum of Art – bei allen wurde Kalkstein verwendet, der aus der Gegend um Bedford kommt. Die Kalksteingebiete des Staates erstrecken sich von Putnam County im Norden bis hinunter nach Crawford County. Aber ihr Herz befindet sich hier, in dem waldigen Land in der Nähe von Bedford, das vom Highway 50 geteilt wird.

Kurz hinter dem Stone City Einkaufszentrum – an der Straße, an der auch das *Stone City Motel* und das *Stone City Restaurant* liegen – halte ich an einer Tankstelle und frage, was den Kalkstein von Indiana eigentlich so besonders macht.

»Nur eine Frage der Qualität«, sagt der Tankwart. »Man kann den Unterschied zwischen einem Gebäude aus unserem Kalkstein und einem aus« - er schaut auf mein Nummernschild – »Kalkstein aus Maryland zum Beispiel sofort feststellen.«

»Gibt es Kalkstein in Maryland?«

»In jedem Staat gibt es Kalkstein. Aber in keinem anderen Staat gibt es Indiana-Kalkstein. Der hochwertigste Stein der Welt.«

»Warum?«

»Das ist eine Frage, die wohl nur Gott beantworten kann.«

Ich bin einsam in dieser trüben steinernen Stadt, in der offensichtlich zu jedem Haus eine Badestelle für Vögel und eine steinerne Bank gehören. Und mir fällt ein, daß ich jemanden aus der Gegend von Bedford noch aus der Studienzeit kenne oder zumindest kannte. Ich beschließe, sie anzurufen. Und zu meiner Freude finde ich heraus, daß sie noch hier lebt und sich an mich erinnert.

»Du hast immerzu Zeitung gelesen«, sagt sie. »Du brachtest eine mit in den Hörsaal, und wenn die Vorlesung langweilig wurde, hast du heimlich gelesen.«

»Komisch, woran sich die Leute erinnern.«

»Bist du denn Journalist geworden?«

»Zufällig ja.«

Kate ist kleiner, als ich sie in Erinnerung hatte. Eine knabenhafte Frau mit kurzem, punkartig geschnittenem Haar. »Ich bin damit aufgewachsen«, sagt sie, als wir uns an einem Steinbruch treffen. »Hier draußen passiert alles mögliche. Unten in den Steinbrüchen hat man gestohlene Autos gefunden. Leute sind beim Schwimmen hier ertrunken. Sie sind mit dem Kopf auf einen Stein gestoßen und einfach ertrunken.«

»Bist du verheiratet?«

»Bist du's?«

»Nein.«

»Geschieden. Warum bist du hier?«

»Ich reise so rum.«

»Wo?«

»Durchs Land. Eine gemächliche, lange Reise zu einem anderen Leben.«

»Ah.« Die Frau, die sich einmal auf Lyrik spezialisiert hatte, blinzelt zum hellen Wasser des Steinbruchs. »Kalkstein. Bringt immer noch die besten Jobs hier. Das war schon immer so. Mein Vater arbeitete in der Mühle und sein Vater auch. Das tut man halt, wenn man in Bedford lebt.«

Wie ich erfahre, boomte die Kalkstein-Industrie in dieser Gegend 1854 nach dem Bau der Eisenbahn und hielt sich

121

bis in die dreißiger Jahre dieses Jahrhunderts. Zur Zeit der Depression suchten die Firmen nach billigerem Baumaterial, und das Geschäft mit den Steinen ging zurück. Während der sechziger und siebziger Jahre hatte die Kalkstein-Industrie wieder unter den zunehmenden Stahl-Glasbauten zu leiden. In den Achtzigern zeigten allerdings einige Stahl-Glasbauten, die den Wirbelstürmen ausgesetzt waren, Risse, und seitdem ist die Kalkstein-Industrie wieder im Kommen. Die Leute verlangen wieder nach Sachen, die auch wirklich länger halten.

Kate, die normal so schnell geht, als laufe sie bei einem Rennen, macht mit mir eine Führung. In den Steinmühlen am Rande der Stadt werden auf Bestellung riesige Kalksteintafeln mit Diamantsägen zugeschnitten. Die Sägen, die ähnlich funktionieren wie Kettensägen, schneiden mit einer Geschwindigkeit von drei Metern pro Stunde durch den Stein. Manche Blöcke werden dann für besondere Zwecke per Hand behauen. In den Steinbrüchen wird der Stein von großen Maschinen, die aussehen wie überdimensionale Eispickel und die »Channelers« heißen, auseinandergebrochen und in Blöcken zu je zwanzig Tonnen von Gerüst-Kränen aufgeladen.

An einem Bach entlang in den nahegelegenen Wäldern führt mich Kate zu einem einzelnen Grab, das von einer kaputten Steinmauer umgeben ist. Hier ist Winthrop Foote begraben, einer der ersten Männer, der begriffen hatte, welches Potential in der Kalkstein-Industrie von Indiana steckt. Foote kam 1825 in die Gegend und begründete den Bluestone-Steinbruch. Damals war Bluestone der meistgefragte Stein. Wenn er feucht ist, bekommt er eine blaue Tönung.

»Was machst du jetzt?« frage ich sie, als wir an dem Grab stehen. »Damals, zu Collegezeiten, warst du eine Poetin.«

Sie lacht.

»Ich habe schon alles mögliche gemacht. In Kalifornien habe ich drei Jahre gearbeitet. Dort habe ich auch meinen Mann kennengelernt. Er wurde nach Übersee versetzt. Wir haben in Kenia, Ghana und Somalia gelebt. Wir sind ein halbes Jahr lang durch Europa gereist. Haben Japan besucht.«

»Hast du aufgehört zu schreiben?«

»Nein, eigentlich nicht«, sagt sie ohne Überzeugung. »Aber momentan gibt es Wichtigeres.«

»Also bist du wieder in Bedford?«

»Zur Zeit ja. Ich wohne bei meinen Eltern, bis ich Arbeit gefunden habe.«

Wir laufen den Weg zurück bis zum Highway. Ihr Schritt ist entschlossen, als wolle sie unbedingt irgendwohin.

Bevor ich Bedford verlasse, lerne ich Maxine Kruse kennen, eine ehemalige Angestellte der Stadt, die mir die traurige Geschichte der Pyramide von Bedford erzählt. In den Siebzigern reiste eine Gruppe ägyptischer Geschäftsleute nach Bedford mit dem Ziel, im Herzen des Kalksteingebiets eine Pyramide zu bauen. Die Pyramide sollte nach dem Vorbild der großen, vor dreitausend Jahren in Ägypten erbauten Pyramide von Gizeh, gestaltet werden. Neunundzwanzig Meter hoch und mit einem Durchmesser von sechsundvierzig Metern. Mit einem Kalksteinpark drumherum.

Maxine fährt ein glänzendes rotes Cabrio, und auf dem Nummernschild steht ›Max‹. In den siebziger Jahren hat sie für das Fremdenverkehrsamt gearbeitet, sagt aber, sie habe wegen der Geschichte mit der Pyramide gekündigt. »Es gab einige große Pläne. Es hätte klappen können. Die Pyramiden in Ägypten sind auch aus Kalkstein. Und die Ägypter kamen hierher und malten sich aus, daß die Touristen auch nach Ägypten reisen würden, wenn sie erst mal eine Pyramide in Indiana gesehen hätten. Sie wollten, daß wir die Bodenuntersuchung machen, und sie hätten dann den Rest finanziert. Aber wir haben nie die Gelder bekommen, um die Untersuchung machen zu lassen. Der Gemeinde war es zu teuer und ausgefallen. Senator William Proxmire verlieh Bedford seinen Preis des Goldenen Vlieses nur für die Pläne.«

An einem stickigen Nachmittag fährt Maxine mit mir zu der Stelle, an der der Kalksteinpark gebaut werden sollte. Auf der Fahrt erklärt sie mir einige Steinbauten der Stadt:

das alte Gefängnis, die Kirchen mit 60 Zentimeter dicken Mauern, die Steinveranden, von Mühlenarbeitern aus Steinresten gebaut. Das Parkgelände ist jetzt mit Unkraut und zerbrochenen Steinen übersät, viele davon mit obszönen Graffitis bemalt. Rostige Lastwagen tragen die Aufschrift »Limestone Tourist Park«. Die Straße, die zum Park führt, ist aufgerissen.

»Ich war enttäuscht, daß der Pyramiden-Handel nicht geklappt hat«, sagt sie, während wir zum Empire-Steinbruch hinunterlaufen. »Proxmire wußte nicht, wovon er redet. Die Pyramide hätte uns nur ein müdes Lächeln gekostet.«

An diesem lehmigen Pfad am Rand des Steinbruchs ist die Luft voller Insekten und Feuchtigkeit. Der Empire-Steinbruch ist mit seinen perfekten Schnitten in der Erde und dem klaren grünen Wasser ein überwältigender Anblick.

»Das hätte eine große Attraktion werden können. Ich glaube, daß hier wieder Interesse am Tourismus entsteht, aber ich glaube nicht, daß die Pyramide jemals zu sehen sein wird. Der Zug ist abgefahren.«

»Es gibt einen Ersatz«, sagt sie, während sie um die Ecke biegt und vor einem bescheidenen Steinhaus hält. »Ein Mann wollte sicherstellen, daß es in der Gegend eine Pyramide gibt. Also hat er seine eigene gebaut, wie Sie sehen können.«

In der Tat steht auf dem Rasen vor dem Haus eine kleine steinerne Pyramide.

»Er heißt Diehl, und sie wird die ›Diehl-Einmach-Pyramide‹ genannt. Zweitausend Dollar hat ihn der Spaß gekostet. Besser als nichts, würde ich sagen.«

Sie setzt mich in der Stadt ab, und ich danke ihr. Ich bin wieder einmal überrascht, wie zuvorkommend Fremde sein können, wie gerne sie in ihren Städten und ihren Welten Gastgeber spielen.

»Little Egypt Pancake House«

Auf den Feldern von Lawrence County brennt es, und der Nachtwind riecht nach Benzin, als der alte Ford und ich in Illinois ankommen – noch ein Staat, der nach den Indianern benannt wurde. Für jemanden, der nicht mit dem Osten von Illinois vertraut ist, sind diese nächtlichen Feuer, mit denen das überflüssige Gas abgefackelt wird, erschreckend. Es gibt auch keine Schilder, die darauf hinweisen.

Bis ich zum Volksfest von Lawrence County komme, gibt es nichts Interessantes mehr. Aber hier kündigt ein Schild die Attraktion des Abends an: Traktoren-Ziehen. Ich halte an und parke den Ford in einem Feld.

Die Männer und viele der Frauen tragen hier Kappen mit Farm- und Futtermittelwerbung. Meine Mütze mit dem Emblem der Washington Redskins wirkt unpassend. Sie zieht viele irritierte Blicke auf sich, während ich neben der Haupttribüne stehe und eine Cola trinke.

Ein schwergewichtiger Mann mit einem überraschend kleinen Kopf kommt zu mir rüber und fragt, augenscheinlich recht aggressiv: »Ziehst du?«

»Heute abend nicht«, sage ich. »Hab nicht mal den Truck dabei.«

Er schielt nach meiner Redskins-Mütze und stemmt die Hände in die breiten Hüften.

»Es sieht ein bißchen glatt aus heute abend.«

»Vielleicht.«

»Ich ziehe. In einem Sechstausend-Pfünder, Vier-Gang. Welche Klasse ziehst du?«

»Dieselbe.«

»Mit Gangschaltung?«

Sein Gesicht ist platt. Sein Bauch bewegt sich beim Atmen gleichmäßig auf und ab. Dies ist wohl eine Herausforderung.

Ich rate. »Automatik.«

»Die Klasse gibt's nicht. Wenn du mit Gangschaltung fährst, wie weit ziehst du ihn?«

Ich zucke mit den Schultern. »Manchmal kriege ich ihn ganz übers Feld.«

»Was war dein Bestes?«

»Das war es.«

»Wieviel Meter?«

»Kann mich nicht erinnern.«

»Ziehst du sechsundsiebzig?«

»Schon ein paar Mal.«

Er mustert mich von oben bis unten.

»Ich war heute abend auf gut einundneunzig eingestellt, aber es sieht ein bißchen glatt aus. Schade auch. Er läuft ganz ruhig. Bist du hier aus der Gegend?«

»Nein, bin ich nicht.«

»Woher kommst du?«

»Aus der Nähe«, sage ich.

»Salem?«

»Ja.«

Jetzt starrt er mich lange und eindringlich an. Was bist du eigentlich für ein Lügner? scheint sein Blick zu fragen.

Bevor die Nationalhymne gespielt wird, bittet uns der Ansager aufzustehen und die Kappen abzunehmen. »Bei aller Respektlosigkeit, die ihr in der letzten Zeit entgegengebracht wurde, möchten wir mit einer anständigen Version der Hymne beginnen«, sagt er. Offensichtlich bezieht er sich auf den weiblichen Fernsehstar Roseanne Arnold. Um das rauszukriegen, brauche ich allerdings fast eine Stunde. Einige Tage zuvor hatte sie vor einem Baseball-Spiel zuerst die Nationalhymne gekreischt und sich dann zwischen die Beine gefaßt. Hier, auf dem Volksfest von Lawrence County, macht die Menge ein wenig von dieser Respektlosigkeit wieder gut und singt inbrünstig zu einer zerkratzten, blechern tönenden Schallplatte, die anscheinend auch noch auf falscher Geschwindigkeit läuft.

»Wir müssen etwas von diesem Patriotismus verbreiten«, sagt der Ansager im Anschluß, und die Menge reagiert mit donnerndem Applaus. »So, jetzt wollen wir mal die sechstausend Pfund und vier Gänge rauslassen und los!«

In der ersten Klasse sind neun Trucks. Ich sehe zu, wie sich Larry Jackson in einem 78er Chevrolet auf den ersten Zug vorbereitet. Er liegt auf den Knien im Matsch und überprüft minutenlang die Anschlüsse.

Ich habe noch nie einen so albernen Sport wie Traktor-Ziehen gesehen und dabei Leute, die ihre Sache so ernst nehmen. Hier draußen auf dem öden Acker, wo die ganze Nacht hindurch Feuer brennen, fühle ich mich langsam wie in einem anderen Land, dessen seltsame Sitten und Gebräuche ich noch nicht ganz verstehe.

Beim Traktor-Ziehen wird ein Traktor-Tiefladeanhänger an einen *Pickup-Truck* gekoppelt und soweit wie möglich hinter dem Truck hergezogen. Als Jackson auf seinen Truck springt, drehen die anderen bereits ihre Motoren auf.

»Wie sieht's aus?« fragt mich jemand und gesellt sich zu mir.

»Ganz in Ordnung. Ein bißchen glatt.«

»Klein bißchen. Ziehst du?«

»Nein.« Er beäugt die Redskins-Mütze.

Jackson drückt die Pedale durch und macht einen guten Zug, fünfundachtzigeinhalb Meter. Ein paar Leute kreischen. An der Seite des wartenden *Pickups* steht ein Reklameschriftzug der »Dünger- und Saat-Gesellschaft«.

Bei jedem Zug drischt der Ansager die gleichen Phrasen über die Lautsprecheranlage. »Ich glaube, er hat ihn gut im Griff. Ich glaube, er hat einen guten Biß. Ich glaube, er zieht.«

Der Mann neben mir notiert die Ergebnisse in seinem Notizbuch. Ich laufe die Straße hinunter und schaue auf die Felder. Ferne Feuer und Nebel über dem toten Mais.

»Was sagst du?« fragt mich der Mann mit dem Notizbuch, als ich zurückkomme. Er ist ein großer grauhaariger Mann mit einer Kappe, auf der »A&S Tractor« steht. Der Mann mit dem kleinen Kopf steht neben ihm.

»Nicht viel.«

»Wir sind noch nicht über gut einundneunzig hinaus.«

»Noch nicht. Aber vielleicht mit dem Nächsten.«

Der nächste Truck zieht allerdings überhaupt nicht. »Ich glaube, wir haben da ein Problem«, sagt der Ansager. »Ich glaube, der Mechaniker kümmert sich gerade darum.« »Immer noch ein bißchen glatt«, sagt der Mann zu mir. Er fragt, ob ich von außerhalb komme, und ich nicke.

»Bin nur vorbeigekommen, um das Ziehen zu sehen«, sage ich.

Die Lautsprecheranlage quakt, und wir schauen wieder raus aufs Feld. »Ich glaube, jetzt ist er angekoppelt. Jetzt geht's los! Ich glaube, er hat Biß. Ich glaube, er hat einen guten Zug drauf.«

»Es sieht so aus, als würde er gut einundneunzig schaffen«, sage ich.

Der Mann neben mir schüttelt den Kopf. »Nee, das schafft er nicht. Gut fünfundachtzig.« In der Tat ist der Zug bloß knapp fünfundachtzig.

Ich gucke mir noch einige Züge an und gehe dann, bevor die nächste Klasse aufgerufen wird. Während ich in der Dunkelheit zurück zum Auto laufe, sehe ich, daß die Schlange der wartenden *Pickups* fast eine Viertelmeile lang ist. Alle wollen sie die einundneunzig schaffen. Das sind die Träume im Osten von Illinois an einem späten Sommerabend.

Westlich davon überquert der Highway 50 den Embarras River. Seinen Namen hat er von den französischen Entdeckern, die Schwierigkeiten hatten, ihn zu überqueren. Ich fahre in Richtung Lawrenceville, wo Elisabeth Reed im Jahre 1845 vor einer großen Zuschauermenge gehängt wurde, weil sie ihren Ehemann umgebracht hatte. Als nächstes komme ich nach Olney, das seinen Namen von einem Bürgerkriegsleutnant hat. Die Geschichte, die die Leute über Olney erzählen, handelt allerdings nicht vom Krieg, sondern von weißen Eichhörnchen. 1902 brachte ein Naturwissenschaftler namens Dr. Robert Ridgeway ein Paar seltener Albino-Eichhörnchen nach Olney, Illinois, um ihre Verhaltensmuster zu studieren. Die Tierchen vermehrten sich schnell, und seither ist die Stadt voll von ihnen.

»Sehen Sie mal morgens raus«, sagt der Portier im Motel.

»Gucken Sie mal, ob Sie nicht ein paar von den weißen Eichhörnchen entdecken.«

Ich sage, daß ich das tun werde und gehe in mein Zimmer, um mir einen Drink zu machen. Dort steht auf einer Broschüre »Willkommen in Ägypten«.

Am nächsten Morgen frühstücke ich in Salem im *Little Egypt Pancake House*. Bevor ich hineingehe, kaufe ich eine Ausgabe einer überdimensional große Zeitung namens *The Sentinel*, deren Motto lautet »Größte Ägyptische Tageszeitung«. Solange sie zurückdenken können, heißt diese Gegend im südlichen Illinois für die meisten Leute »Klein Ägypten«. Der Grund dafür mag auf der Hand liegen, aber nachdem ich gefragt habe, wünsche ich mir, ich hätte es besser nicht getan. Das ist, wie jemanden in Indiana zu fragen, was *Hoosier* bedeutet.

Die Kellnerin im *Little Egypt Pancake House* zuckt hochnäsig mit den Schultern. »Weiß nicht. Es hieß schon immer so.«

Ein alter Mann, der vor einem Teller mit dampfenden Pfannkuchen und Würstchen sitzt, scheint beunruhigt. »Was will er wissen?« fragt er die Kellnerin.

»Klein Ägypten.«

Sie sehen mich beide an. Ich nicke leicht.

»Ich bin bloß neugierig«, sage ich.

»Nun, ich werde es dir sagen«, sagt der Mann. »Sie nennen es › Klein Ägypten‹, weil es die Leute an Ägypten erinnert. Das ist alles. Da ist nicht mehr dran.«

»Früher konnte man das im Telefonbuch nachlesen«, sagt die Bedienung. »Ich weiß es nicht mehr genau, aber ich glaube, es hatte etwas mit dem Fluß zu tun. Er hat die Leute an den Nil erinnert.«

»Das stimmt«, sagt der Mann.

Nachdem mein Frühstück serviert wurde, setze ich mich ans Fenster und lese die erste Seite des *Sentinel*.

Gelegentlich schaue ich auf den Verkehr, der auf dem hellen Pflaster des Highway 50 vorbeirauscht. In der Zeitung steht eine Erklärung für »Klein Ägypten«: »Klein Ägypten. Ein umgekehrtes Land-Dreieck, das von den Flüssen Ohio,

Mississippi und Wabash begrenzt wird. Das Delta von Ohio und Mississippi erinnert die Einwanderer an den Nil, also wurde hier im neunzehnten Jahrhundert eine Stadt namens Cairo gegründet.«

Salem, heißt es in einer Broschüre, ist das »Tor zu Klein Ägypten«. Die Stadt wurde an der Postkutschenstrecke St. Louis – Vincennes gebaut, und William Jennings Bryan wohnte in einem Holzhaus in der South Broadway Street. Bryan, dreimal erfolgloser Präsidentschaftskandidat, wußte sehr genau, was ich jetzt erst langsam verstehe: Dieses Land ist anders als der Osten. Bryan nannte den Osten »Feindesland«, weil er glaubte, daß sich die Leute im Osten nicht um die Leute im mittleren Westen scherten. Unter einer Statue im Stadtpark, wo er mit erhobener rechter Hand seinen Worten Nachdruck verleiht, wird aus seiner Rede »Kreuz aus Gold« zitiert: »Du wirst nicht die Dornenkrone auf diese Braue der Arbeit niederdrücken. Du wirst die Menschheit nicht an ein goldenes Kreuz schlagen.«

Ein paar Tage lang erkunde ich Salem und fahre dann weiter nach »Klein Ägypten« hinein. In Odin mache ich einen Zwischenstopp. Wegen der Verbrecher, die hier den Postkutschen auflauerten, wurde es früher das »Höllenloch von Zentral-Illinois« genannt. Heutzutage gibt es im »Höllenloch« bloß noch einen Silo, einen Antiquitätenladen und ein Lebensmittelgeschäft.

Die Schlafveranda

»Je weiter man nach Osten kommt, um so älter und seltener werden die Antiquitäten, so jedenfalls die Theorie«, sagt Mrs. Flotta, die in der Nähe einen Antiquitätenladen besitzt. Sie zerstört damit einen weiteren Mythos über die Ostküste. »Das ist nicht wahr. Da vergißt man, daß die frühen Siedler auf dem Weg nach Westen, nach Indiana und Illinois, ihre ganzen Sachen mitnahmen.«

In dem riesigen *Lincoln Trail Antique Shop* in Odin gibt es fast alles zu kaufen, was alt ist: antiken Schmuck, Möbel, Silber und leere Brauseflaschen. Big Chief Cola, ein Softdrink, den Coca Cola vor Jahren auf den Markt gebracht hat, um mit Orange Crush zu konkurrieren. Allerdings ohne Erfolg. Aber die leeren Flaschen gehen jetzt für zwölf Dollar das Stück weg. Ich finde auch Postkarten der Jahrhundertwende, ein Majestic-Radio, Victrolas, Grammophone, Flexible Flyer-Schlitten, Ipana Zahnpulver, eine 1950er Musikbox, Noten und Big Little Books.

Und handgemachte hölzerne, dreizackige Heuforken.

»Das ist im Augenblick unser Renner«, sagt James Soper, der Besitzer des Ladens.

»Kommen die hier aus der Gegend?« frage ich.

»Nein, eigentlich nicht. Sie sind aus Europa. Seitdem die Mauer gefallen ist bei denen da drüben, bekommen wir viele gute Stücke aus Deutschland.«

»Ostdeutschland?«

»Ja, Sir, Ostdeutschland. Ich habe gerade meinen achten Container aus Ostdeutschland bekommen. Zwölf Meter lang.«

»Was kostet die Heuforke?«

»Also, die Heuforke geht im Moment für achtundvierzig Dollar weg. Wir haben auch Holzkarren und Kinderschlitten.«

Soper erwähnt, daß das Interesse für Antiquitäten in den letzten paar Jahren wieder erwacht sei. Noch ein Beweis dafür, daß die Leute sich das zurückwünschen, was sie vor Jahren für den Fortschritt aufgegeben haben, denke ich. Er sagt, daß er jetzt zunehmend Stammkunden habe.

»Immer mehr Dinge, die wir in diesem Land herstellen, werden wertvoll einfach dadurch, daß die Zeit vergeht. Ich denke, viele Sachen müssen erstmal eine Weile lang Schrott bleiben. Lange genug. Und dann werden sie wertvoll. Seltsam, wie das funktioniert.«

Süd-Zentral-Illinois hat eine der größten Antiquitäten-Gruppen des Landes, wie ich erfahre. Sie wurde 1979 ins Leben gerufen und trifft sich alle zwei Monate im *Bonanza Restaurant* in Mt. Vernon. Mrs. Flotta erklärt, was diese Antiquitätenläden auszeichnet: Es sind die »hart arbeitenden Durchschnittsbürger. All die Haie und Händler sieht man da einfach nicht.«

Bevor ich *Lincoln Trail* verlasse, kaufe ich ein College-Jahrbuch aus dem Jahre 1926, das ursprünglich Pearl »Gus« Blackwell gehörte. Das Jahrbuch ist voller Eintragungen und Anzeigen:

Blue Ribbon Konserven

Amerikas Tasse Kaffee – Fragen Sie Ihren Händler M. F. Wright, Leichenbestatter, Telefon 15, Nachttelefon 14

Home Oil Jobber

Rocke's Sparladen und Fleischerei, Ankauf von Geflügel, Eiern und Sahne

Morrow's Tankstelle mit Polarine Red Crown Zubehör

B & B Merc. Company, Telefon 75

Dick's Küchen-Konserven, Nahrungsmittel. Sauber – en gros – preiswert

In einem Motel mitten in Illinois öffne ich abends das staubige Buch und werfe einen Blick auf das Leben, das Pearl vor langer Zeit führte:

»Pearl, ich beneide dich um deine glänzenden schwarzen Augen. – Glaubst du, daß wir jemals schwimmen lernen?«

Von Hellen Buelle: »Wirst du jemals die Nacht vergessen, als Proctor auf der Schlafveranda ihren Spaß hatte?«

Mary Parks: »Erinnerst du dich an die Nacht, als Olga

und ich durch das Fenster der Schlafveranda geklettert sind? Blaue Flecke! Ich muß das letzte Wort haben!«

Homer T.: »Erinnerst du dich an unsere Ausflüge?«

Verla: »Liebste Pearl. Ich muß lachen, wenn ich dran denke, daß du mein Autogramm willst.«

Gib: »An eine echte Perle. Ein wirkliches Juwel.«

Emmy Lou: »Liebste Gus. Wirst du jemals unser mitternächtliches Marshmallow-Rösten auf dem Fußballplatz vergessen? Und vergiß niemals die Schlafveranda!«

Der größte Walleye

John McClarney, den ich in Carlyle kennengelernt habe, hat seine Entscheidung getroffen: eines Tages wird er den größten Walleye im Staate Illinois fangen. Dies erklärt er mir an einem frischen Herbstnachmittag am steinernen Ufer des Carlyle-Sees; an einem Tag, der Dutzende von Fischern an den See gelockt hat. Der Rauch von Grillfeuern mischt sich mit dem sauberen Geruch des Seewassers in der Luft. Er hat bereits einen grüngepunkteten Walleye und einen Largemouth- Flußbarsch gefangen, aber sie sind klein, jeder etwa drei Pfund.

Ich stehe einige Minuten mit ihm in der Sonne unter dem vollkommenen, hell-bewölkten Himmel von Illinois, während dunkle Schatten über das klare Wasser zucken und kleine Strudel glitzern. Er fischt sonst am Egypt-See, sagt er. Heute probiert er den größten See des Staates aus, gleich neben dem Highway 50, um zu sehen, was die Walleyes hier oben machen. Der Carlyle-See ist gut 10 000 Hektar groß, das Ufer hat eine Länge von dreiundachtzig Meilen.

»Sie sprachen neulich über einen Katzenwels von fünfunddreißig Pfund«, sagt er. »Das hat mich, glaube ich, hergelockt. Egypt ist ein guter See für Barsche, gute gestreifte Barsche, aber keine Walleyes.«

»Wie schwer war der größte Walleye?«

»Vierzehn Pfund.«

»Und dieser hat bloß drei?«

»Ja. Aber jetzt ist nicht die beste Jahreszeit. Der Crab-Orchard-See im Sommer, das dürfte optimal sein, denke ich.«

Er erzählt mir nochmal vom größten Walleye.

»Das ist wie Lotteriespielen«, sagt er. »Ich spiele gar nicht in der Lotterie, aber schau dir die Leute an, die's tun und die die ganz großen Gewinne einstreichen. Die spielen nicht zum ersten Mal. Du spielst lange genug, gibst genug Geld aus, und irgendwann gewinnst du dann.«

Er wirft seine Leine aus und versucht es nochmal.

Über den Big Muddy

In *Ron's Lounge* mitten in Lebanon im Staat Illinois warnt mich der Barkeeper, daß auf der Westseite alles anders werde.

»Was meinen Sie?«

»Sobald Sie den Big Muddy überqueren, sind Sie in der westlichen Hälfte, und es kann nicht schaden, darauf vorbereitet zu sein.«

Er spült Gläser im Becken. Ein Mann, der aussieht wie ein Ochse, mit einem leichten Buckel und einem fleischigen Gesicht, das eher weiblich als männlich wirkt. Ich werde skeptisch, er wird stur.

»Der Westen beginnt doch nicht in Missouri«, widerspreche ich. »Ich dachte immer, der Westen beginnt in Kansas.«

»Nein, Sir, in Missouri. Sobald Sie den Fluß da draußen überqueren, sind Sie im Westen. Sie werden schon sehen«, sagt er und weist mit seinem fleischigen Arm zum Fenster. »Aber doch nicht im technischen Sinne, im Sinne von Entfernung.«

»Sir, ich spreche nicht über Entfernung«, sagt er herablassend. »Ich spreche darüber, wo der Osten aufhört und der Westen beginnt. Das ist alles. Jeder, der das Land kennt, weiß das.«

»Sie lassen aber auch den ganzen mittleren Westen wegfallen.«

Er wischt sich die Hände ab und sieht mich an, als wollte er ein kleines Kind zurechtweisen.

»Sir, Sie können alle möglichen Begriffe benutzen: Südost, Nordost, mittlerer Westen. Aber sobald Sie diesen Fluß überquert haben, sind Sie nicht mehr im Osten der Vereinigten Staaten, Sie sind im Westen der Vereinigten Staaten. Schlicht und einfach.«

Ich belasse es dabei und fahre weiter. Über eine Metallbrücke über den schlammigen Mississippi. Auf der anderen
Seite parke ich und gehe runter ans Ufer. Es ist ein heller,
frischer, sonniger Tag. Aber das Sonnenlicht ist matt und
der Mississippi dreckig.

In den letzten zehn Jahren haben Umweltschützer mehr
als zweihundert Tonnen Müll aus diesem Fluß geholt, obwohl
der Mississippi in meiner Phantasie immer noch so ist, wie
Mark Twain ihn gesehen hat:

»... von einem Ende bis zum anderen mit Kohlenprähmen
aus Holzflößen bedeckt, die alle mit der Hand bedient wurden und auf denen ganze Haufen jener rauhen Gesellen
Be- schäftigung fanden ... jedes Floß dieser weißen, süß
duftenden Stämme ungefähr einen Morgen groß, mit einer
Mannschaft von zwei Dutzend Männern oder mehr und,
auf der riesigen ebenen Fläche des Floßes verteilt, drei bis
vier Wigwams als Schutz gegen Wind und Wetter –, und
ich erinnere mich auch an die grobe Art und die wilden
Reden der großen Mannschaften, der ehemaligen Kielboot-
schiffer und ihrer bewundernswert in ihre Fußtapfen tre-
tenden Nachfolger, denn wir schwammen immer eine Vier-
tel- oder Drittelmeile hinaus, kletterten auf die Flöße und
ließen uns ein Stück mitnehmen.«

Es gab einen Grund, schrieb Twain, daß »das dreckige
Mississippiwasser ... zum Trinken gesünder als das klare
Ohio-Wasser« war:

»Wenn man eine Pinte von diesem gelben Mississippi-
Wasser setzen läßt, hat man je nachdem, wie der Fluß
gerade steht, auf dem Boden ungefähr einen halben bis
drei Viertel Zoll Schlamm, aber dann ist es nicht mehr
besser als Ohiowasser – man muß es vielmehr umrühren
und bei niedrigem Wasserstand immer sein bißchen Schlamm
zur Hand haben, um es so breiig zu machen, wie es zu
sein hat ... der Schlamm ist nahrhaft, und wer Mississippiwasser trinkt, der kann, wenn er will, in seinem Magen
eine Getreidezucht anlegen ... Braucht euch bloß die Fried-
höfe ansehen, das sagt alles. In Cincinnati sind die Fried-
hofsbäume nur Stengel, in St. Louis dagegen werden sie

über achthundert Fuß hoch. Und alles von wegen dem Wasser, was die Leute getrunken haben, bevor sie ins Gras gebissen haben.«

Twains Phantasien finden sich im ganzen Staate Missouri wieder. Möglicherweise erklären sie auch zum Teil die Sturheit des rundlichen Mannes aus *Ron's Lounge*. Die Straßen in Missouri sind nicht numeriert wie die in anderen Staaten. Sie haben Buchstaben. Der Highway 50 überquert auf seinem Weg durch eine Landschaft voller Kornfelder die Route AA, die Route ZZ und die Route AB. Und er führt vorbei an Orten wie Freedom, Useful und sogar Frankenstein.

Ich halte in Useful, um dem alten Ford eine Pause zu gönnen. Natürlich weiß keiner der Einheimischen, woher der Name stammt.

»Wir haben versucht, es herauszufinden«, sagt eine freundliche weißhaarige Frau, die Hallie Mantle heißt, »aber keiner hat es geschafft. Also können wir nur mutmaßen. Es gab

Useful, Missouri, fünf Einwohner. Kein Einheimischer weiß, wo der Name herkommt.

hier einmal eine Kirche und ein Postamt. Also denke ich, daß jemand es Useful genannt hat, weil man es für einen nützlichen kleinen Ort hielt.«

Heutzutage leben nur fünf Leute in Useful, Missouri, und wenn man durchfährt, sieht man nur zwei Häuser, den Friedhof von Useful und die Kirche. Die Häuser sind Antiquitätenläden. Zwei der fünf Einwohner von Useful sind Adam und Marie Bilyeu. Auf der anderen Straßenseite, in dem anderen alten, weißen Haus, wohnt Justice Riley.

»Als wir hierherzogen wohnten noch sieben Leute in Useful«, sagt Marie Bilyeu. »Die Bevölkerung hat also etwas abgenommen.«

»Das war vor zehn Jahren«, sagt ihr Mann.

»In den meisten Orten gehen die Bevölkerungszahlen nach oben. Hier nicht. Wir sind aus Calloway County hierher gekommen, hauptsächlich weil es uns dieses Gebäude so angetan hatte«, sagt sie. »Wir gehen davon aus, daß sich die Bevölkerungszahl noch eine Weile so halten wird.«

»Was gefällt Ihnen an Missouri?« frage ich und denke nochmal an den »westlichen Teil«.

»Es ist schwer zu erklären – ein bestimmter Sinn für Humor, den es in keinem anderen Staat gibt. Missouri wird der ›Zeig's mir-Staat‹ genannt, und das ist es, was die Leute erwarten. Niemand hier nimmt die Dinge so einfach hin.«

Ein paar Meilen weiter halte ich in California, Missouri, einer Stadt auf der Strecke der alten Staatsstraße. Ich habe vor, diese Reise neu zu überdenken. Einige Tage bleibe ich im *California-Motel* gegenüber einer Tankstelle, die mit »Real Full Service« wirbt und deren bunte Plastikdreiecke den ganzen Tag im Herbstwind flattern und allmählich langweilig werden.

In diesem Land der Flüsse und Entdecker, wo sich Jesse James versteckte und Daniel Boone starb, lege ich für eine Weile meine Journalistenhaut ab und tue Dinge einfach so, um ihrer selbst willen, statt um sie festzuhalten. Nichts für meine Notizbücher, alles ist nur Erfahrung. An einem hellen sommerlichen Nachmittag paddle ich mit einem Kanu den Meramec bis zu den Meramec-Höhlen hinauf, wo es kühl und angenehm nach Kalkstein riecht und weit weg Wasser beruhigend gegen eine Höhlenwand plätschert. Im hintersten Raum der Höhle sitzen wir auf Plastikstühlen und starren auf die größten Höhlenformationen der Welt: einundzwanzig Meter hoch, siebzig Milionen Jahre alt – der Reiseführer strahlt sie mit buntem Licht an, und dazu tönt aus dem Lautsprecher Kate Smith's »God Bless America«.

An einem anderen Tag stoße ich auf das pittoreske deutsche Dorf Hermann am Missouri, das noch aus dem letzten Jahrhundert stammt. Ich trinke Bier im *Bavarian Inn and Beer Garden* und höre Geschichten darüber, wie hier 1843 der Dampfer *Big Hatchie* explodierte und Dutzende von deutschen Einwanderern ums Leben kamen.

Den Missouri flußabwärts, ganz in der Nähe der kleinen Stadt Defiance, liegen Haus und Grab von Daniel Boone, der Pionierarbeit bei der Besiedelung Kentuckys geleistet hat. In Missouri wird der Name Boones genauso gefeiert wie der Mark Twains: Boonville, Boonesboro, Boon's Lick und der Daniel Boone National Forest.

Ich besuche das hübsche Dorf Arrow Rock, den Geburtsort von George Caleb Bingham, dessen Bilder eine Chronik dieses Flußlandes in seiner Übergangszeit darstellen. Während Bingham Floße und Lastkähne malte, wurden sie schon von Dampfschiffen abgelöst.

Ironischerweise ist die Zahl der Einwohner seiner Stadt bei genau achtzig Menschen stehengeblieben, seit er hier gelebt hat. Später halte ich bei Bothwell Lodge, dem steinernen Traumhaus von John Bothwell, einem prominenten Bezirksanwalt, der einst erfolglos dafür gekämpft hatte, den Highway 50 zur Staatsstraße zu machen.

Ohne etwas aufzuzeichnen und Schlußfolgerungen zu ziehen, werde ich allmählich trunken von der Geschichte des Landes. Aber als ich Freitagnachmittag in Times Beach haltmache, einer verlassenen Stadt am Meramec, dicht am Highway 50, da erwacht wieder der Journalist in mir.

Times Beach wurde in den siebziger Jahren von Dioxin verseucht und 1985 völlig verlassen. Auf der einen Seite der Brücke liegt eine Geisterstadt. Auf der anderen sind Wohnwagen, die noch benutzt werden. Einer der Besitzer, ein alter Mann namens Robert Gray, will mir erzählen, was vorgefallen ist. Er trägt ein dreckiges weißes T-Shirt und ausgebeulte braune Hosen, die ihm bis zur Brust reichen.

»Es kommen immer noch einige Leute vorbei, um sich das anzusehen«, sagt er. »Keine Ahnung, was sie eigentlich erwarten. Es ist fast so, als wären wir ein historischer Ort, den man vergessen hat zu kennzeichnen.«

»Warum sind Sie hiergeblieben?« frage ich ihn.

»Also, aus finanziellen Gründen hauptsächlich. Ich konnte es mir nicht leisten zu gehen.«

Zwischen 1969 und 1972 wurde Times Beach verseucht, sagt er. Damals wurde dioxinhaltiges Altöl auf die Straßen gesprüht, um den Staub zu binden. Das Land ist immer noch verseucht, und die EPA will jetzt eine Verbrennungsanlage bauen und die Erde verbrennen. Wenn das geschieht, soll das Land angeblich in fünf oder sechs Jahren wieder bewohnbar sein. Das einzige Problem, sagt Robert, als wir auf den Stufen seines Wohnwagens sitzen, sei, daß sie mit dieser Verbrennungsanlage auch noch die verseuchte Erde von sechsundzwanzig anderen Gebieten verbrennen würden.

»Sehen Sie, es ist wie mit dem Müll da draußen im Ozean, den sie auf einer Barkasse herumgefahren haben und den keiner haben wollte. Also, den verseuchten Boden will auch keiner haben.«

»Was wird dann passieren?«

»Nun, die Regierung wird gewinnen. Soviel ist sicher. Und die Leute, die hier wohnen, werden weiter dagegen kämpfen. Was ich nicht glaube, ist folgendes: Es heißt, daß die Verbrennungsanlage hier nur vorübergehend sein soll. Aber die Leute hier sind ja nicht blöd, und viele glauben das einfach nicht. Nicht, wenn das Ding hundert Millionen Dollar kosten soll. Und dann: Können Sie mir sagen, was mit den Grundstückspreisen hier in der Gegend passieren wird, wenn die eine Verbrennungsanlage hinstellen? – Möchten Sie eine Limonade?«

»Gern.«

Ich stehe auf dem Schottergrundstück, während er hineingeht und Limonade eingießt. Auf seinem Schwarzweißfernseher läuft ein Footballspiel.

»Sehen Sie, es gibt verschiedene Dinge, die man tun kann«, sagt er und gibt mir einen dreckigen Plastikbecher. »Es war die Rede davon, einfach bloß Erde draufzukippen und es so zu lassen. Nun, das könnte man machen, aber die Regierung ist jetzt auf diese verdammte Verbrennungsanlage fixiert. Und eine Sache, die Ihnen jeder sagen kann, der nur halbwegs bei Verstand ist: Man kann doch keine Verbrennungsanlage in einem Überschwemmungsgebiet bauen. Aber überlegen Sie mal, was ich eben gesagt habe.«

Zu meiner Überraschung zeigt er mit dem Finger auf mein Gesicht.

»Halbwegs bei Verstand?« wiederhole ich.

»Richtig. Die Regierung hat nicht mal so viel. Jetzt kommen sie mit etwas Neuem und sagen, das Dioxin sei gar nicht so gefährlich gewesen, wie sie dachten. Also, verdammt. Ich habe schon zu meiner Zeit ein paar gute Geschichten gehört, aber das ist wohl die beste. Das setzt dem Ganzen die Krone auf.«

Als er in sich hineinlacht, wogt sein Bauch wie Wellen auf dem Ozean.

Marilyn Leistner war 1985 Bürgermeisterin von Times Beach, in dem Jahr also, wo der Ort »aufgelöst« wurde, wie sie es nennt. Sie arbeitet nach wie vor in den Büros von Times Beach, obwohl es gar keine Stadt mehr gibt. Die Geschichte der Verseuchung von Times Beach begann 1969, sagt sie, obwohl ein Zeitungsreporter die Stadt erst 1982 darüber informierte, daß sie auf einer Liste mit dioxinverseuchten Gebieten auftauchte. Am 14. Dezember wurde durch private Untersuchungen festgestellt, daß die Gegend verseucht war. Am 23. Dezember wurde dies von der EPA bestätigt. »Das war unsere Weihnachtsbotschaft«, seufzt Mrs. Leistner.

Die Bundesregierung kaufte dann Times Beach auf, und die 2242 Bewohner mußten umsiedeln. Viele von ihnen haben gegen die »Syntex Agribusiness Company«, die indirekt für die Herstellung des Dioxins verantwortlich war, geklagt. Syntex bietet jetzt an, die Kosten von einhundert Millionen Dollar für den Verbrennungsofen zu übernehmen.

»Ich glaube nicht, daß die Leute noch so bitter sind, wie sie mal waren«, sagt Mrs. Leistner. »Es ist ja schon einige Jahre her, und wir wollen jetzt nur noch, daß es aufgeräumt wird.«

Obwohl die Regierung von Times Beach als Sanierungs-gebiet spricht, das in einigen Jahren wieder besiedelt werden kann, hat die Geschichte kein angenehmes Ende, sagt Mrs. Leistner.

»Die Sorgen wegen der Chemikalien werden nicht auf-hören. Und auch nicht der Streß. Immer, wenn etwas schief-geht, werden die Chemikalien schuld daran sein, und man wird nie wirklich Gewißheit haben. Für eine Stadt ist das eine beängstigende Sache.«

Während ich Missouri auf dem Highway 50 verlasse, mache ich einen Umweg zum Whiteman Stützpunkt der Luftstreit-kräfte. Hier ist das 351. Raketengeschwader stationiert, einer von nur drei Stützpunkten im Lande, der mit Minu-teman II ICBM bestückt ist. Draußen auf den Feldern stehen in gar nicht so weiter Entfernung Raketensilos, so lang wie ein Häuserblock, die auf Ziele in der früheren UdSSR ge-richtet sind. Ich umkreise den Stützpunkt – in diesem Land, das Boone und Bingham und Twain und James feiert – und muß erkennen, wie erfolglos die leise Rebellion der Main Street in Wirklichkeit ist.

Woher das Brot kommt

Es ist fast Winter, als der alte Ford nach Kansas hineinrollt. Nach den Wandertagen in Missouri fühle ich mich wiederbelebt. Ich brenne darauf, neue Geschichten zu hören. Wie ich erfahre, ist die Geschichte von Ost-Kansas die Geschichte der Weizenindustrie. Man kann sie in vielen Orten zu hören bekommen, auch in der Eisenbahnstadt Newton. Allerdings ist gerade Newton der Ort, in dem Bernard Warkentin lebte. Der Mann, der Kansas zum »Brotkorb der Welt« machte.

»Essen Sie viel Brot?« fragt die Führerin im Museum von Newton.

»Soviel wie jeder andere«, antworte ich.

»Nun, dann müssen Sie sich bei Bernard Warkentin bedanken.«

»Muß ich das?«

»Ja, Sir. Der Weizen von jedem Brot, das Sie kaufen, kommt mit fünfzigprozentiger Wahrscheinlichkeit aus Kansas.«

»Das wußte ich nicht.«

»Nun. Danken Sie einfach Mr. Warkentin«, sagt sie.

»Ich werd's mir merken.«

Warkentin kam 1872 nach Kansas und setzte sich bald für die Einwanderung russischer Mennoniten ein. Damals ging gerade die einhundertjährige Betreiung der Mennoniten vom Militärdienst zu Ende, und da kamen viele von ihnen in die Staaten. Zwischen 1874 und 1884 kamen Tausende von ihnen nach Kansas, und sie brachten russische Winterweizensamen mit. So fing es mit der Weizenindustrie von Kansas an.

Von Beulah Day, einer vitalen fünfundsiebzigjährigen Frau, die zum ersten Mal für den Stadtrat kandidiert, lerne ich noch mehr über Newton.

144

Grab des Polizisten, der bei einer Schießerei in der Kuh-Stadt Newton, Kansas, ums Leben gekommen ist.

»Die Sache mit Newton«, sagt sie und lädt mich in ihr kleines Wohnzimmer ein, »ist, daß die meisten Geschichten darüber ziemlich genau stimmen. Nicht wie über Dodge. Sehen Sie, Newton war schon vor Dodge eine Rinderstadt. Und es war genauso wild wie Dodge. Aber die Leute hier haben das nie so hochgespielt. Die Leute in Dodge dachten da anders. Sie wollten es vermarkten.

Dodge hat viele Geschichten. Aber sehen Sie, wenn man etwas nicht belegen kann, dann halte ich es auch nicht für die Wahrheit. Ich halte es einfach für etwas, das ich lese.

145

Es gibt eine Menge guter Geschichten da draußen. Aber man muß sie einfach als Geschichten sehen. Man kann sie nicht als wahr bezeichnen, wenn man sie nicht beweisen kann.«

1871 kam die Eisenbahn hierher, und über Nacht wurde Newton eine Wildweststadt. »Es hieß damals Bloody Newton«, sagt Beulah Day. »Es gab jede Menge Schießereien. Unter anderem eine, nachdem ein Polizist namens Carlos King einem Mann in einem Tanzsaal den Revolver wegnahm. Das war im September 1871. Später lauerte der Mann King auf der Straße auf und tötete ihn mit einem Schuß. Sie haben den Kerl nie gekriegt.

»Die erste Schießerei war allerdings auf der Main Street: Zwei Viehtreiber, die von Texas hochgekommen waren, betranken sich und fingen in einem der Saloons Streit an. Der Streit endete ebenfalls draußen, und die beiden Männer erschossen sich gegenseitig. Beide tot. Das Ganze hörte 1872 auf, nachdem die Umschlagstelle gen Westen, nach Dodge, verlagert wurde. Newton schmückt sich nicht damit, aber für eine Zeitlang war es die wildeste Stadt im Westen.«

Sie fährt mit mir zum Friedhof von Newton und zeigt mir das Grab von Carlos King. Dann hat sie noch etwas klarzustellen: »Hier war es genauso wild wie in Dodge. Aber die Gründungsväter wollten nicht, daß Newton so einen Ruf bekam. Ich glaube, sie sind einfach sehr konservativ gewesen. Also muß man sich genauer umsehen, um Spuren zu finden. Aber es gibt sie.« Der Wind draußen auf dem Friedhof ist bitter kalt. Aber während sie diese Geschichten erzählt, scheint Beulah Day ihn gar nicht zu bemerken.

»Johnny's« ist wieder da

In Amerika kann man manchmal legendär werden, indem man sich einfach selbst legendär nennt. Johnnys Gemüseladen, westlich von Newton, ist eine solche Self-made-Legende. Nachdem ich ein paar Tage in der Stadt verbracht hatte, habe ich die Werbung für *Johnny's* im Radio vielleicht fünfundzwanzig Mal gehört. Immer wurde es als das *Legendary Johnny's* präsentiert.

Jetzt, wieder auf dem Weg nach Westen auf dem Highway 50, sehe ich die ersten Hinweisschilder auf den Laden. »*Johnny's* ist wieder da« steht auf einem. »Beste Tomaten in der ganzen Gegend, anderthalb Meilen« auf einem anderen. »Geröstete Erdnüsse von *Johnny's* – jeder Fahrer willkommen.«

Drinnen riecht es nach frischen Erdnüssen. Ein Mann stapelt Kisten neben der Tür, und ich frage ihn, ob er Johnny ist, aber er antwortet nicht. Ein junger Mann bietet sich an, mir weiterzuhelfen.

»Cashew-Kerne«, sage ich, und er sieht den anderen Mann wieder fragend an.

»Morgen kann ich Ihnen weiterhelfen«, sagt der ältere Mann. »Heute nicht.«

Dann erklärt er mir etwas im Vertrauen. »Der Grund, warum ich Sie von ihm bedienen ließ, ist, daß jeder hier reinkommt und nach Johnny fragt. Den ganzen lieben langen Tag kommen Leute rein und sagen ›Wo ist Johnny? Bist Du Johnny?‹ Okay? Ich muß die anderen Leute auch auf Trapp halten, deswegen erzähle ich ihnen ungern, daß ich Johnny bin. Aber wo Sie mich danach fragen, ja, ich bin Johnny.«

Wir geben einander die Hand und gehen zusammen zur Kasse, wo die Tomaten stehen. Er sieht zu, wie ich sie untersuche. »Tomaten sind günstig im Moment. Die hier sind aus Mexiko. Der Sorgho ist aber von hier, aus Newton. Haben Sie mal Sorgho probiert?«

Er taut jetzt auf und läßt mich einen Löffel probieren.

»Schmeckt wie Sirup.«

»Mögen Sie luftgetrocknetes Rindfleisch? Dies kommt auch direkt hier aus Newton. Sie sagen, Sie wollen Cashew-Kerne? Gut, kommen Sie morgen wieder, dann müßte ich eigentlich welche dahaben. Heute kann ich Ihnen nicht weiterhelfen. Ich kann Ihnen erst morgen weiterhelfen.«

Ich erzähle ihm, daß ich morgen wahrscheinlich schon wieder unterwegs bin.

»Welche Richtung fahren Sie?«

»Nach Westen.«

»Auf dem 50er?«

»Hmm.«

»Könnten Sie mir einen Gefallen tun?«

»Welchen?«

»Richten Sie jedesmal, wenn Sie an einen *Truck Stop* am 50er kommen aus: Johnny sagt Hi. Die werden wissen, wovon Sie reden.«

»Stimmt das wirklich?«

»Jawohl, Sir. Hier im Osten und runter bis Sacramento kennen alle Johnny. Hören Sie sich den CB-Funk an, alle reden von Johnny, alle Trucker. Haben Sie CB? Das ist die Haupt-Truckerstrecke, Highway 50, und hier ist die Stelle, an der fast jeder Trucker anhält, wenn er durch Kansas kommt. Tatsächlich ist gerade eine Investoren-Gruppe mit mir in Verhandlungen. Die wollen, daß ich Johnny's Gemüseläden von Küste zu Küste aufmache.«

Er erzählt mir, daß er einmal ein größeres, noch viel berühmteres *Johnny's* gehabt hat, unten in Oklahoma. Das lag auch an einer Truckerstrecke. Dann hatte er 1980 »den Unfall« und mußte es aufgeben. Er spricht von »dem Unfall«, als würde ich die Geschichte kennen, und scheint überrascht, als ich ihn danach frage. »Der Unfall« war die Sache, die Johnnys Leben änderte: der Absturz eines Privatflugzeugs, bei dem zwei Leute, die mit ihm im Cockpit saßen, starben – einer ein Mitarbeiter, der andere ein guter Freund. Johnny lag danach drei Monate lang im Koma. Er zieht sein Hemd hoch und zeigt mir die Narben an der Schulter und auf der Brust. »Ich war völlig am Ende. Sie mußten mich wieder zusammenflicken. Und selbst nachdem sie's getan hatten, waren sie sich nicht sicher, ob ich überleben würde.

Führt dazu, daß man sich nicht soviel um unwichtige Dinge kümmert. Ich weiß noch, wie das Flugzeug runterging. Ich war bei vollem Bewußtsein und wußte, ich würde sterben. Aber ich fiel statt dessen ins Koma. Und wenn man im Koma ist, weiß man, daß man im Koma ist.«

»Man weiß das?«

»Also, man ist sich vielleicht nicht darüber im klaren, daß man im Koma ist. Aber man ist sich darüber im klaren, daß man nicht sprechen und sich nicht bewegen kann. Man ist sich bewußt, daß man lebt. Ich war mir dessen drei Monate lang bewußt.«

»Und dann sind Sie da rausgekommen.«

»Ja, mein Bruder – dies hier ist mein Bruder«, sagt er und deutet auf einen Mann, der hinter ihm steht und telefoniert. »Er war immer an meiner Seite, und eines Tages

Johnny, Besitzer des Gemüseladens Legendary Johnny's
in Newton, Kansas.

flüsterte er mir fast zwölf Stunden lang zu, ›atme, Johnny, atme‹, und da habe ich dann wieder angefangen.«

Als sein Bruder zu Ende telefoniert hat, geben wir uns die Hand.

»Ich wußte, daß ich sterben würde, daß wir alle drei sterben würden, aber irgendwie bin ich da rausgekommen, und sie haben meinen Körper wieder zusammengeflickt und mich leben lassen. Wie, sagen Sie, war Ihr Name?«

»Jim.«

»Als das passierte, wußte ich, daß ich wieder mit Johnny's Gemüseladen anfangen wollte, weil es das ist, was ich liebe.«

»Als Johnny im Krankenhaus war, haben alle Trucker mit Gläsern für ihn gesammelt«, sagt sein Bruder.

»Mit Fischgläsern«, sagt Johnny.

»Mit Fischgläsern, und sie haben Geld gesammelt. Es kamen so viele Blumen, wir mußten den Leuten sagen, daß sie aufhören sollten, welche zu schicken.«

»Ich habe viel bei diesem Unfall verloren. Habe mein Geld verloren. Habe ein paar Freunde verloren. Aber wissen Sie was? Alle Trucker haben sich an mich erinnert. Ich habe das große *Johnny's* unten in Oklahoma an meine Schwester verkauft, aber ich wußte, ich wollte zurückkommen und dies hier machen.«

Johnny nimmt die Dinge nicht mehr so ernst; »der Unfall« hindert ihn daran.

»Hören Sie sich den CB-Funk an«, sagt er, nachdem ich die Tomaten bezahlt habe. »Haben Sie CB? Hören Sie CB, und Sie werden die Trucker von *Johnny's* reden hören. Runter bis nach Sacramento.«

Die Wolkenkratzer von Kansas

Das Land ändert sich, wenn der zweispurige Highway von den Osage Plains in die Great Plains führt. Hutchinson gilt als der Anfang von West-Kansas, manche sagen, der Anfang des Westens selbst. Es ist ein Land ohne Bäume, eine zerklüftete Prärie, durchsetzt von zerbröckelnden, abgelagerten Felsen.

Im Jahre 1891 befand eine nationale Gruppe von Ärzten, bekannt als die »Amerikanische Kurortvereinigung«, Hutchinson als »den ersten Ort, an dem Leute, die Erholung suchen, Halt machen sollten«. In einem Rundschreiben, das im gleichen Jahr veröffentlicht wurde, behauptete die Gruppe, »überall in der östlichen Hälfte der Vereinigten Staaten gibt es eine erstaunlich große Anzahl von Personen, deren Gesundheit entschieden verbessert, wenn nicht sogar völlig wiederhergestellt werden könnte, und deren Leben deutlich verlängert würde, wenn sie nur in der richtigen klimatischen Umgebung lebten«.

Die Kurortvereinigung glaubte außerdem, daß, angefangen in Hutchinson bis ins »südöstliche Colorado, in ganz New Mexico, in Teilen von Arizona und in das westliche Texas hinein« das Land ein »gesundheitsförderndes Klima habe, wie es weit und breit keine andere Gegend der Erde besäße«. So verschlungen das auch klingen mag, ich muß daran denken, als ich nach Hutchinson komme. Vielleicht ist das »gesundheitsfördernde Klima« dieser Gegend das, was ich brauche.

Im Osten der Stadt, rechts vom Highway, stehen die weißen Betonklötze eines riesigen Getreidespeichers. Ich erkenne ihn von den Abbildungen auf Postkarten aus der Gegend wieder. Ich biege in die Yoder Road ab und fahre durch Wind und Staub und Schneeflocken auf ihn zu. Aber anstatt ihm näherzukommen, hat es den Anschein, als ob ich mich immer weiter entfernte. Ich versuche es mit einer anderen engen Landstraße, aber es ist wie in einem Labyrinth. Schließlich versuche ich, von dem Speicher wegzufahren, und nach rund dreißig Minuten erreiche ich ihn.

Geschützt vor den eisigen Winden, steht ein weißhaariger Mann in der Türöffnung des hölzernen Gebäudes und sieht mir nach, wie ich zu den Spitzen der Kästen hochstarre. Er macht einen verwirrten Eindruck.

»Soso«, sage ich und nicke, mit einem etwas blöden Gefühl, hier ganz rausgekommen zu sein. »Der größte Getreidespeicher der Welt?«

»Nö.«

»Der größte in Kansas?«

Er schüttelt den Kopf und schaut zu meinem Auto herüber. »Ist das Maryland?«

Ich nicke.

»Ist dies hier nicht der auf der Postkarte?«

»Wie bitte?«

Ich ziehe die Postkarte aus meiner Tasche und sehe noch einmal darauf.

»Ist das nicht der Speicher auf der Postkarte?«

»Oh, das ist der auf der Postkarte, ja«, sagt er, mit der Andeutung eines Lächelns.

»Aber nicht der größte.«

»Nein, das ist richtig, das ist er nicht.«

Wir beide schauen die Spitzen der Klötze an, so früh am Tag höher als die Sonne.

»Was er ist«, sagt er, »ist der größte Speicher der Welt mit einem einzelnen Kopf.«

»Mit einem einzelnen Kopf?«

»Ja. Aber die Leute wissen nicht, was das bedeutet, und deswegen machen sie daraus den größten der Welt. Was er nicht ist.«

Der Kopf, so erklärt er, ist ein Fördersystem, das um die Spitze des Speichers herumläuft. Die meisten großen Getreidespeicher haben zwei Köpfe, nicht einen.

»Die Leute kommen und gucken sich alles an, wenn man ihnen erzählt, es sei das Größte der Welt«, sagt er lächelnd, als der Wind wieder aufbraust. »Wenn man ihnen erzählen würde, es sei der größte der Welt mit einem einzelnen Kopf, würde keiner zweimal überlegen. Sie würden alle hierher gefahren kommen.«

Der Name des Mannes ist Ed Sorenson, und er ist der Chefingenieur dieses bekanntesten, aber nicht größten Speichers in Kansas. Der Speicher, Eigentum der Vereinigten Aktiengesellschaft, kann fast achtzehn Millionen Tonnen Weizen und Viehfutter auf einmal lagern. Sorensons Job ist es, den Weizen zu überwachen und außerdem vor Insekten und Feuchtigkeit zu schützen.

Er lädt mich in sein kleines hölzernes Büro ein, wo er mir bei einer Tasse Kaffee das Getreidegeschäft erklärt. Nach ein paar Minuten erzählt er mir die Geschichte von dem harten russischen Winterweizen: wie er vor hundert Jahren von Rußland hierher gebracht wurde und seither diese Gegend zum Brotkorb der Welt gemacht hat.

»Das ist interessant«, sage ich, nachdem er fertig ist.

»Das sagen die meisten.« Er setzt ein leichtes, aber zufriedenes Grinsen auf.

Sorenson ist in Kansas auf einer bescheidenen Weizen- und Viehfutter-Farm aufgewachsen. Es war immer sein Traum, Farmer zu werden.

»Davon träumte jeder. Verflucht, mein Vater träumte davon, mein Großvater, und es blieb der Traum, als ich groß wurde. In den Zwanzigern und den frühen Dreißigern war alles noch anders. Man konnte auf einer achtzig Morgen großen Farm leben und tatsächlich eine Familie durchbringen. Jetzt braucht man schon mehrere hundert Morgen, um klarzukommen. Das ist die Natur des Marktes. Es gibt viele Leute mit zwei-, dreihundert Morgen, und die müssen in der Stadt arbeiten; sie sind auf ein zusätzliches Einkommen angewiesen. Es ist jetzt viel härter, es zu schaffen. Und der Traum ist auch nicht mehr so groß.«

Als wir wieder nach draußen gehen, scheint die Sonne auf die Spitze des Betonwolkenkratzers, und es tut in den Augen weh, wenn man hinaufschaut.

»Hutchinson«, sagt er und mustert den alten Ford, »ist 'n netter Ort. Einer der nettesten. Ich bin sicher, wenn Sie interessiert wären, fänden Sie hier Arbeit. Wir haben einen ausgezeichneten Arbeitsmarkt in Hutchinson.«

Überraschenderweise treffen seine Bemerkung und meine Überlegung, einen Job zu finden, zusammen. Als wir so dastehen und den Wind spüren, frage ich mich, wie der Winter wohl in Hutchinson, Kansas, wäre.

Feste Betten

Das Haus, in dem ich in Hutchinson wohne, wirbt mit dem Slogan »Niedrige Preise, saubere Zimmer«, obwohl mein Zimmer nicht sauber ist. Es sind Spinnweben in den Ecken, ein verschrumpeltes Stück Pommes in einer Schublade und seltsame Flecken in der Badewanne, die wie Buntstiftgekritzel aussehen. Vor jedem Zimmer steht ein alter Metallstuhl, und wenn es wärmer wäre, könnte man mit einem Glas Soda oder einer Tasse Kaffee dasitzen und dem Verkehr zuschauen. Highway Motels sind bescheiden mit dem, was sie anpreisen, denn wären sie es nicht, würden ihnen die Leute nicht glauben. »Farbfernsehen kostenlos« möglicherweise, aber selten »*Free HBO*«.

Entlang des Highway 50 sehe ich: »Kostenlose Ortsgespräche« – »Kaffee umsonst« – »Eis« – »Erschwingliche Preise« – »Direktwahl-Telefon« – »Günstig gelegen« – »Freundliche Bedienung« – »Kostenlose Klimaanlage« – »Feste Betten«.

Das Motel ist nicht weit von der Stadtmitte Hutchinsons, dorthin gehe ich am späten Nachmittag, um ein Bier zu trinken und die Stellenanzeigen zu lesen. Arbeit scheint es reichlich zu geben. Hutchinson ist eine seltsame Mischung: eine alte Eisenbahnstadt, das führende Einzelhandelszentrum für Zentral-Kansas, Heimatstadt der *National Junior College Basketball Association*-Wettkämpfe und die größte Getreidekooperative im Lande. Dabei ist »Hutch«, wie mir ein Mann in der *Main Street Bar* erzählt, hauptsächlich eine Farmer-Gemeinde.

Er ist ein dunkler, hagerer Bursche namens Emilio mit einem freundlichen Lächeln und einer tiefen Stimme, der Kranken- und Feuerwehrwagen baut. Collins Industries, sein

Arbeitgeber, ist einer der wichtigsten Industriebetriebe Hutchinsons. Was er an Kansas mag, sagt er, »ist der Respekt, den die Leute füreinander haben. Das ist etwas ganz anderes als im Osten.«

»Sind Sie aus dem Osten?«

»New Jersey«, sagt er, und ich spüre eine plötzliche Verwandtschaft. »Ich habe nicht lange gebraucht, um rauszukriegen, daß die Leute in Kansas eben viel cleverer sind als die in New Jersey.«

»Cleverer? Inwiefern?«

»Sie denken. Sie haben den Mut zu denken.«

Hutchinson wurde wie viele Städte in Kansas als Eisenbahnstation gegründet. Ein Baptistenprediger namens C. C. Hutchinson suchte diesen Fleck 1872 aus, weil er nah am Little Arkansas River lag, und zwar genau dort, wo seiner Meinung nach, die Eisenbahn halten würde. Damals wurden Städte in der Prärie nur deswegen gegründet, weil dort hin und wieder der Zug anhalten mußte. Das ist ein Muster amerikanischer Zivilisation: Bahnstation, Handelsposten, Saloons, Stadt.

Emilio und ich trinken noch zwei Bier. Er erzählt mir andauernd, wie großartig es ist, in Kansas zu leben. Wie wir so trinken, geht die Straßenbeleuchtung an, und dann können wir nicht mehr nach draußen sehen, nur noch Spiegelungen, gebrochen von den entfernten Lichtern der Autos, die den weit offenen Raum von Zentral-Kansas durchqueren.

Ich gehe früh schlafen in einem Bett, das auf der einen Seite absackt und auf der anderen allem Anschein nach einen schmalen, harten Gegenstand in der Matratze hat. In der Nacht ringe ich immer wieder mit diesem Klumpen. Während ich versuche einzuschlafen, denke ich an Sorensons Einladung und beschließe, sie anzunehmen – hier draußen in diesem Land, das *The Middle Border* genannt wird. Das ist ein Ort, an dem man es sich in aller Ruhe gutgehen lassen und über die Geheimnisse des weit offenen Raumes nachdenken kann. Andauernd wache ich vom Rumpeln der Züge auf. Sie fahren die ganze Nacht lang durch die Stadtmitte Hutchinsons, genau zwei Blocks vom Motel entfernt. Sie pfeifen und rattern, und ihr schwerer Rauch kommt durch ein Fenster herein, das sich nicht schließen läßt.

Irgendwann wird es im Zimmer plötzlich hell, und die Maschine eines Trucks läuft im Leerlauf vor sich hin. Leute reden. Ich höre einen Mann zweimal »Fuckin' A« sagen. Es ist fünf nach halb drei. Später sind es noch mehr Geräusche – Badewasser, Hämmern, Fernsehen. Um halb fünf werde ich von einem lauten, regelmäßigen, stöhnenden Geräusch geweckt. Im Raum nebenan stößt ein Bett regelmäßig gegen die Wand. Ich schlage die Augen auf und sehe, daß es draußen schon hell ist.

Am späten Morgen in Hutchinson, das »gesundheitsfördernde Klima« kommt durchs Fliegenfenster herein, können mich nicht einmal die Züge aufwecken.

Da draußen

Es gibt auf Amerikas Main Street eine versteckte, aber tiefsitzende Furcht. Ich spüre sie am deutlichsten in den unterirdischen Lagergewölben in Hutchinson, Kansas. Einhundertachtundneunzig Meter unter den dürren Weizenfeldern liegt einer der größten Salzstöcke des Landes, einhundertundsechs Meter breit, mit genug Salz, um das Land eine Viertelmillion Jahre lang zu versorgen. An die Mine grenzen sechs Hektar unterirdischer Lagerbuchten, wo viele der wertvollsten Güter des Landes gelagert werden: Regierungsaufzeichnungen, geophysikalische Daten, die Originalformeln für Coca-Cola und Pepsi, Originale von Tausenden von Filmen, einschließlich der Originalabzüge von »The Wizard of Oz«.

Floyd Sweet, Geschäftsführer der unterirdischen Gewölbe, erzählt, daß die Nachfrage nach Lagerraum begonnen hat, das Angebot zu überschreiten. Das sei, so meint er, ein unheilvolles Zeichen. »Der Grund, warum es diese Gewölbe hier gibt, ist ganz einfach«, sagt er. »Eigentlich stammen sie aus den späten Fünfzigern und den frühen Sechzigern. Damals lag so ein Gefühl in der Luft. Die Angst vor der Bombe. Die Leute überlegten sich, daß eine zerstörte Zivilisation nur dann wieder aufgebaut werden könne, wenn ihre lebenswichtigen Überlieferungen erhalten blieben. Das war die Idee. Wenn's einen Atomkrieg gibt, wenn unsere Zivilisation zerstört wird, gibt es in den Gewölben alles, was man braucht, um sie wieder zusammenzusetzen.«

Sweet, ein Militär im Ruhestand, erzählt, daß die Gewölbe seit ihrer Eröffnung im Jahre 1959 immer voller geworden sind.

»Was würden Sie sagen, wenn ich fragen würde, ob ich mal reinschauen darf?«

»Aus welchem Grund?«

»Neugier.«

Er schüttelt den Kopf. Wir reden noch ein bißchen. Kurze Zeit später ändert er seine Meinung. »Okay. Gehen Sie nur zum Eingang der Mine und fragen Sie nach Larry Hager.«

Hinter ein paar Gleisreihen taucht ein schräges Dach mit dem Schriftzug »Carey Salt« auf, unter einem kalten, wundervoll blauen Himmel. Ich gehe an einer mit Ketten abgesperrten Einfahrt vorbei zur Verladestelle, wo ein Mann steht, der offensichtlich auf mich wartet.

»Larry?«

Er verzieht sein Gesicht. »Kommen Sie. Sie müssen noch ein paar Formulare unterschreiben, bevor wir Sie mit runternehmen können.«

Ich folge ihm in einen großen hölzernen Raum mit Linoleumfußboden.

»Nichts Großartiges«, sagt er und gibt mir die Formulare. »Sie müssen nur einwilligen, daß Sie die Gesellschaft nicht haftbar machen, wenn etwas passiert.«

»Passiert?«

Er zuckt mit den Schultern. »Tod oder Verletzung. Es ist nur eine Formalität.«

Als wir warten, daß der Fahrstuhl nach oben kommt, sieht Hager ein paar Mal zu mir herüber. Ein großer Mann mit Locken. Er macht den Eindruck, als würde er ein Grinsen unterdrücken. »Einmal hatten wir einen Burschen hier, der hatte gerade seinen ersten Arbeitstag, der hat nur kurz einen Blick auf den Fahrstuhl geworfen. Dann wurde er grün im Gesicht, drehte sich auf dem Absatz um und sagte: ›Entschuldigen Sie mich, ich glaube, ich habe was im Auto vergessen.‹ Den haben wir nie wieder gesehen.«

Er lächelt bei dem Gedanken. Als der Fahrstuhl kommt – ein hölzerner, wackelig aussehender offener Korb, der schwankt – schreitet Hager munter voran. Weißer Staub wird den Schacht hinaufgeblasen. Die Tür zur Finsternis schließt sich, und mir kommt plötzlich der Gedanke, in dieser Stadt mitten in Kansas zu sterben. Ich höre nicht ein Wort von dem, was er sagt, als wir rasch den engen Schacht der Finsternis hinuntersinken – einhundertachtundneunzig Meter in siebzig Sekunden – in einem Luftzug, der nach Staub und Salz schmeckt. Als der Aufzug anhält, treten wir hinaus ins Innere der Erde, wo Wände und Decken Felsen sind und künstliches Licht auf meterhohen Bergen von Salz schimmert.

»Hi, ich bin Larry Hager«, sagt ein kleiner, schwerer, bärtiger Mann zu mir, der auf mich zukommt, als der andere in ein Büro geht.

»Ah.«

Wir gehen schweigend einen langen Korridor entlang. Salz glänzt im Felsen wie Diamant, als wir an alten Lagerbuchten vorbeikommen, in denen Kästen voller alter Filmrollen liegen.

»Sie suchen also nach einem Job hier?«

»Nein, ich wollte mir nur die Gewölbe ansehen. Gibt es denn Jobs?«

»Im Moment nicht. Aber in ein paar Wochen vielleicht.«

Wir treffen bald auf einen schlanken Mann namens Jim Wright, der sagt, daß es gewöhnungsbedürftig sei, hier zu arbeiten.

Jim Wright und Larry Hager mit einer Tonne Salz unter den Weizenfeldern in Hutchinson, Kansas.

160

»Es ist eine andere Welt. Manche Leute kommen damit klar, manche nicht. Sie kriegen Platzangst. Mir gefällt es hier unten.«

»Klar, Du hast Dich daran gewöhnt«, sagt Hager.

»Schon mal unter Tage gearbeitet?«

Ich sage nein.

Wright erklärt die Organisation: fünfzehntausend Gesellschaften haben gegenwärtig Informationen hier gelagert, 25 Prozent davon Filme und Videos. Siebzehnhundert Bibeln der amerikanischen Bibelgesellschaft sind hier. Außerdem Tausende von persönlichen Gegenständen wie Hochzeitskleider, Tagebücher und ausgestopfte Haustiere.

»Ich weiß auch nicht, woran das liegt«, sagt Wright, »aber das Interesse ist wirklich größer geworden. Ich glaube, die Leute haben den Eindruck, daß Ihnen zuviel weggenommen wird.«

»Immer mehr Leute oben wollen etwas erhalten«, fügt Hager hinzu, »und sie gehen davon aus, daß es hier unten sicher ist. Was wohl auch stimmt.«

Wir gehen unter dem Geräusch von Maschinen, die neue Lagerbuchten ausheben, um eine Ecke. Die Gewölbe weiten sich aus.

»Gibt es manchmal auch komische Anfragen?«

»Oh, sicher«, sagt Wright, »zum Beispiel als wir einmal einen Kerl dahatten, der einen riesigen ausgestopften Elch runterbringen wollte.«

»Was wir auch gemacht hätten«, sagt Hager, »aber wir konnten ihn nicht in den Fahrstuhl kriegen.«

»Wir hatten jemanden«, sagt Wright, »in dessen Vertrag stand, daß nur er und Jesus Christus seine Eigentümer zurückbekommen dürften.«

Am Ende des Rundgangs warten wir mit mehreren Bergarbeitern auf den Fahrstuhl, der uns wieder hochbringen soll. Die Arbeiter stoßen sich gegenseitig an und machen in dem dunklen Aufzug ihre Späße. Schließlich kehren wir ins natürliche Licht auf der Erdoberfläche zurück.

Inzwischen habe ich Larry Hager erzählt, daß ich unterwegs bin.

»Ich wollte immer mal tun, was Sie jetzt tun«, sagt er, als

161

wir auf dem Verladedeck stehen, wo die kalten Schatten des Gebäudes über einen Kieshaufen Richtung Stadt zeigen. »Aber wissen Sie, was mich hier hält? Die Leute. Nirgendwo findet man so freundliche Leute wie hier in Kansas.«

»Davon habe ich schon gehört«, erzähle ich ihm.

»Ich hoffe, daß sie auch für Sie da unten eine Stelle finden.«

In dieser Vieh- und Weizengegend überlege ich an einer schattigen Ecke der Plum Street, ob ich mir beim Kansas Cosmosphere, der größten Touristenattraktion des Staates, Arbeit suchen soll. Ich beende schließlich den Nachmittag damit, über den Weltraum zu reden.

Die meisten großen wissenschaftlichen Museen liegen in oder nahe bei großen Küstenstädten. Das Kansas Cosmosphere ist ein bemerkenswertes, umfassendes Weltraummuseum in der Mitte des Winterweizen-Landes, in der Nähe der geographischen Mitte der Vereinigten Staaten. Als ich Fragen zu den Ausstellungsstücken, darunter Astronautenanzüge, Raketen und illustrierte Geschichten der Raumfahrt habe, führt mich eine junge Angestellte zu Patty Carey, der Museumsgründerin. Ihr Büro liegt im zweiten Stock.

Das Cosmosphere, erzählt mir Carey, befaßt sich mit der Rolle, die die Weltraumbewegung in der amerikanischen Psyche spielt. »Einige Leute machen sich gar nicht klar«, sagt sie, »daß 1961, als Kennedy seine berühmte Rede über die Landung eines Menschen auf dem Mond hielt, es eine fantastische Idee gewesen ist, wenn man den damaligen Stand des Raumfahrtprogramms berücksichtigt. Wir waren zu der Zeit einfach weit hinter den Russen. Sieben unserer ersten ausgesetzten Satelliten explodierten. Bis 1961 waren neununddreißig Prozent der von uns gestarteten Raketen explodiert. Ein Mensch auf dem Mond? Es war beinah unvorstellbar.«

Das Wettrennen zum Mond und die Wende im amerikanischen Weltraumprogramm gaben dem Land ein neues Gefühl des Optimismus, glaubt Carey. Alles war möglich. Es änderte die amerikanische Denkweise.

Patty Carey in ihrem Raumfahrtmuseum.
Sie hat die touristische Hauptattraktion des Bundesstaates,
das Kansas Cosmosphere in Hutchinson,
Kansas, aufgebaut.

Carey war Hausfrau, sagt sie, als sie 1962 das erste Planetarium von Kansas hier in Hutchinson aufbaute. »Das war wirklich nur eine Scheune, draußen beim Festgelände vor der Stadt. Und das Heim vieler Tauben.« 1981 konnte sie mit der Hilfe von Max Airy, einem Planetariumsdirektor aus Texas, anfangen, nach Kapital für das Cosmosphere zu suchen. Und zwar deswegen, sagt sie, weil sie »von seiner Wichtigkeit überzeugt« war.

»Der Weltraum, diese große Metapher für das, was ›draußen liegt‹, hat mich immer sehr beeindruckt. Ich glaube, man könnte sagen, daß wir naiv waren. Wir hatten keine Ahnung, daß wir es möglicherweise nicht schaffen würden. So haben wir's einfach gemacht.

Als Mädchen bin ich jeden Morgen in den Garten hinausgegangen und habe mir die Sterne angesehen. Ich wollte immer zum Mond, und ich war wohl ein wenig enttäuscht, als man dann die andere Seite sehen konnte, weil mir dieses kleine bißchen Geheimnis gefiel.«

Wie ich so mit Patty Carey rede, merke ich, daß ich noch länger in Hutchinson bleiben möchte. Es ist ein Ort, der einen anzieht. Nicht sofort. Jeden Tag ein bißchen, indem er einem von sich erzählt, so daß man noch eine Nacht dableiben möchte, um mehr zu hören.

Tage einer anderen Zeit

Selbst in den schlimmsten Winterwochen gibt es Tage, die zu einer anderen Jahreszeit gehören, warme Nachmittage, die Fauna und Flora durcheinanderbringen. Im harten Winter von Hutchinson gab es einen solchen Tag. Der alte Ford läuft gut, und ich beschließe, auf Entdeckungsreise zu gehen.

Der Feldweg zu Robert und Velma Schrocks Haus ist voller Pferde- und Wagen-Spuren. Vorbei an struppigen Feldern, auf denen im Sommer Weizen und Viehfutter wachsen, fahre ich durch die Amish-Gemeinde Yoder. Handgemalte Schilder sind auf dem Rasen alter, weißer hölzerner Häuser zu sehen: »Eier zu verkaufen«, »Gemüse« und »Steppdecken«.

Der Ausflug fängt gut an, ich habe keine bösen Vorahnungen. Als ich am alten Farmhaus der Schrocks halte, kommt ein kleiner Junge auf einem Esel und umkreist den alten Ford. Robert Schrock, sein Vater, steht in der Tür einer großen roten Scheune. Er trägt eine Jeans und eine Baumwolljacke ohne Knöpfe. Als er mich begrüßt, kommen zwei Lämmer herbeigelaufen und schnüffeln erwartungsvoll an meiner Hose. Auf einem Schild an der Straße steht, daß die Schrocks einen Landarbeiter auf Teilzeitbasis suchen. Ich beschließe, mich zu bewerben. Wir mustern unsere Bärte einen Moment lang, und dann führt er mich zum Gästehaus.

»Wir könnten es morgen mit Ihnen versuchen«, sagt er. »Der Tag fängt allerdings früh an, und er ist lang. Ich weiß nicht, ob Sie zu dieser Art von Arbeit Lust haben.«

»Ich will's versuchen«, sage ich.

»Gut. Ich weiß nicht, ob es Ihnen gefallen wird.«

Die Lämmer laufen neben uns her, als wir unter den kahlen Bäumen durchgehen.

»Nun richten Sie sich erst mal ein«, sagt Robert Schrock. »Sie werden viel Ruhe brauchen, denn der Tag ist lang.«

Drinnen im Haus ist eine Kühlbox und eine Propangaslampe. Über dem Holzofen hängt ein Gemälde, auf dem ein Pferdewagen zu sehen ist, wie er in das Dunkel einer überdachten Brücke fährt. An der gegenüberliegenden Wand hängt das Vaterunser und ein Schild: »Willkommen auf unserer Farm«.

Nachdem Robert Schrock mich verlassen hat, zünde ich die Lampe an und sitze, als das kalte Abendlicht durch die Scheiben fällt, für eine Weile mit meinem Notizbuch am Küchentisch; der Geruch von Tieren und das Geräusch von sich ankreischenden Pfauen dringt herein.

Ich erfahre von Robert Schrock, daß die Amish im späten neunzehnten Jahrhundert nach Kansas kamen und sich in kleinen Gruppen niedergelassen haben. Yoder ist jetzt eine Gemeinde mit vierzig Amish-Familien, benannt nach Eli Yoder, dem ersten Siedler. Die Amish befolgen hier die alten Gesetze – sie versuchen zu leben, wie es ihre Vorfahren getan haben, ohne Elektrizität, Telefon und Auto. Sie sind ganz auf sich gestellt und treiben nur untereinander Handel.

In der Amish-Gemeinde Yoder, Kansas.

Es ist selten, daß sie einmal Leute aufnehmen, die nicht zu ihnen gehören, und ich spüre, daß sie auch mich nur ungern genommen haben.

Ich sitze da und lausche der schwachen Bewegung im Astwerk der Bäume und den scheppernden Metallklappen der Schweinefutteranlage. Als ich wieder nach draußen gehe, ist es fast dunkel. Nur im Laden für Zaumzeug, in dem mehrere Pferdekutschen stehen – eine Reise-Kutsche, Einsitzer und die traditionellen Zweisitzer –, brennt noch eine Kerze.

Ich gehe zu Schrock, der arbeitet, und biete ihm an zu helfen.

»Wüßte nicht, was Sie jetzt tun könnten«, sagt er und schaut sich um. Schließlich weist er mich an, das Zaumzeug für ihn sauber aufzustapeln.

Robert Schrock ist vor zweiundvierzig Jahren unten an der Straße geboren. Er hat sein ganzes Leben in Yoder verbracht. Er hat ein Mädchen aus Yoder geheiratet, erzählt er, und gelebt, wie Gott es ihm befohlen hat.

»Irgendwann«, sagt er und nimmt einem Pferd das Geschirr ab, um eine entzündete Stelle auf der Haut des Tieres einzureiben, »sind die Leute einfach von der Spur abgekommen, soweit ich das sehen kann. Und sie sind bisher nicht wieder darauf gekommen.«

Als Schrock die Scheune zumacht, ist es dunkel. Wir stehen an ein Kutschenrad gelehnt unter einem Himmel voller Sterne und lauschen dem Wind. Ich spüre, daß er in Wirklichkeit gar keine Hilfe will. Er will reden. Er möchte Gesellschaft haben in seiner abgeschlossenen Welt mit ihren Farmtieren, der Familie und den dürren Weizenfeldern.

»Ist schon komisch«, sage ich, »dieser Gegensatz zwischen dem Raumfahrtmuseum in Hutchinson und einem Ort wie diesem hier.«

»Also«, sagt Schrock, und es dauert lange, bevor er weiterspricht. »Ich kann nicht sagen, daß ich viel davon halte, daß da Menschen auf dem Mond herumgelaufen sind.«

»Kaum zu glauben, daß wir's getan haben.«

»Ja.« Sein Schweigen wirkt, als ob er seinen Ärger unterdrücken würde. »Jedesmal, wenn ich dran denke, wünschte ich, sie hätten's nicht getan.«

167

»Auf dem Mond herumlaufen?«

»Sich an etwas zu schaffen machen, womit wir besser nichts zu schaffen haben sollten«, sagt er. »Jedesmal, wenn ich höre, daß sie wieder so ein Raumschiff hochgeschickt haben, macht mich das ganz krank. Und jedesmal ist es so, als wenn dann was mit dem Wetter falsch läuft. Da können Sie drauf zählen.«

»Mit dem Wetter?«

»Richtig.«

Wir lauschen dem Wiehern der Pferde in der Dunkelheit. Mondlicht scheint auf die Felder, aber unter den Bäumen ist es schwer, sein Gesicht zu sehen. Ich bin überrascht, als ich es doch kann – seine Gesichtszüge, die die Zugehörigkeit zur Amish-Gemeinde verraten, und der Bart mit der rasierten Oberlippe, dem Zeichen der Amish für Verheiratete. Ein schwaches gelbliches Licht fällt aus dem Küchenfenster. Dort kann ich seine Familie sehen, die am Küchentisch sitzt und ißt.

Obwohl die Amish nur untereinander kaufen und verkaufen, hat die schwierige Wirtschaftslage sie vor kurzem dazu gezwungen, an Außenstehende zu verkaufen. Am nächsten Tag, als ich Robert Schrock helfe, eine Pferdekutsche zu reparieren, kommen einige Leute vorbei, die nicht zu den Amish gehören. Er arbeitet wieder bis spät in die Nacht bei Kerzenlicht, weist aber meine Hilfe zurück. Meistens stehe ich da und höre zu. Ein paar Mal kommen Pferdekutschen an der Kreuzung vorbei, die auf dem Feldweg ein gleichmäßiges tock-tock-tock machen.

Das Bett in Schrocks Gästehaus ist riesig. Mitten in der Nacht schreien Pfauen, und das Mondlicht wird im alten Glas der Fensterscheiben gebrochen. Ich erwache mit dem ersten Hahnenschrei. Die Schrocks stehen jeden Tag vor sechs Uhr morgens auf, also bin ich dann auch auf. Neben der Scheune läuft ein Pony ungestüm immer im Kreis herum; ein wohltuender Geruch von Erde liegt in der morgendlichen Dunkelheit, als Feuchtigkeit aufsteigt und Licht sich über den Gebäuden der Farm ausbreitet.

Ich gehe die lange, stille Straße hinunter und spüre das kühle Sonnenlicht im Gesicht. Eine Amish-Frau, die Wäsche aufhängt, sieht herüber, als ich an ihrem Haus vorbeigehe, aber sie winkt oder lächelt nicht.

Zurück bei den Schrocks, hat Roberts Frau Velma mir Frühstück gemacht. Robert, dessen Silhouette ich im Zaumzeugladen erkenne, legt einem Pferd das Geschirr an.

»Ganz schön ruhig hier draußen«, sage ich.

»Ja«, sagt sie. »Obwohl es eine ganze Menge Arbeit gibt. Möchten Sie Kaffee?«

»Nein, danke. Haben Sie Milch?«

»Wir haben Milch«, sagt sie, »aber das ist rohe Milch. Vielleicht sind Sie daran nicht gewöhnt.«

Sie bringt mir Eier und Brot, und es schmeckt mir herrlich an diesem kühlen und feuchten Morgen. Die Milch gibt es in einem Glas mit Eiswürfeln. Einmal kommen die beiden Lämmer und sehen mir beim Essen zu.

Draußen hat Robert Schrock wieder eine Kutsche angespannt und macht einen ungeduldigen Eindruck. »Muß ein paar Eier die Straße runterbringen«, sagt er schließlich und kommt zum Gästehaus, ohne mich anzusehen. »Sie können mitkommen, wenn Sie wollen.« Ich klettere zu ihm in die Kutsche, und er gibt die Zügel frei. Das Pferd beginnt gleichförmig zu trotten, die Räder knirschen im Sand, bis wir an eine Kreuzung kommen, als Schrock an den Zügeln zieht und wir nach rechts fahren.

»Keine Stoßdämpfer dran«, sage ich.

»Sehe nicht ein, warum man welche gebrauchen sollte«, sagt er.

Schweigend fahren wir weiter. Als wir bei der anderen Farm ankommen, warte ich in der Kutsche. Das Pferd kaut struppiges Gras, und Schrock bringt eine Palette Eier hinein. Auf der Rückfahrt erzählt er mir, daß er unbedingt eine neue Werkstatt bauen muß.

Am dritten Morgen habe ich begriffen, daß ich im Weg bin, und ich teile ihm mit, daß ich gehen will. Robert Schrock nickt. Velma fragt, wo ich hin will.

»Einfach unterwegs sein«, sage ich.

»Na gut, ich hoffe, Sie finden einen Platz, an dem Sie glücklich werden.«

Ein deprimierender Gedanke, so gesehen. Die Schrocks

sind, wie so viele Familien an der Main Street Amerikas, zufrieden mit dem, was sie sich bewahrt haben: eine Lebensweise, die vom Fortschritt unberührt ist. Ich fahre die naturbelassenen Feldwege zurück auf die Straßen, die für den motorisierten Verkehr gemacht worden sind.

Kuh-Stadt

Der Wind ist kalt und stürmisch, als mich die Straße nach Dodge, Kansas, hineinführt. Es liegt auf der Strecke der alten Santa-Fe-Linie. Die Santa Fe war die Eisenbahnlinie, die, in mehrerlei Hinsicht, den Westen erschloß. Im Jahre 1871 ging sie bis Newton, im August 1872 bis Hutchinson und bis Dodge im September desselben Jahres. Sie begründete die Zivilisation in einem Land, das Zebulon Pike, der es 1806 erkundete, eine »unbewohnbare Wüste« genannt hatte. Und trotz allem sind es noch immer die eher zivilisationslosen Aspekte der Region, die die Leute daran feiern.

Eine Zeitlang, als Dodge noch die wichtigste der Rinderzuchtstädte von Kansas und der Hauptumschlaghafen für Vieh aus Texas war, hatte es den Spitznamen »Hölle der Hochebenen«. Die gesetzlose Epoche dauerte nur etwa drei Jahre, aber noch immer benutzt die Stadt diese »Jahre des Wilden Westens« schamlos als Aushängeschild mit Aufführungen, Museen und einer wiederhergestellten Fassadenstraße.

Inzwischen nicht mehr gesetzlos, ist Dodge doch noch immer eine Rinderzuchtstadt. Eine Stadt, wo die Männer Cowboy-Stiefel und -hüte tragen, wo Rinderhörner über den Hauseingängen hängen und Portraits von Stieren die Bürowände zieren. Viehzucht ist hier die Hauptindustrie. Zwei der größten Schlachthöfe der Welt liegen direkt unten an der Straße. Tag und Nacht fahren Lastwagen voller Rinder über den Wyatt Earp Boulevard, wie hier in Dodge der Highway 50 heißt.

Wenn Sie aber mal richtig Vieh sehen wollen, sagt die Frau in der *Silver Spur Lounge*, dann sollten Sie zur Auktion gehen.

»Eine Auktion gibt es hier?«

»Die größte Viehauktion der Welt. Oben bei Winter Livestock. Jeden Mittwoch.«

Bevor ich bei der Auktion anhalte, besuche ich ein Geschäft für Western-Kleidung, um mir einen Cowboy-Hut zu kaufen. Die Auswahl und die Spanne der Preise ist gewaltig. Ich erkläre dem Verkäufer, ich suchte einen »Standard«-Cowboy-Hut, und er scheint mich nicht zu verstehen.

»Nichts Besonderes, nichts zu Teures.«

Schließlich sucht er mir einen schwarzen Hut mit einer breiten Krempe für fünfunddreißig Dollar aus.

Bei Winter Livestock parke ich den alten Ford zwischen Dutzenden von *Pickup-Trucks*. Drinnen rücke ich mir den Hut zurecht und schlendere hinüber in Richtung der unverständlichen Laute, die der Auktionator von sich gibt. Ich liebe die Freiheit, nicht ich selbst zu sein.

Obwohl ich mich so nahe wie möglich an den Auktionsstand herandränge, erscheint es mir fast unmöglich, den Auktionator zu verstehen. Dennoch beobachte ich, daß er Kälber losschlägt und daß es an Preisgeboten nicht mangelt.

Bald darauf werde ich von einem sehr schwergewichtigen Mann mit nur einem Arm angestoßen. »Jetzt geht's mit dem Kaufen los«, sagt er und schaut zu mir herunter. »Ihre Rinder werden problemlos reinkommen. Der hier ist ein Viehmäster.«

»Viehmäster?«

»Ja, Sir. Kommen Sie nochmal hoch. In einer Stunde steht Ihr Mastvieh zum Verkauf.«

»In einer Stunde, sagen sie?«

»Ja, um zwei Uhr, Sir.«

Er nickt recht freundlich und dreht sich um. Ich rücke ab, um ein bißchen Abstand zu ihm zu gewinnen und stehe dann am Zaun mit einer Gruppe mittelalter Cowboys: professionelle Einkäufer. Obwohl ich heute nicht interessiert bin, einen Stier zu kaufen, packt mich doch die Aufregung der Auktion, all der Leute, die sich hier an einem lebhaften Nachmittag versammelt haben. Ich stehe neben diesen Männern, rücke ab und zu meinen Hut zurecht und scharre abwesend mit dem Fuß im Staub herum, als gehörte ich hierher und hätte nur im Augenblick nichts zu sagen. In der rauhen Luft von Kansas kann man den Atem der Männer sehen. Eine große, dürre Frau in Jeans und ärmelloser Weste steht drüben am Zaun und scheint mich anzulächeln.

Die Sonne ist strahlend hell, und es stinkt stark nach Kühen und Mist. Ich schaue auf. Die Frau steht neben mir und wedelt mit einer nicht angezündeten Zigarette.

»Sie sind kein Einkäufer«, sagt sie.

»Woher wollen Sie das wissen?«

»Sagen Sie schon, Sie sind kein Einkäufer.«

Ich fingere an der Krempe meines Cowboy-Hutes herum. »Ich wußte nicht, daß es so offensichtlich ist.«

»Was tun Sie hier, wenn Sie kein Einkäufer sind?«

Um diese Frage scheint es ihr zu gehen. Gibt es hier Auktions-Polizisten, die die Nicht-Einkäufer, die Schwindler rauspicken?

»Wie sieht es denn mit Ihnen aus?« frage ich. »Sie sind auch keine Einkäuferin, oder?«

Sie lacht leise und dreht sich weg. Mühelos legt sie ihre dünnen Arme über dem Bauch zusammen. Ich blicke vorsichtig zu ihr hinüber: Ein langes, blasses Gesicht mit Sommersprossen. Zöpfe. Noch immer hält sie die nicht brennende Zigarette.

»Ich suche meine Freundinnen«, sagt sie mit einem plötzlichen Augenaufschlag.

Während wir da stehen, murmelt sie ab und zu etwas wie »Der ist gut«, »Das gibt einen Haufen Hamburger da«, »Vergiß es, mein Freund«, aber niemals spricht sie direkt zu mir. Bis sie mich schließlich überrascht, indem sie sich plötzlich umdreht und mir ihre Hand entgegenstreckt. »Ich heiße Janice.«

Wir schütteln einander die Hand.

»Wie heißt du?«

»Jim.«

»Was du tun solltest, Jim, wäre, zum Rodeo wieder herzukommen.«

Ich befühle wieder meine Hutkrempe. Die gekünstelte Geste wird mir angenehm.

173

»Die haben hier ein paar Bullen, Jim, solche hast du noch nie gesehen. Wie Crooked Nose zum Beispiel. Das ist natürlich schon ein legendäres Exemplar. Er hat leider nur ein Horn, aber er ist sehr intelligent. Weißt du, wenn man so oft rauskommt, glaubt man nicht mehr an den Schwindel.«

Als wir zum Auktionsstand hochblinzeln, tritt Janice nervös von einem Bein aufs andere und winkt ein paar Leuten im Publikum zu, obwohl ich niemanden zurückwinken sehe.

»Woher kommst du, Jim?«

Ich sage ihr, ich komme aus dem Osten und sei jetzt nur so unterwegs, auf Reisen, habe kein Ziel. Sie muß darüber lächeln.

»Das ist komisch«, sagt sie.

»Nein, das ist wahr.«

»Wo übernachtest du denn jetzt, Jim?«

»*Silver Spur.*«

Wieder mustert sie mich, ungläubig. Sie deutet mit der Zigarette auf mich. »Nun, wir werden heute abend beim *Silver Spur* haltmachen, Jim. Wenn du dann da bist, werden wir uns vielleicht sehen.«

Kurz darauf gibt sie mir die Hand zum Abschied und lächelt mich breit an. Später, als ich gehen will, sehe ich sie im Gespräch mit ein paar dicklichen alten Cowboys. Sie wedelt wild mit ihrer nicht angezündeten Zigarette herum. Die Cowboys lachen alle.

Hinter dem Geist von Dodge gibt es einen festen Glauben, daß diese Stadt wahrhaftiger als andere ist. Daß die Einheimischen einen Sinn für Unabhängigkeit haben, den man woanders nicht findet. Bei manchen Leuten hat man den Eindruck, daß sie diesen Unabhängigkeitssinn stark empfinden, andere scheinen ihn nur heftig zu verteidigen. Im *Silver Spur* fragt mich ein Mann mit einem Hut, der die Ausmaße von sieben Gallonen hat, wie mir Dodge gefalle.

»Es gefällt mir gut«, sage ich.

»Sind Sie geschäftlich hier?«

»Nein.«

»Als Tourist?«

»Nicht so richtig.«

Er nimmt seinen Hut ab und runzelt die Stirn.

»Also, was bleibt dann noch übrig?«

»Ich fahre nur durch.«

»Okay.«

Ein zweiter Mann nimmt ebenfalls seinen Hut ab. Er ist kleiner und stämmiger, obwohl beide Männer groß sind für Dodge. Alle drei halten wir unsere Hüte in der rechten Hand.

Der erste Mann ist George Heinrichs, dem das *Silver Spur* gehört. Der andere ist Ron Long, ehemals Rodeo-Reiter und Hilfsmarshal.

»Ich habe von dem Rodeo gehört«, sage ich zu ihm.

»Kaum jemand hat nicht davon gehört.«

»Das ist wahr«, ergänzt Heinrichs.

»Eins will ich Ihnen sagen«, sagt Long. »Egal wohin Sie fahren, Sie werden nirgends eine Stadt finden, die so einen Geist wie Dodge hat. Und das ist der Geist des Cowboys. Das ist es, wonach alle suchen, die durch Dodge kommen. Warum? Nun, weil der Cowboy keine Stechuhr füttert. Der Cowboy kommt und geht, wie es ihm gefällt. Danach sehnen sich die Leute.«

»Nun, ich könnte Ihnen ein oder zwei Geschichten erzählen von Dodge«, sagt er, und Heinrichs lacht in sich hinein. »Falls Sie ein bißchen Zeit haben.«

»Der wird Ihnen mehr Geschichten erzählen als Sie hören wollen«, sagt Heinrichs.

»Ich werde Ihnen eine kleine Geschichte über die Rinder erzählen«, sagt er und bedeutet uns, wir sollten Platz nehmen.

Man fühlt schon, wie der Unsinn sich zusammenbraut.

»Natürlich gibt es hier mehr Rinder als irgendwo sonst, das haben Sie ja gesehen. Bei weitem mehr. Sicherlich mehr als in Texas, egal was Ihnen andere Leute erzählen mögen.«

Heinrichs zwinkert mir zu.

»Aber lassen Sie mich Ihnen eine Geschichte davon erzählen«, fährt Long fort und zieht sich vorsichtig den Hut tiefer. »Damals im Jahr '84 gab es doch die Republikanische

Nationalversammlung unten in Dallas, Sie erinnern sich. Wir sollten Ihnen dafür ein paar Kansas-Langhorn-Stiere runterbringen. Wissen Sie, die machten dann ein paar Fotos mit den Stieren vor der Skyline von Dallas und all das. Tja, und ich war auch da unten und hatte meine altmodische Kleidung an, wie immer, und da war dann diese Frau, die erzählte mir, das sei das Tollste, was Texas jemals passiert ist. Daß endlich die Leute kämen, um das wirkliche Texas zu sehen. All diese Bullen. Sie trug richtig dick auf mit diesem ›wirklichen Texas‹ und den Langhorn-Stieren und all dem, und dann sagte sie: ›Woher kommen Sie?‹ Und ich antwortete: ›Nun, aus Dodge City, Kansas.‹ Sie fragte: ›Oh, was tun Sie denn hier?‹ Ich rückte meinen Hut schief und sagte: ›Nun, die hatten hier offensichtlich nicht genug Stiere in Texas, denn sie mußten uns bitten, ein paar davon runterzubringen. Wir haben fünfundvierzig Stiere für die Versammlung hier runtergebracht.‹ Und Himmel, sie wurde so klein wie ein Ballon, der die Luft verliert, als ich ihr das sagte.«

Heinrichs und Long brechen sofort in rauhes Gelächter aus, und ich fühle mich verpflichtet, ebenfalls zu lachen. Als sie aufhören, lüftet Long seinen Hut und steht auf. »Also, hören Sie zu«, sagt er. »Sie sind ja für eine Weile in der Stadt. Kommen Sie doch mal bei mir vorbei, ich hab da etwas, das ich Ihnen zeigen möchte. Etwas, das Ihnen gefallen wird.«

Heinrichs zwinkert wieder, und Long geht hinaus. Aber nachdem Long fort ist, überrascht er mich. »Eins noch über Dodge. Sie werden eine Menge Leute in Cowboy-Stiefeln und Western-Kleidung sehen«, sagt er. »Aber Ron Long, nun, der ist ein richtiger Cowboy. Das ist nicht bei allen so.« Wie er jetzt aus der Tür auf den Wyatt Earp Boulevard schaut, könnte er genausogut über einen berühmten Revolverhelden sprechen, der gerade in die Stadt gekommen ist, nachdem er Vieh den *Chisholm Trail* hochgebracht hat.

Wie in jeder anderen Stadt, die der Tourismus zum Blühen gebracht hat, gibt es auch in Dodge eine Kerngruppe von Leuten, die dafür sorgen, daß die richtigen Dinge gesagt werden. Einer von ihnen war früher Raymond House, der Marshal von Dodge, ein schillernder Mann, der jahrelang Longs bester Freund war. Die beiden haben seit Jahren nicht mehr miteinander gesprochen, erfahre ich, und die Leute in Dodge haben sich ihre Erklärungen dafür zurechtgelegt. Manche meinen, es sei bloß eine Frage der jeweiligen Persönlichkeit; andere glauben, House sei sauer darüber, daß er vor einigen Jahren den vollen Status als Marshal verloren hat. House sei früher der beste Geschichtenerzähler von Dodge gewesen, heißt es, aber er habe aufgehört zu erzählen. Als ich am Büro des Marshals anhalte, um ihn kennenzulernen, verhält er sich kühl. Er sagt, er habe nichts zu sagen über Dodge City.

Deshalb gehe ich zu Ron Long hinüber, dessen Büro einen halben Block vom Wyatt Earp Boulevard weg liegt. Es befindet sich bei dem Dachdeckerunternehmen, dessen Besitzer er ist. »Kommen Sie rein«, sagt er, offensichtlich erfreut, mich zu sehen. »Kommen Sie nur herein und gucken Sie sich ruhig die Bilder an der Wand genau an.« Die »Bilder« sind gerahmte Fotografien von Long mit diversen Würdenträgern, unter ihnen auch John F. Kennedy und J. Edgar Hoover.

»Das Foto, das Sie gerade angucken«, sagt er und zeigt darauf, »wurde gemacht, als John F. Kennedy seine Wahlkampagne machte. Wir haben ihn deswegen mit einem Cowboy-Hut präsentiert. Vielleicht das einzige Foto, wo er einen aufhat. Das ›American Hat Institute‹ schrieb uns und wollte einen Abzug von dem Foto haben.«

»Es ist komisch, weil er dann von hier nach Texas runterfuhr, und die haben ihn auch mit einem Hut präsentiert, aber er wollte ihn nicht für Fotos aufsetzen.« Long lacht in sich hinein und schüttelt seinen Kopf über das Leid der armen Texaner.

Wir schauen uns noch einige andere Fotos an, und er erzählt mir Geschichten über seine Zeit als Rodeo-Reiter, über die Auktion und über den Geist von Dodge: Eine Stadt, wo man einen Handel noch mit Handschlag besiegelt.

»Tja, und das ist es«, sagt er feierlich und führt mich in eine Ecke seines Büros, »was ich Ihnen zeigen wollte.« Er wendet seinen Blick auf eine gewöhnlich aussehende Marlboro-Illustrierten-Reklame mit einem Cowboy, der einen Stier mit dem Lasso fängt. Die Anzeige hängt gerahmt an der Wand.

»Erkennen Sie das?«

Ich habe es in Illustrierten gesehen.

»Erkennen Sie es wieder?«

»Ich denke schon.«

Er beobachtet mich genau und zögert seine Auflösung hinaus.

»Nun, das ist mein Stier, den sie hier für diese Anzeige genommen haben.«

Er tritt einen Schritt zurück. Einige Sekunden lang starren wir auf die Marlboro-Anzeige.

»Sie haben das Foto gleich südlich von Dodge geschossen, und meinen Stier haben sie genommen. Ich habe ihn gleich Marlboro Red genannt, als das rauskam.«

Er reicht mir noch ein paar andere Bilder von Marlboro Red, bevor er mit mir nach draußen geht. Während ich den alten Ford aufschließe, höre ich ihn wieder in sich hineinlachen.

»Das zum Beispiel«, ruft er vom Tor aus.

»Wie bitte?«

»Hier sieht man selten Leute, die ihr Auto abschließen. So stand für mich gleich fest, daß Sie einer vom Osten sind.«

Er steht da und grinst, während ich die Tür öffne und davonfahre, hinein in den Sonnenuntergang.

Wagenspuren

In Dodge zähle ich, wieviel noch in der Köderbüchse ist, und stelle fest, daß es noch halb soviel ist, wie es einmal war. Ich nehme mir ein paar Geldscheine raus und gehe hinunter zur *Silver Spur Lounge*. Ich frage mich, wie bald diese Reise an ihr Ende kommen wird.

Janice kommt um zehn mit noch zwei anderen Frauen. Sie bringen den kalten Geruch von draußen mit, von Leder und von Alkohol. Eine der Frauen ist groß und dicklich. Sie trägt eine zu enge weiße Bluse und eine braune Lederjacke. Die andere ist klein und stämmig. Alle drei tragen Jeans und Cowboy-Stiefel.

»Hallo«, sagt Janice und stößt mich mit dem Ellenbogen an, als sie sich hinsetzt.

»Das ist Mo«, sagt sie. »Und das ist Gretchen, Jim.«

Mo nickt, Gretchen guckt weg. Wir bestellen Bier.

»Mo und ich denken darüber nach, einen Laden für Original-Western-Kleidung aufzumachen, Jim.«

»In Dodge?«

»Daran denken wir. Bist du interessiert?«

Sie mustert mich wieder, ihre Augen blau, ihr Gesicht sommersprossig, ein bißchen verschlafen, kaugummikauend. Und dann beugt sie sich plötzlich nach vorne und flüstert: »Ich kenne sie nicht besonders gut«, – sie deutet mit dem Kopf auf die beiden anderen, die sich miteinander unterhalten – »obwohl Mo und ich schon zusammen rumgehangen haben. Du weißt schon.«

»Natürlich.«

Nachdem das Bier gekommen ist, deutet Janice mit ihrer nicht angezündeten Zigarette auf mich und scheint etwas sagen zu wollen. Aber statt dessen guckt sie nach zwei Männern, die gerade hereingekommen sind. Gutaussehende

Cowboys. Draußen auf dem Parkplatz stehen sieben Männer an ihre Autos gelehnt und schauen auf den Verkehr. Alle sieben tragen Cowboy-Hüte.

»Erzähl mir doch von Dodge«, sage ich.

»Tja, da gäbe es viel zu erzählen, Jim.« Es wird ihr lästig, mit der Zigarette herumzufingern, und sie steckt sie sich hinters Ohr. »Ich bin keine Expertin – hm – hat Dir jemand etwas von den Wagenspuren erzählt?«

»Nein.«

»Von den Einschußlöchern?«

»Nee.«

»Nun, das ist in Cimarron.«

»Wollen wir die angucken?« wendet sich Mo, die dickliche Frau, an Janice. Mo und Gretchen starren uns für einen Augenblick mit triefenden Augen an. Sie wirken sehr gelangweilt.

»Ja, laß uns das machen«, sagt Janice.

»Was sind die Kugellöcher?«

Wir trinken unser Bier aus, und ich bezahle die ganze Rechnung. Draußen haben sich die drei auf der Vorderbank von Janices weißem *Pickup* zusammengequetscht. Der Motor tickt laut, und das Radio spielt Johnny Cash.

»Spring rein«, sagt Janice.

»Dein Truck sollte sich mit meinem Ford zusammentun«, sage ich.

»Hm?« Sie fährt zu schnell in die Nacht westlich von Dodge. Das Land ist hell, aber nebelig unter dem Vollmond.

Erster Halt, die Wagenspuren. Nordwestlich von Dodge, direkt am Highway 50, sind 56 Hektar zum geschützten Nationalpark erklärt worden. Das Gebiet bezeichnet die Strecke der Santa-Fe-Eisenbahn. Janice parkt, und wir gehen auf das Feld hinaus. Noch immer sieht man hier die Abdrücke, die vor 150 Jahren Planwagen und Maultierzüge hinterlassen haben, als sie in Richtung Santa Fe hier hindurchzogen. Im westlichen Kansas und bis hinein nach Colorado verläuft der Highway 50 auf den wichtigsten Handelsverbindungen nach Westen. Eine Strecke, die von William Becknell festgelegt wurde. Im September 1821 hat Becknell Franklin, Missouri, mit einem Planwagenzug voller

Waren verlassen, und er kam zurück nach Missouri, beladen mit dem Gewicht eines Vermögens in Silbermünzen. Die Leute aus Missouri folgten bald seinem Beispiel und beluden Planwagenzüge mit Baumwolle, Seide und Hartholz. New Mexico, das gerade die Unabhängigkeit von Spanien errungen hatte, war begierig auf amerikanische Waren, und der Handel auf dieser Strecke wurde schnell zu einem Geschäft mit einer halben Million Dollar Umsatz pro Jahr. 1825 genehmigte der Congress, daß die Strecke markiert und überwacht wurde, und machte sie so zu einer der ersten »Straßen« im Westen. Der Santa Fe Trail hielt sich ein halbes Jahrhundert, bis er durch die Eisenbahn überflüssig wurde. Später wurde eine Postkutschenstrecke aus ihm und wiederum viel später ein Highway.

Wir drei gehen so weit in die Felder hinein, bis die Lichter des Wyatt Earp Boulevards nicht mehr zu sehen sind. Mo bleibt am Rand der Straße stehen, während sie erfolglos versucht, ihre Zigarette anzuzünden. Der schneidende Wind ist eiskalt und heult durch die Nacht.

»Wir sollten besser gehen«, sagt Janice, und ihre Zähne klappern.

Auf der Main Street in Cimarron parkt sie an der A Street.

»Guck, das sieht aus wie in den dreißiger Jahren«, sagt sie über die alte Ziegelsteinstadt.

»Das hier ist das Gericht«, sagt sie und geht auf ein Eckhaus neben einem Second-Hand-Laden zu. »Und das hier sind die Löcher von den Einschüssen.«

Die Geschichte der Einschüsse in Cimarron hat mit einem der legendärsten Kriege unter den Kreisstädten zu tun, wird mir erklärt. Im neunzehnten Jahrhundert, als noch alle paar Wochen eine neue Stadt in der Prärie entstand, gab es oft Kriege unter den Kreisstädten. Die Schlacht hier war zwischen Cimarron und Ingalls, einer Stadt weiter westlich, die um ein Bewässerungssystem herum erbaut worden war. Die Gründer von Ingalls wollten das landwirtschaftliche Zentrum des mittleren Westens aufbauen und machten es sich zur Aufgabe, aus Ingalls die Kreisstadt des Bezirks Ford zu machen. Aber diese Auszeichnung beanspruchte schon Cimarron für sich und weigerte sich, seine Urkunden abzugeben.

Anfang des Jahres 1889 kamen Siedler aus Ingalls nach Cimarron, um die Urkunden zu stehlen. Ihr Plan wurde jedoch bekannt, und Cimarron stellte bewaffnete Männer im ganzen Stadtzentrum auf. Die Männer aus Ingalls ritten vom Nordwesten in die Stadt hinein und die Main Street hinauf zu diesem Gebäude hier mit den Einschüssen. Es kam zu einem Aufruhr. Viele wurden verwundet, und ein Mann wurde getötet. Später wurden die Urkunden friedlich an Ingalls übergeben, obwohl der Bewässerungsgraben bald austrocknete und die Bevölkerung auf einhundert Personen zusammenschrumpfte. Im Jahre 1893 gab es eine Abstimmung, und Cimarron wurde wieder zur Kreisstadt und ist es auch noch heute. Die Einschüsse von jenem Tag im Jahre 1889 sind noch immer da. Man kann sie in den Ziegeln fühlen.

Auf dem Weg zurück kommen wir an Farmland und Viehställen vorbei und an Schildern, auf denen steht »Essen Sie Rindfleisch, bleiben Sie schlank«. Janice versucht, das Geratter des Motors und das Quietschen des Keilriemens zu übertönen: Sie schlägt vor, wir sollten uns Namen für Gemischtwarenläden ausdenken.

»Dafür Namen ausdenken?« frage ich.

»Okay«, sagt Mo. »Schieß los.«

»Brotlaib und Krug«, sagt Janice.

»Schneller Stop. Hau rein. Schneller Shop«, sagt Mo.

»Vereinigte Milch-Farmer«, sagt Gretchen.

»Rettendes Ufer«, sagt Mo.

»7-Elf«, schlage ich vor.

»Wieviel ist das?«

»Acht«, sagt Gretchen. »Wir hatten neulich elf.«

Wir fahren viel zu schnell wieder nach Dodge hinein und denken über Gemischtwarenläden nach. Als ein Lied von Dolly Parton im Radio kommt, dreht Mo die Lautstärke auf und singt mit. Ihr Bein drängt sich wild gegen meines, der Motor klopft und rattert.

»Hey«, sagt Janice, als sie mich aussteigen läßt, »ich werde versuchen, morgen vorbeizukommen.«

182

Was mich in Dodge hält, ist die Begeisterungsfähigkeit der Leute und daß Blödsinn hier so billig zu haben ist. Die Leute behandeln Besucher wie Cowboys, die aus der Prärie hereingewandert sind und nur ein bißchen Pause und Erholung suchen. Wieder ist es eine verlockende Idee zu bleiben. Ein Mann im *Silver Spur* sagt, er würde sich glücklich schätzen, mich einmal zu einem Viehtreiben mitzunehmen, wenn erst Frühling sei. Ron Long versichert mir, er könnte mich im September sogar ins Rodeo hineinbringen, wenn ich interessiert wäre. Aber der dickste Köder kommt von Dale Northern, dem Bürgermeister, der mir anbietet, mich zum Polizeichef von Dodge zu machen.

Der Bürgermeister von Dodge

Happy hour, Freitag nachmittag. Schneeflocken treiben im öden Winterwind.

»Komm, ich geb einen aus«, sagt Dale Northern, als er erfährt, daß ich hier zu Besuch bin. Er winkt dem Barkeeper, der uns die Getränke hinstellt.

Northern ist ein energischer Mann mit silbergrauem Haar in den sechzigern, der Autos verkauft hat, bevor er Bürgermeister wurde. Und jetzt verkauft er Dodge, sagt er. »Es ist ganz typisch für diese Stadt, daß die Leute ihre eigene Art haben, etwas zu tun. So wie ich mich als Bürgermeister habe aufstellen lassen, und dann einfach gewinne. Ich habe nie Geld für meine Wahl genommen und auch keinen gebeten, mich zu wählen. In Wirklichkeit lief es so, daß ich den Leuten jedesmal erzählt habe, daß sie nicht für mich stimmen sollen, weil ich gar nicht wirklich gewählt werden wollte. Aber sie haben trotzdem für mich gestimmt. Sie finden wohl, ich müßte ehrlich sein, wenn ich ihnen erzähle, daß ich's gar nicht wert bin, gewählt zu werden. Ist schon 'ne witzige Situation. Aber was soll ich machen? Sie haben mich immer wieder gewählt, und ich muß dienen.«

Er hält gerade lang genug inne, um an seinem Drink zu nippen. »Ich liebe Bars«, sagt er. »Ich hab mein Büro mal in einer gehabt. Ein Ort namens Cowtown.

Es ist nun mal so, daß die meisten Leute Dodge nicht wirklich verstehen. Sie haben davon gehört, aber sie wissen nicht, was sie erwartet. Viele denken, daß wir, wenn wir hier draußen ein bißchen knapp bei Kasse sind, Züge überfallen oder so. Und einige sind sich nicht mal sicher, zu welchem Staat wir gehören. Manche glauben, wir seien irgendwo in Texas.

Ich bin mal in St. Louis gewesen, habe mir ein Taxi zum

Dale Northern, Bürgermeister von Dodge City, Kansas.

Flugplatz genommen, und der Kerl zeigte mir sein verstellbares Lenkrad. Er hat es rauf und runter gestellt, als ob wir so was in Dodge nicht hätten. Ich hab nur gesagt: ›Junge, das ist große Klasse.‹ Ich glaube aber nicht, daß er's begriffen hat.«

»Hier gibt es noch viele Geschichtenerzähler, was?« frage ich.

»Ja, 'n paar. Du wächst auf damit, Geschichten zu hören, und du endest damit, welche zu erzählen. Das dauert eine ganze Zeit, bis man sich wirklich sicher sein kann, was man glauben soll. Ich bin immer noch nicht sicher. Ich glaube, das ist eine Besonderheit dieses Landesteils. Es ist so eine Art Zeitvertreib.

Ich erinnere mich, daß man mir als kleiner Junge von dem Gold erzählte, das hier sein sollte. Und Coronado ist ja hier auf der Suche nach der verlorenen Stadt des Goldes 1541 wirklich durchgekommen. Aber ich muß da wohl die Jahreszahlen durcheinander gekriegt haben, weil ich in dem

Glauben aufgewachsen bin, es in den dreißiger Jahren noch finden zu können.«

Er lacht. Ich stimme ein, mehr wegen seines Lachens als wegen dem, was er erzählt. Ich sehe, daß sich ein paar Leute uns zuwenden, um zuzuhören. Er reibt sich ein paar Mal die Hände, als wenn ihm kalt wäre, obwohl es in der Bar warm, ja fast heiß ist. Draußen unter den Straßenlampen am Wyatt Earp Boulevard, werden die Schneeflocken dicker.

»Die Leute wollen Spaß haben«, sagt er, »und ich bin der letzte, der das nicht wollte. Wie als ich letztens einmal in den *Silver Spur* ging, wo diese beiden Typen aus Kanada saßen. Ich hatte sie vorher noch nie gesehen, also geh ich zu ihnen hin und sage: ›Hallo, mein Name ist Dale Northern, und ich bin der Bürgermeister von Dodge City.‹ Das mache ich bei jedem so, der durch Dodge kommt. Gut, ich sitze also da und trinke was, und sie haben mir offensichtlich nicht geglaubt. Die haben gedacht, ich muß irgend so ein verrückter Typ sein. Irgend so ein Wahnsinniger. Denn ein Bürgermeister würde nicht einfach dasitzen und einen trinken. Also geh ich ein paar Minuten später wieder rüber und sage: ›Habt ihr mir die Geschichte mit dem Bürgermeister abgenommen?‹ Nein, sagen sie, haben sie natürlich nicht. Also sage ich: ›Gut. Okay, hört zu, ich hab euch angelogen. In Wirklichkeit bin ich der Marshal von Dodge City.‹ Was ich tatsächlich bin. Und wieder glotzten sie mich an. Also hab ich sie noch ein paar Minuten allein gelassen.«

Northern nimmt einen großen Schluck. Um Eindruck zu machen. Er hat nun ein Publikum im Halbkreis um sich herum. Wieder reibt er sich die Hände, um sie fürs Finale aufzuwärmen.

»Also, dann geh ich schließlich wieder rüber, schüttle so meinen Kopf und sage: ›Habt ihr mir die Geschichte mit dem Marshal abgenommen? ‹ Und sie sagten: ›Nein, nicht wirklich.‹ ›Gut, ich hab euch wieder angelogen‹, sage ich, und schaue so nach unten, als wenn ich mich schuldig fühlen würde.« Er reibt seine Hände kräftig aneinander. »In Wirklichkeit bin ich seit fünf Jahren arbeitslos und habe euch das alles nur erzählt, um Eindruck zu schinden. Aber ich hoffe, wir sind immer noch Freunde.‹ Draußen hatte es angefangen zu regnen, und diese Typen hatten ihren Truck ein paar Blocks weiter am Boot Hill Friedhof geparkt. Also fragten sie mich, ob ich sie bis dahin mitnehmen könnte. Naja, ich hatte nur meinen Zweisitzer mit, also sagte ich: ›Ich hab in meinem Corvette nicht genug Platz, aber wenn ihr noch einen Moment Zeit habt, lasse ich meinen Chauffeur kommen und euch abholen.‹«

Als Northern wieder trinkt, bemerke ich, daß dies keine Geschichte mehr ist, die er nur mir erzählt; meine Anwesenheit ist kaum noch von Bedeutung.

»Na ja, wir haben alle darüber gelacht«, sagt Northern, »aber bevor ich rausging, sagte ich noch zum Barkeeper: ›Halte die Leute fest, solange du kannst.‹ Und ich kam sofort wieder in der Limousine zurück. Ich saß auf dem Rücksitz, habe Fernsehen geguckt, und als sie die Tür aufmachten, nur ›Hi‹ gesagt.«

Das Publikum bricht in Lachen aus. »Bist du verheiratet?« fragt er mich, als die Geschichte zu Ende ist.

»Noch nicht.«

»Warum?«

»Schwere Frage.«

»Gut, dann laß mich was davon erzählen.« Er reibt seine Hände. »Das Hauptproblem beim Verheiratetsein ist, daß deine Frau dich nicht mehr den dicken Max markieren läßt. Ich erinnere mich, daß ich mal in Los Angeles gewesen bin, um Johnny Carson zum Marshal von Dodge zu ernennen. Danach sind meine Frau und ich zum Essen in dieses Restaurant gegangen. Da steht eine Riesenschlange vor der Tür, und ich überlege so: ›Mensch, hier stehst du nun, Bürgermeister von Dodge City. Ich habe gerade Johnny Carson zum Marshal gemacht. Da sollte ich nicht auf einen Tisch warten müssen.‹ Meine Frau meinte, wir sollten warten wie jeder andere auch, aber ich denke mir, daß sie ganz schön beeindruckt sein werden, wenn sie erfahren, wer ich bin, und uns dann vielleicht ein bißchen schneller reinlassen. Also gehe ich hin zum Chef und erzähle ihm, daß ich der Marshal von Dodge City bin. Er guckt mich einen Augenblick an, und dann sagt er: ›Och, schon in Ordnung, Sir, mein Bruder ist auch Polizeibeamter, und der fühlt sich hier auch immer sicher.‹ Also meine Frau, die guckt mich nur an und schüttelt den Kopf. ›Und was willst du jetzt machen, du Wichtigtuer?‹ «

In der dunklen Bar brüllt die Menge vor Lachen, und Schnee nimmt den Nachthimmel ein.

Auf dem Parkplatz bietet mir Dale Northern an, mich zum Marshal von Dodge zu machen.

»Du kommst tagsüber bei mir im Büro vorbei, und wir arrangieren die ganze Zeremonie«, sagt er. »Ich glaube, du würdest wirklich einen ganz prima Marshal von Dodge abgeben.«

Bevor er auf seinem Motorrad davonfährt, fragt mich der Bürgermeister, ob ich »diese Philosophie, die ich da habe«, hören möchte. Dicke Schneeflocken bleiben an unseren Gesichtern und an unserer Kleidung hängen. Ich kann ihn kaum sehen.

»Na sicher«, sage ich.

»Mir hat es immer was gebracht, und kann ja sein, daß du es auch gebrauchen kannst. Versuche immer nur mit Leuten zu tun zu haben, von denen du etwas lernen kannst. Keine Leute, die so wie du oder noch schlechter dran sind, sondern Leute, die mehr wissen oder etwas besser können als du. Weil sie dir was beibringen werden. Geh mit dieser Philosophie durchs Leben, und du wirst gar nicht anders können als obenauf zu sein.«

Wir schütteln einander im Schnee herzlich die Hände, während Viehtransporter auf dem matschigen Highway hin und her fahren. Der erste richtige Schnee auf dieser Reise ist ganz dick und bleibt auf dem Rasen liegen.

Ich sitze noch eine Weile vor einem Bourbon im *Silver Spur*, sehe dem fallenden Schnee zu und denke über Dale Northerns Ratschlag und sein Angebot nach. Ich fühle mich hier in Dodge City, Kansas, willkommener als irgendwo sonst auf dieser Reise, und dann beschließe ich, eine Zeitlang zu bleiben. Dodge: wo der Blödsinn, der erzählt wird, genauso schwer fällt wie der Schnee und einen genauso einlullt.

Der Schnee bleibt in Zentral-Kansas mehrere Wochen lang liegen. Der Wind geht durch bis auf die Knochen, und am hellsten Nachmittag tröpfelt Wasser draußen vor meinem Fenster die Regenrinne hinunter. In der Dämmerung hängen oft neue Eiszapfen vom Sims, und an den Zimmerwänden ist die Luft kühl.

Im Laufe der Zeit wird mir Dodge zu familiär, die Leute zu selbstverständlich. Ein schwaches silbernes Licht steigt aus den glänzenden, trockenen Weizenfeldern auf. Ich fahre den alten Ford westwärts auf dem Wyatt Earp Boulevard, bis hinter ein Schild, auf dem »Eßt Fleisch« steht – als ich mich wieder einmal entschließe, zu fahren, weiterzufahren, in der Sorge, daß ich verpassen könnte, was vor mir liegt, wenn ich mich noch länger hier aufhalte. Trucks und Wohnwagen fahren auf der zweispurigen Straße an mir vorbei hinein in die Prärie.

Als vor hundert Jahren am östlichen Himmel der Morgen aufleuchtete, enthüllte er die Umrisse von Bisons, die Schulter an Schulter grasten. Für die Cheyenne und die Kiowa waren die Bisons (unzutreffend als Büffel bezeichnet) das Leben selbst – Nahrung, Schutz und Kleidung. Nachdem das ›Feuerroß‹ durchgezogen war, waren die meisten Bisons geschlachtet. Die einzigen, die übriggeblieben sind, leben jetzt in Schutzgebieten. Es gibt ein großes Schutzgebiet in den Sanddünen südlich von Garden City, knapp 1.500 Hektar, wo die Tiere einfach grasen können. Einige von ihnen schauen auf, als ich am feuchten, frühen Morgen vorbeifahre. Dann wenden sie sich wieder dem zu, was sie gerade getan haben.

Wasserturm-Städte

Ihre Namen stehen nicht auf Schildern neben dem Highway, sondern auf Wassertürmen in den Kornfeldern. Ich halte in einer dieser Städte namens Holcomb und erinnere mich an die Geschichte von Dick und Perry und das Verbrechen, das, wie manche sagen, Zentral-Kansas für immer verändert hat. Der Mord diente Truman Capotes *In Cold Blood* (*Kaltblütig*) als Vorlage.

Terry Bontranger erzählt mir, daß ihre früheste Kindheitserinnerung die an den Tag im Jahre 1959 sei, an dem sie erfuhr, daß ihre Nachbarn, die Familie Clutter, ermordet wurden. Sie sagt, daß die Leute wochenlang nicht wußten, was sie glauben sollten. Sie vermuteten, jemand aus Holcomb habe es getan.

»Gleich nachdem das passiert war, ging Dad los und kaufte das größte Schloß, das er finden konnte. Wir hatten nie vorher Schlösser. Niemand hat seine Tür abgeschlossen. Ich war zweiundzwanzig, ehe ich wieder allein sein durfte. Es machte einfach keinen Sinn. Die Clutters hatten kein Geld in ihrem Haus. Sie wurden für nichts und wieder nichts umgebracht.«

Ron Long, der auch in der Gegend aufgewachsen war, hatte mir erzählt: »Diese eine Sache hat diese Gegend mehr als alles andere verändert. Leute, die nie ihre Tür verschlossen hatten, taten das plötzlich. Es dauerte eine ganze Zeit, bevor man wußte, wer es getan hatte, und diese ganze Zeit lang traute keiner dem andern. Das war der eigentliche Schaden, den das angerichtet hat. Ich war da und habe die Bilder vom armen Herb mit seiner durchgeschnittenen Kehle gesehen. Sowas vergißt man nicht wieder.«

Genevieve Hertel, eine Buchhändlerin: »Die Morde haben eine sehr, sehr starke Wirkung gehabt. Dann aber, glaube ich, wollten die Leute es hinter sich lassen, es vergessen. Aber ich weiß nicht, ob sie's auch getan haben.«

Ich fahre an einem schneidend kalten, windzerzausten Nachmittag zur alten Clutter Farm. Der Boden ist hart und kahl, und ich schaue nur so auf das Land hinaus, wie man es manchmal tut. Nach einiger Zeit kommt ein Wagen die schmale Landstraße hinunter und hält an. Ein Mann steigt aus. In jüngster Zeit sind viele Leute in diese Gegend gekommen, um in den fleischverarbeitenden Betrieben zu arbeiten, und die Einheimischen sind manchmal argwöhnisch.

»Was ist los, Kumpel?« fragt mich dieser Mann und zieht sich die Hose hoch.

»Ich guck nur so rum.«

»Nach was?«

»Nach der Farm.«

»Na, dann solltest du mal langsam weiterfahren.«

Seine Frau sitzt im Wagen und starrt mich an. Sie bleiben stehen und passen auf, bis ich wegfahre. Sie sind sich nicht sicher, wer ich bin, sorgen aber dafür, daß ich sicher nicht wiederkomme.

In Lakin, die Straße weiter hinauf, hat die Zeit sich wieder geändert. Eine Angestellte in einem kleinen Lebensmittelladen fragt mich, ob ich wüßte, daß ich gerade in die *Mountain time* hineingekommen sei. »Glückwunsch«, sagt sie, »Sie haben eine Stunde gewonnen.«

Als alte Eisenbahnstadt wirbt Lakin folgendermaßen für sich: »Genießen Sie es, Vögel und Leute zu beobachten, vor allem hier ansässige Arten.«

Aber als ich die Buffalo Street hinunterfahre, vorbei am Bezirksmuseum, sehe ich nur Vögel. Dann finde ich auch heraus, weshalb. Alle Leute sind vor der Post versammelt. Soweit ich erkennen kann, gibt es keinen Grund dafür, außer daß heute Samstag ist und die Leute in kleinen Städten am Samstag genau das tun. Sie parken ihre Trucks vor der Post und reden miteinander.

Ich bleibe über Nacht in Lakin, führe Dale Northerns Philosophie mit mir und trage meinen Cowboyhut.

Colorado Kool Aid

Als ich in Colorado ankomme, liegt ein weiterer Frühling in der Luft. Die Luft aus der Prärie ist angefüllt mit einem warmen Duft nach frühen Wildblumen.

Die erste Stadt in Colorado heißt Holly, sie liegt auf dem Bergrücken des Santa Fe Trail. Holly wurde nach Hiram Holley benannt, einem Siedler, der 1871 sein Grundstück für eine Rinderfarm auf dem Trail absteckte. Seine steinerne Scheune, Hollys erstes Bauwerk, steht immer noch ein paar Blocks weit weg vom Highway 50. »Ich benutze sie bis heute, um Sachen darin zu lagern«, erzählt mir Bill Wilson, dem die alte Holley Ranch gehört. »Eines Tages sehe ich zu, daß ich sie ins *National Register* bekomme. Aber es eilt nicht.« Wilson, neunundvierzig Jahre alt, ist ein Rancher, der auf sein Vieh aufpaßt, ein paar Äcker bestellt und Computer programmiert. So ändern sich die Dinge im mittleren Westen.

An einem überraschend warmen Nachmittag stauen sich Wagen vor einer Tribüne am Rande von Holly. Es gibt zwar keine Ankündigung, was es dort zu sehen gibt, aber ich stelle mich dazu. Ein stiller Abenteurer stellt sich in die Schlange.

Ein kleines Schild am Eingang weist schließlich darauf hin: »Rodeo«. Aber nachdem ich geparkt und den Dollar Eintritt bezahlt habe, sehe ich, daß es sich in Wirklichkeit um ein Pferderennen handelt. Die Flagge von Colorado und die amerikanische flattern über der Anzeigetafel im staubigen Wind, und der Gesang von Tammy Wynette tönt über die Lautsprecher. Cowboy-Stiefel trappeln.

Die Musik wird von einer Stimme unterbrochen. »Lassen Sie sich den Verkaufsstand nicht entgehen. Das Bierzelt hat auch schon auf, und da kann man auch dieses Colorado

Colorado

Kool Aid (Colorado-Brause) kriegen – Coors-Bier. In diesem Jahr gibt es auch Weinschorle. Wenn Schorle nach Ihrem Geschmack ist, dann das Bierzelt nicht auslassen. Das Bierzelt befindet sich an der Westseite der Rennbahn.«

Klingt wie ein guter Vorschlag. Ich gehe rüber und kaufe mir ein Bier. Dann wette ich fünf Dollar darauf, daß Dusty Action im dritten Rennen gewinnt. Rechtzeitig zum Start stelle ich mich mit allen anderen in der Sonne am Zaun auf und blinzle auf das struppige Feld. Dusty Action kommt als letzter an.

Als ich wieder bei den Wetthäuschen stehe, nimmt mir ein Mann, dem mein Zögern aufgefallen ist, das Programmheft aus der Hand und studiert es. Offenbar ist er der einzige Mann auf der Rennbahn, der kein Hemd trägt. »Ich geb dir einen Tip, auf wen du am besten wetten kannst«, sagt er. »Genau hier, okay, hast du sieben für zwei. Nach dem Start gehen die immer noch auf, sagen wir, vier für eins. Also das da ist 'n gutes Pferd, Wise Evidence. Setz fünf Dollar drauf.«

Er ist ein sehr großer Mann mit zerzaustem Haar und einem schmutzigen Bauch, seine Augen sind Schlitze. »Schau wie das geht. Wenn es mit vier für eins einläuft, gehören dir fünfzehn Dollar mehr.« Ich setze fünf Dollar auf Wise Evidence, wie er vorgeschlagen hat, und wir holen uns noch mehr Bier.

»Hör zu, mein Lieber«, sagt er und geht zum Zaun zurück. »Ich werd dir zeigen, wie du im voraus wissen kannst, welches Pferd im Vorteil ist.«

Er führt mich zum Stallbereich, er geht in einem für einen solch großen Mann ungewöhnlichen, schnellen, hahnenartigen Rhythmus dorthin, wo die sechs Pferde für das nächste Rennen vorbereitet werden.

»Der da ist mein Mann, Schwartz«, sagt er, als wir zum Zaun kommen, und deutet vermutlich auf den Jockey. »Mit ihm ist Big Boy Lost 'ne gute Wette für dieses Rennen.«

Das Pferd, auf das er zeigt, bockt plötzlich und zerrt an den Zügeln. »Aber guck mal da. Pester. Das ist vielleicht die beste Wette.«

»So, Pester?«

Plötzlich ändert sich die Anzeigetafel wieder, aber nicht, wie er prophezeit hatte, zu meinen Gunsten.

»Jetzt sind sie bei eins für neun«, sage ich.

»Ist eben 'ne schwere Wette«, erklärt er. »Wird sich wieder ändern. Wie heißt du, Kumpel?«

»Jim.«

»Ich bin Chuck«, sagt er, und streckt mir seine schweißige Hand entgegen. »Hab mal beim Rodeo geritten.«

Er grinst, und seine Augen ähneln Münzschlitzen.

»Bis ich verletzt wurde. Da bin ich zurück nach Haus, hab geheiratet und bin fett geworden.« Er streicht mit einer Hand über seinen Bauch. »Zu viele Hamburger.«

»Hab' jetzt 'n paar Pferde«, sagt Chuck, als wir in der Sonne auf noch mehr Bier warten. »Steckt kein Geld drin, aber man hat seinen Spaß. Woher kommst Du?« fragt er mich.

»Osten.«

»Was machst Du?«

»Nichts.«

»Nichts?«

»Nö. Hab' alles hinter mir gelassen.«

»Wofür?«

»Weiß ich noch nicht.«

Er starrt mich mit offenem Mund einen Moment lang konsterniert an. Ich deute auf die Anzeigetafel.

»Wird wieder wechseln«, sagt er.

Wir bekommen unser Bier, und Chuck kauft sich einen Hot Dog. Wir gehen zum Zaun runter.

Es ist nur noch eine Minute bis zum nächsten Rennen, die Menge steht wieder dichtgedrängt, und auf der Bahn wird es wieder still. Auf der Tafel steht jetzt drei für zwei. Etwas besser.

»Was würde das bringen?«

»Sieh dir Nummer drei an, mein Lieber. Ich würde sagen, auf den solltest du jetzt wetten.«

»Aber du hattest doch gesagt Nummer 2.«

Er hat mich anscheinend nicht gehört. »Jockeys in die Bügel«, sagt er.

»Und sie laufen«, ruft eine Stimme durch den Lautsprecher. Auf einmal stehen alle.

Mein Pferd läuft als viertes ein. Chuck lächelt, und Leute lassen wieder ihre Wettscheine fallen. »Hatte doch gesagt, Pester«, sagt er und schüttet Bier über meinen Schuh. »Nächstes Rennen, wette mal nur, um es zu beweisen, und hör auf mich.«

»Welches?«

Er sieht sich das Programm ein paar Minuten lang von oben nach unten an, und sein gewaltiger Bauch hebt und senkt sich.

»Gaelic Chant«, sagt er schließlich und stößt mich mit dem Programm an. »Wette zum Vorführen. Setz zehn Dollar drauf. Zehn, um zu sehen.«

In diesem Rennen sind sieben Pferde, und soweit ich sehen kann, ist Gaelic Chant der Außenseiter. Aber ich beschließe, trotzdem fünf Dollar auf ihn zu setzen.

»Ich kenne den Trainer«, sagt Chuck. »Sie haben da ne gute Mannschaft zusammen, mein Lieber. Ist 'n guter Freund von mir, echt.«

Vor dem Rennen holen wir noch eine Runde Bier, Chuck noch einen Hot Dog, und wir stehen an derselben Stelle am Zaun. Die Sonne beginnt, sich durch die Tribüne zu senken, und Schatten bewegen sich über Felder, die für einen Augenblick still zu sein scheinen. Die Frühlingswinde und der Rausch vom Colorado Kool Aid bringen seltsame Gedanken mit sich. Was, wenn ich das ganze Geld aus der Köderdose heute nachmittag hier verwetten würde? Es wäre eine Möglichkeit, diese Reise zu beschleunigen.

Im Fünften läuft Gaelic Chant als vierter ein. Ich folge Chucks sorgfältigem Rat im Sechsten und verliere noch einmal. Im Siebten suche ich mein eigenes Pferd aus und gewinne einen Dollar.

»Du bist zu vorsichtig«, sagt Chuck, der mir den Rücken zudreht und heiser atmet. »Jetzt, wo du ein Gefühl für die Bahn bekommen hast, mußt du auf Sieg setzen.«

Nachdem ich einen Dollar gewonnen habe, spüre ich endlich ein wenig Auftrieb und setze im Achten auf Streakin' Shasta. Aber Chuck schüttelt seinen zerzausten Kopf. »Wette nicht auf den, mein Lieber«, sagt er und kreuzt etwas in meinem Programm an, als ich mich anstelle, um zwanzig Dollar hinzulegen.

Er läuft los, um noch ein Bier zu holen, und findet mich kurz vor Beginn des Rennens.

»Worauf hast du gesetzt?«

»Shasta.«

Er zuckt zusammen.

»Shasta ist das einzige Pferd in diesem Rennen, das in Colorado gezüchtet wurde, Kumpel, also wird es noch sehr beliebt werden. Ich habe mal mit dem Besitzer Geschäfte gemacht. Vor Jahren.«

Ich sehe im Programmheft nach, ob irgendwo die Herkunft der Pferde aufgeführt wird, kann aber nichts finden.

»Du könntest allerdings damit Glück haben«, sagt er.

Der Tag neigt sich langsam, und im schattigen Zwielicht, unter der Tribüne, fühle ich Sonnenbrand auf meinem Gesicht. Der Druck läßt nach, während die Wärme aus der Luft entweicht: Die Energie der Leute ist wohl nicht mehr so rasend. Glücksspiel, sogar auf der Main Street, frißt die Leute auf. Ein neuer amerikanischer Traum.

Im achten Rennen bleibt Shasta bis zur letzten Kurve im Mittelfeld und greift dann auf der Außenseite an. Chuck nickt schon, als ob er sagen wollte, daß er wieder einmal eine richtige Vorhersage gemacht hat, und aus seinem Becher schlabbert ein weiteres Bier. Aber als Shasta Kopf an Kopf mit einem anderen Pferd in die Zielgerade einläuft, gibt es einen Zusammenstoß. Ein Jockey stürzt, und das kollektive Aufstöhnen der Menge ist so melodramatisch, daß es eingeübt klingt. Mein Glück, stelle ich fest, als Shasta humpelnd von der Bahn geführt wird, war heute nicht besonders groß.

Wir stehen auf dem Parkplatz, als die Menge hinausströmt. Chuck lädt mich ein, mit ihm zur Auktion zu fahren. »Steig ein«, sagt er und deutet auf einen rostigen Lieferwagen mit Autoteilen auf der Ladefläche.

Das letzte Licht der Colorado-Sonne glüht rot in den Spitzen der kargen Büsche und der jungen Grastriebe, als wir in Richtung Westen fahren. Eine Weile fährt eine Bahn neben dem Highway und überholt uns dann. Die Sonne leuchtet kurz auf entlang des Stacheldrahtes.

In Lamar wird Chuck enttäuscht, als er feststellen muß, daß die Auktion vorüber ist. Als Alternative bietet er an, mich zu seinem Haus zu fahren. »Nur eine Sekunde. Ich muß sowieso nach meinen Pferden sehen.« Während er fährt, verändert sich der Himmel, und es gibt ein anderes Licht. Eine Zuckerwatte-Farbe, die auf den Backsteinhäusern verdampft.

Sein »Haus« ist ein Wohnwagen, ein gutes Stück vom Highway weg, neben einem Winterweizen-Feld. Ein traurig aussehendes Pferd grast daneben. Vorne steht ein verbogener rosafarbener Flamingo, und zwei schwarze Kinder sitzen auf den kaputten Zementtreppen. Chuck tätschelt die Köpfe der Jungs und bittet mich hinein. Es ist unaufgeräumt. Eine schwarze Frau und eine dicke weiße Frau sitzen an einem Formica-Tisch, vor ihnen Budweiser-Dosen. Ein Schwarzweiß-Fernseher läuft lautlos. Das einzige Licht ist die schwindende Sonne.

Die Frauen spielen Karten mit Fünf-Cent-Einsätzen.

»Hey«, sagt Chuck und holt etwas aus einer Küchenschublade.

»Wo ist Sammy?«

»Er ist mit Robert gegangen«, sagt die weiße Frau.

»Irgendwas gewonnen?«

»Paar Dollar.«

»Paar?«

Er geht nach hinten, und ich stehe da und sehe die Frauen an. Wir können ihn alle urinieren hören.

Chuck und seine Frau laden mich zum Essen ein. Während wir draußen, am Ende des Tages, um einen Picknicktisch sitzen, Coors-Biere trinken und Hamburger essen, erfahre ich, daß Chuck und seine Frau arbeitslos sind. Sie schlagen sich mit Verkaufen, Tauschen und Glücksspiel durch.

Amerika dichtmachen

Die Straße führt mich nach La Junta im Bergland Colorados, wo der Santa Fe Trail einst nach Süden abzweigte und die berühmtesten Handelsposten des Westens lagen. Ich suche meine alten Broschüren aus den Fünfzigern und Sechzigern nach einer Adresse oder einer Telefonnummer der *U.S. 50 Federation* durch. »Lassen Sie sich nichts entgehen auf dem Highway 50« – »Der berühmte 50er« – »Die zentrale Vergnügungsstraße« – »3241 Meilen Spaß und Entspannung« – »Amerikas ganzjährig geöffneter Spielplatz«.

Ich rufe die angegebene Nummer von einer Telefonzelle aus an und bin überrascht, als sich jemand meldet.

»Die *Route 50 Federation?*«

»Ja.«

»Die *Federation* gibt es also noch?«

»Ja sicher. Zumindest bin ich noch hier.«

Die *Federation*, so erfahre ich, wird heutzutage von Doyle Davidsons Wohnung aus betrieben, und im Moment hat sie nur die Aufgabe, monatlich einen Rundbrief herauszugeben. Als ich Davidson erzähle, daß ich auf dem Highway 50 unterwegs bin, besteht er darauf, daß ich bei ihm vorbeischaue. Nachdem ich monatelang auf dieser Straße gereist bin, habe ich einen Highway-50-Guru gefunden.

Neun Jahre lang – von 1961 bis 1970 – ist es Davidsons Hauptbeschäftigung gewesen, den Highway von Küste zu Küste zu befahren, um vor Bürgergruppen für die Verbesserung der Straße zu werben. Es gibt niemanden, sagt er, der den Highway 50 so gut kennt wie er. Davidson möchte gern mit mir darüber reden, was mit dem Highway 50 geschah und warum die *Federation* letztendlich eingegangen ist.

»Da war eine Geschichte da draußen, eine ganz große

Geschichte«, sagt er, als wir in seinem Arbeitszimmer Platz genommen haben, »der die Leute seit den Sechzigern leider keine Beachtung mehr schenken. Jedesmal, wenn man auf dem Highway 50 durchs Land gefahren bist, hat man diese Geschichte gehört. Jedenfalls war fast über Nacht Schluß damit.«

Er ist ein großer weißhaariger Mann mit einem liebenswürdigen Lächeln, das sich in gleichmäßigen Abständen zeigt.

»Der 50er war ein großartiger Highway«, sagt er, und öffnet Schubladen und Schränkchen im »Büro« der *Federation*, um mir Broschüren in die Hand zu drücken. »Wir haben hart daran gearbeitet. Wir haben daran gearbeitet, diese Straße zur wichtigsten *coast-to-coast route* des Landes zu machen. Es gab mehr historische Plätze und mehr Nationalparks am 50er als an jeder anderen Straße. Und gibt es immer noch. Ich glaube immer noch sehr an den Highway 50. Er ist so eine Art Nationalheiligtum. Aber alles hat sich geändert, seit es die Interstates gibt. Man kommt gegen die Interstates nicht mehr an, darauf läuft es letztendlich hinaus.«

Als Davidson über den Highway redet, fangen seine Augen an zu funkeln: Ein alter Traum ist wieder angefacht. Ein paar Mal hält er ohne jede Erklärung beim Sprechen inne, um einen Kasten nach den Protokollen der alten *Federation* zu durchwühlen.

Er kommt darauf zurück, warum die Leute es schließlich nicht mehr hören wollten. »In den späten Sechzigern sank das Verkehrsaufkommen. Mit einen Mal änderte sich alles. Man konnte das an den Motels sehen. So viele Motels am Highway 50 haben zugemacht, und keine neuen öffneten. Das war sehr traurig.«

»War das an allen U.S.-Straßen so?«

»Ich glaube schon. Ich glaube, das ganze Land hat sich geändert. Auf den Interstates konnten die Leute überall schnell hinkommen. Also haben die meisten sie genommen. Aber es fängt gerade an, sich wieder zu drehen. Wir beobachten das jedenfalls. Es fängt an, sich wieder zu ändern.«

Während unseres Gesprächs gibt er mir mehrere alte

Rundbriefe zu lesen. Aber bevor ich überhaupt die Chance habe, auch nur von einem auch nur den ersten Satz zu lesen, reicht er mir schon etwas anderes herüber. Einmal wird seine Haltung sehr ernst, und er klingt, als ob er einen Nachruf lesen oder eine Tragödie beschreiben würde, deren Zeuge er einst war. Vielleicht ist er das ja auch.

»Die Interstates haben Amerika für viele Menschen dichtgemacht. Auf einmal mußte man nicht mehr durch die ganzen kleinen Städte fahren, um dahin zu kommen, wo man hin wollte. Da haben die Leute vergessen, daß sie da draußen waren. Sie hörten auf, die kleinen Städte zu besuchen. Man hörte bald gar nichts mehr von ihnen. Das hat diesem Land wehgetan. Dazu geführt, daß es dichtmachte.«

Obwohl die Interstates nur 1,5 Prozent der Straßen des Landes ausmachen, ziehen sie 25 Prozent des Verkehrs ab, erzählt er mir. Davidson hält gerade lang genug inne, um uns ein paar Coors-Biere zu besorgen. Dann erzählt er mir seine Theorie – seinen Traum –, wie sich alles wieder zurückverwandeln wird.

»Die Leute möchten langsam wieder das ganze Land sehen. Da gibt es überhaupt keine Frage. Mit einem Mal sind sie wieder an amerikanischer Geschichte interessiert. Und die einzige Möglichkeit, davon etwas mitzukriegen, ist, von diesen Interstates herunterzufahren.«

Ich sage ihm, daß ich diese Geschichte schon oft entlang des Highway gehört habe. In den Hügeln von Ohio von Harley Warrick, an der Chesapeake Bay von Wade Murphy und in Dutzenden von kleinen Städten, die sich jeder Veränderung widersetzt haben. Es ist nicht mehr so einfach mit dem Fortschritt.

Die Frau von Davidson kommt die Treppe herunter, zieht den Kopf ein, um zu sehen, was wir da tun, und geht wieder hinauf.

»Eine ganze Zeitlang gab es diese Begeisterung für alles, was neu und modern im Land war«, sagt Davidson, »und ich glaube, alles begann sich viel zu schnell zu verändern. Nur in den letzten paar Jahren haben wir daran gedacht, ein paar von den alten Dingen zu bewahren. Die Umwelt zu erhalten. Und darum sehen Sie jetzt immer mehr Leute draußen auf dem Highway 50. Weil er eine großartige und eine historische Straße ist, so groß wie nur irgendeine, die wir haben.«

Zu der Zeit, als Davidson Gelegenheit hatte, auf dem Highway 50 zu reisen, arbeitete er als Präsident der Handelskammer von La Junta. »Man gab mir zwei Jahre, um die Sache in Gang zu bringen« erinnert er sich, und um 1966 hatten wir, glaube ich, achthundert Mitglieder. Davidson hat mehr als sechzigtausend Meilen pro Jahr auf dem Highway 50 hinter sich gebracht und hunderte von Gesprächen in Lions Clubs, Handelskammern und mit anderen Gruppen geführt.

»Und wollen Sie wissen, was ich von all diesen Reisen vorzuzeigen habe?« fragt er und stellt ein verschmitztes Grinsen zur Schau. Er führt mich nach draußen, in den

Doyle Davidson in La Junta, Colorado,
mit einigen der Bierdosen, die er auf seinen
Highway-50-Reisen gesammelt hat.

klaren Nachmittag von Colorado, hin zu seiner Garage, und öffnet das Vorhängeschloß. Drinnen stehen unzählige Reihen von Bierflaschen und Bierbüchsen, vom Fußboden bis zur Decke. Mehr als dreitausend, sagt er stolz, einige stammen aus dem Jahr 1860.

»Ich habe begonnen, sie während meiner Reisen auf der Route 50 zu sammeln. Immer wenn ich ein Bier gesehen habe, das ich noch nicht hatte, habe ich ein Sechserpack gekauft und auf den Rücksitz geworfen. Und jedesmal wenn ich zurückgekommen bin, mußte ich eine große Party schmeißen, um sie loszuwerden.«

Wie Davidson mir so die Bierflaschen herüberreicht – mit Erklärungen, von woher jede stammt – sehe ich wieder seine Frau, die uns von einem der hinteren Fenster aus zusieht.

Als die Sonne untergeht, bietet er an, mir La Junta zu zeigen. Die Fahrt mit seinem Kombi geht schnell. Wir halten am Koshare Indianer Museum und fahren dann noch einmal durch die Stadt, über Kreuzungen, wo die Ampeln schon auf Rot umspringen. Eigentlich will er mit mir nur noch ein bißchen auf dem Highway 50 fahren.

»So, und Sie sind also die ganze Strecke vom östlichen Ende herübergekommen?« sagt er, als wir La Junta hinter uns lassen. »Das ist eine lange Pilgerfahrt, glauben Sie's mir. Wissen Sie, ich bin an diesem Highway geboren. Ich bin in Lamar geboren und auch dort aufgewachsen. Dann habe ich für die Handelskammer in Delta gearbeitet, das liegt am 50er. Und dann als Manager der Handelskammer von Cañon City, das auch am 50er liegt. Schließlich bin ich nach La Junta gekommen.«

»Ich verstehe schon, weshalb Sie so ein Interesse am Highway haben.«

»Oh, nein«, sagt er, und macht einen Moment lang einen beleidigten Eindruck. »Das ist es nicht. Mein Interesse am Highway ist schon ganz aufrichtig. Es gibt hier mehr Nationaldenkmäler, mehr historische Plätze von großer Bedeutung. ...«

Er parkt mehrere Meilen außerhalb der Stadt neben einem Feld, und wir sehen dem Verkehr zu, wie er auf dem

Highway 50 nach Westen und nach Osten geht. Wir unterhalten uns bis nach Einbruch der Dunkelheit.

»Es könnte in beide Richtungen gehen, glaube ich«, meint er zu mir. »Es könnte sein, daß er geschluckt wird oder daß er als großer und historischer Highway anerkannt wird. Genau wie es in Kalifornien geschehen ist. Wissen Sie, der 50er ging bis San Francisco, aber dann haben sie dieses Teilstück weggenommen und Interstate 80 daraus gemacht. Wir haben dagegen gekämpft, sind aber nicht damit durchgekommen. Ich fürchte, eines Tages wird das überall passieren, wenn nicht dieser andere Trend stärker wird, was ich allerdings hoffe.«

Die Wagen haben jetzt ihre Scheinwerfer eingeschaltet und strahlen Doyle Davidsons Gesicht an, wie er so auf die Straße starrt. »Hängt ganz davon ab, wofür die Leute sich entscheiden werden.«

Land der Ute-Indianer

Nicht weit von Swink, einer kleinen Stadt in den Bergen, rutscht die Zugmaschine eines großen Trucks, der gefrorene Hühner transportiert, über den Mittelstreifen des Highway 50 und prallt frontal gegen einen Subaru. Das Auto, an dem ich vorbeigewinkt werde, ist kaum noch zu erkennen. Ein zerklumptes Stück Metall mit einem Körper innen drin. Das Bild dieses mit Sicherheit tödlich ausgegangenen Unfalls begleitet mich tagelang, als ich auf den Bergstraßen fahre.

Langsam und vorsichtig nehme ich die Kurven nach Pueblo, wo nachweislich die ersten Entdecker Colorados waren, spanische Beamte, die im Jahre 1706 nach entlaufenen Indianersklaven suchten. Hundert Jahre später kam Lieutenant Pike dorthin, wo nun Pueblo liegt, und baute eine dreiseitige Blockhütte. Pueblo lag im Gebiet der Ute-Indianer, wurde aber 1842 von James Beckwourth besiedelt und benannt. Er baute ein Adobe Fort, das als Handelsposten diente, und handelte mit Mulattensklaven. Er beschloß einfach – wie man es damals konnte –, daß das Land ihm gehörte.

Wenn man weiter nach Westen reist, so erzählt mir ein tätowierter Mann außerhalb von Pueblo, wird einem klar, daß man das Land nicht mehr so wie im Osten ignorieren kann. Es stellt sich einem in den Weg. Es bringt die Leute dazu, anders zu denken, Grenzen zu sehen.

Die ersten Vorgebirge der Rocky Mountains kommen in der Nacht und erschließen einem den Zugang zu dem Gebiet, wo der Highway 50 sich in den Spuren alter Ute-Indianer-Pfade windet. »Der einzige Ute, vor dem ich ein bißchen Respekt habe, ist Chief Ouray«, erzählt mir Donald Rose, der nachts in einem Cafe in der Nähe von Pueblo arbeitet.

Er zeigt mir, daß er auf seinem rechten Arm den Namen Alberta eintätowiert hat. Er hat Alberta getroffen, als er bei der Luftwaffe war, und soweit er weiß, ist sie jetzt tot.

»Man hat mir erzählt, daß sie in einem Feuer umgekommen sei, aber ich habe mich nie damit geplagt, es bestätigt oder nicht bestätigt zu bekommen. Das ist doch was, den Namen von jemandem für den Rest seines Lebens mit sich herumzutragen? Jemand, der nicht mal mehr da ist.«

»Was war mit Ouray?«

»Ouray war ein Friedensstifter, Mann. Alles, was man hier rundherum von den Indianern sieht, hat mit Ouray zu tun.«

»Du kannst auf Pikes Peak raufgehen, Mann, die Ute leben da oben. Da gibt's eine Stelle, die sie den ›Garten der Götter‹ nennen. Da sind siebenhundert Morgen Mesa-Hochplateau, roter Sandstein. Das war das Land der Ute. Laß dich antörnen und sieh dir den ›Garten der Götter‹ an. So waren die Ute-Indianer, Mann.«

»Was ist mit ihnen passiert?«

»Sie haben sie in Reservate gesteckt. Ihnen nichts beigebracht. Nach allem, was sie durchgemacht haben, können sie jetzt nur noch Decken machen. Aber es ist ihr Land gewesen, Mann. Weiße haben beschlossen, daß sie es wollten, und ich glaube, Weiße wollten es mehr, als die Indianer es gewollt haben. Die Siedler und die Bergleute kamen hier durch und haben Anspruch darauf erhoben. Die Ute haben nie Anspruch darauf erhoben. Sie sind umhergezogen, als gehörte ihnen die Welt.«

Die Wahl

Im Osten von Cañon City steht die einzige Benediktinerabtei des Staates, ein wundervolles gotisches Kloster, wo fünfundvierzig Mönche zu Hause sind. Im Westen, in die Sandsteinberge hineingebaut, liegt das Staatsgefängnis von Colorado, die Hauptindustrie von Cañon City.

Ich parke den alten Ford auf einem Parkplatz an der Holy Cross Abbey und frühstücke an einem herrlichen Mai-Tag an einem Tisch mit lauter Mönchen. Als ich so esse, frage ich mich, was jemanden wohl dazu bringt, sein Leben dieser Art von Suche zu widmen? Ist das so verschieden von dem, wonach wir anderen alle suchen?

Bruder William versucht zu erklären, während die anderen Mönche schweigend weiteressen. William ist jetzt siebzig Jahre alt; er ist mit einundzwanzig Jahren hierhergekommen und nie wieder gegangen. Er erzählt mir vom heiligen Sankt Benedikt in Italien und von der Geschichte seiner Abtei. Aber meine Neugier gilt seiner Suche und seinem Opfer.

»Sie müssen verstehen«, sagt er, »alles, was wir tun, ist eine Form des Gebets. Für einige Leute ist es schwer, das zu begreifen. Beten ist nicht einfach Gebete herunterleiern, wie Sie das vielleicht tun, hm? Es bedeutet, immer, die Verbindung aufrecht zu erhalten. Zu Gott zu sprechen, wann immer man alleine ist; Dank zu sagen für diesen wundervollen Tag. Danach streben wir.«

»Erreichen Sie das oft?«

»Nein«, sagt er, »nicht sehr oft.«

Ich bin versucht, sein Leben mit meinem zu vergleichen, nach den Dingen zu fragen, die er bei seinem Leben in dieser Abtei vermißt hat. Aber er besteht darauf, daß unsere Suche ähnlich ist.

»Sie sind draußen unterwegs, sagen Sie? Hier sind wir unterwegs, ohne irgendwohin zu gehen. Wir glauben nicht daran, daß in einem Auto sitzen und für ein Jahr die Straße lang zu fahren einen Gott irgendwie näher bringt, als hier zu sein und jeden Tag mit ihm zu reden. Wie Sie sehen, gibt es viele verschiedene Wege für Menschen zu beten.«

»Warum beschränken Sie dann Ihr Leben auf diese Abtei?« frage ich. »Würden Sie nicht mehr erreichen, wenn Sie zu den Leuten gehen würden?«

Einige Mönche räuspern sich, aber sie warten die Antwort Bruder Williams ab. Langsam nimmt er ein paar Löffel seiner Suppe, dann legt er seinen Löffel in den Teller.

»Mehr erreichen? Nein. Und, um es kurz zu fassen, wir gehen zu den Leuten. Man kann Gott nicht lieben, ohne zu ihnen zu gehen. Aber es gibt viele Wege, das zu tun, hm? Gott will den Leuten auf verschiedene Art nahegebracht werden, nicht bloß mit Predigen.«

»Einfach, indem man da ist ...«

»Genau, einfach, indem man da ist«, sagt er, und einen Moment lang fühle ich eine Rechtfertigung für meine früheren Fragen. »Wenn ich so leben würde, wie ich leben sollte – verstehen Sie mich nicht falsch, ich tue es nicht – aber wenn ich leben würde, wie ich sollte, würden die Menschen mehr Anlaß haben zu fragen, mein Leben als Beispiel zu betrachten. Und in diesem Sinne gehe ich zu ihnen.«

»Oder würden Sie, wenn.«

Er legt seinen Löffel hin und sieht mich an.

»Langweile ich Sie?«

»Nein.«

»Gut.«

Nachdem wir unser Gespräch beendet haben, zeigt er mir das Gelände der Abtei und erläutert mir das Beispiel, das der heilige Sankt Benedikt gegeben hat. »Er hat als Einsiedler angefangen. Er dachte, das sei der Weg, den er gehen müßte. Er wollte sich an keinem Wettkampf beteiligen. Sie sehen, die bestehenden Formen religiösen Lebens waren ziemlich streng. Diejenigen, mit denen Benedikt in Berührung kam, waren so etwas wie spirituelle Athleten, hm?« Er hält inne, um über seinen Witz zu lachen, und zieht dann eine Pfeife aus der Tasche. Die Luft riecht nach frisch gemähtem Gras, dem ersten Schnitt des Jahres. »Sehen Sie, man wetteiferte miteinander, um herauszukriegen, wer am längsten fasten und wer am meisten beten konnte. Sankt Benedikt sagte, es gäbe so viele andere Leute, die das auch tun wollten, dafür aber nicht geeignet seien. Nach einer ganzen Anzahl von Jahren trat er schließlich mit gemäßigteren Gedanken hervor, solchen, die dem Wettbewerb ein Ende bereiteten.«

»Er war ein Rebell.«

»Vielleicht. Der Rebell, der wußte, was er tat, vielleicht, ja.«

Bald lenkt Bruder William das Gespräch auf mich. Anscheinend ist er auf meine Art der Suche genauso neugierig wie ich auf seine.

»Was hat Sie dazu gebracht, wegzugehen und das zu tun, was Sie jetzt tun?«

»Ich weiß nicht.«

»Versuchen Sie doch mal, eine vernünftige Antwort darauf zu geben.«

»Das Gefühl, zu ersticken.«

»Aha. Also sind Sie auf einer spirituellen Suche?«

»In gewisser Weise ja, glaube ich.«

Ganz langsam zündet er seine Pfeife an, bevor er fortfährt. »Sehen Sie, vielleicht ist es das, wofür Gott Sie bestimmt hat. Gott hat mich hierfür vor fünfzig Jahren bestimmt. Er bestimmt ein Leben für dich, und dann hast du die Wahl, es anzunehmen oder es nicht anzunehmen. Einige von denen, die es nicht annehmen, enden dann auf der Straße, hm?« Er meint die Strafanstalt.

Ich will mehr über ihn erfahren, und es gelingt mir schließlich, das Fragen wieder umzudrehen. Keine Familie zu haben, nicht mit Frauen zusammen sein zu können, diese Dinge haben ihn nie belastet. Er bedauert, wie er sagt, »daß ich nicht alles so gut gemacht habe, wie ich es gekonnt hätte. Ich habe nicht so intensiv, nicht so hingebungsvoll gelebt, wie ich gekonnt hätte.«

Als wir quer über den Rasen zu den Gebäuden der Abtei

gehen, wirken seine Augen in der warmen Frühlingsluft auf einmal feucht. »Sehen Sie, es dient einem Zweck, wenn man die Leute dazu bewegen will, etwas Gutes aufzugeben. Gott sagt den Menschen, daß es eine bestimmte Ordnung in den Dingen gibt, aber es gibt keine Vollkommenheit. Unsere Gesellschaft überhöht Geld und Sex. Er hat mich aufgefordert, dies aufzugeben, um zu zeigen, daß es auch ohne geht.«

Er führt mich in einen Schlafsaal der Abtei, wo ein sehr alter Mann vor einem Fernsehgerät sitzt. Seine Hände tasten in der Luft, als versuchte er, uns zu finden. Er ist blind. »Er war einer meiner ersten Lehrer«, sagt Bruder William, als er mich die Treppen hinab in einen dunklen Korridor führt, in dem es nach Mehltau riecht. Er schließt eine Tür auf und läßt mich in einen schmalen Raum hinein, der voller Erinnerungsstücke an die Indianer ist. Es ist sein Hobby, indianische Kunstgegenstände zu sammeln: Federhauben, Schmuck, Pfeilschäfte und Malereien.

»Ich zeige Ihnen, was ich noch sammele«, sagt er und schließt eine zweite Tür auf. An den Wänden dieses Raumes hängen Dutzende von Gewehren. Das wirkt wie ein Widerspruch, ein Mann, der sein Leben Gott gewidmet hat und Feuerwaffen sammelt. Er lächelt und legt seine Pfeife hin. »Das ist heutzutage eine sehr widersprüchliche Sache, was? Nein, das ist kein Widerspruch. Es ist einfach ein Hobby. Wenn ich diese Gewehre benutzen würde, um Menschen umzubringen, wäre es ein Widerspruch.«

»Benutzen Sie die Gewehre überhaupt?«

»Gelegentlich. Ich jage.« Seine Stimme nimmt einen scharfen Ton an.

»Als ich in Europa war, bin ich einem Studenten begegnet, einem Portugiesen, der in einer Kolonie in Indien lebte, wo man glaubte, man sollte nicht einmal einer Fliege etwas zuleide tun. Na? Sie hatten einen tiefen Respekt vor allen Formen von Leben. Sie würden nicht mal auf eine Ameise treten. Einige Religionen sagen, alles Leben sei heilig. Ist das ein anderer Gott?«

Ich akzeptiere seine Erklärung, obwohl ich ihr nicht folgen kann. Ich beginne mich zu fragen, was es ihm gebracht hat, sein Leben mit Nachdenken über Gott zu verbringen. Hat es ihn geläutert?

»Ich kann zu Gott beten, allein sein und dankbar für die Welt. Gott für diesen wundervollen Tag danken. Aber ich bin auch noch fähig zum Bösen.«

»Zum Bösen?«

»Natürlich«, sagt er.

Meine Neugier gewinnt wieder die Oberhand. »Inwiefern? Wirklich böse?«

»Nun, es gab da mal jemanden, der mir etwas gestohlen hatte. Ich habe das herausgekriegt. Habe rausgekriegt, wer es war, und, na ja, meine Reaktion hat mir selber nicht gefallen. Ich glaube, er konnte froh sein, daß er nicht da war, als ich es herausgefunden habe, denn ich habe so eine Wut gespürt, so einen Haß auf ihn für das, was er getan hatte, daß ich nicht weiß, was ich mit ihm gemacht hätte.«

»Sie hätten ihm vielleicht körperlich Schaden zugefügt?«

»Ich weiß es nicht. Könnte sein. Es hat mich erschreckt, daß ich nach fünfzig Jahren eine solche Wut empfinden konnte.«

Er verschließt den Raum mit den Gewehren, und wir gehen wieder nach draußen, in einen herrlichen Tag.

Ich kehre am nächsten Morgen noch einmal in die Abtei zurück, nachdem ich den Sonnenaufgang in Royal Gorge betrachtet habe, wo die größte Hängebrücke der Welt über dem Arkansas River schaukelt. An einem Ort wie der Holy Cross Abtei denkt man gewöhnlich nicht über Geld nach, das macht auch ihren Reiz aus. Aber ich erfahre, daß die Geschichte der Abtei in den letzten Jahren eine der Finanzen geworden ist. Als sie Holy Cross nicht länger unterhalten konnten, haben die Mönche die Abtei zum Verkauf ausgeschrieben.

»Wir haben Probleme, finanzielle Unterstützung zu bekommen«, sagt Bruder William widerstrebend. »Aber wir glauben nicht, daß das ein ständiges Problem werden wird. Gott wird sich unser annehmen. Wir haben einige unserer Gebäude bereits an ein College der Gemeinde vermietet.

Der Staat hat einige gemietet. Es gibt hier auch eine Polizeiakademie. So nehmen wir etwas Geld ein.«

Aber das hauptsächliche Problem ist, daß die Leute nicht länger willens sind, hierher zu kommen und für Gott zu leben und zu arbeiten, sagt er.

»Das ist traurig. Das echte Interesse daran, zu lernen, ein Mönch zu sein, ist nicht mehr da«, sagt Bruder William.

»Warum? Was ist anders geworden?«

»Eine gute Frage. Begonnen hat es in den Sechzigern, dieser Geist, der da in den Sechzigern und in den Siebzigern herrschte, hatte Einfluß auf jedermann. Er hat die Leute vielleicht dazu gebracht, Abkürzungen zu wählen, hm?«

»Abkürzungen?«

»Ja. Das war sehr schädlich.«

»Was für Abkürzungen? Spirituelle Abkürzungen?«

»Ja, Abkürzungen durch das Leben. Wir sind hier als Beispiel dafür, daß es keine Abkürzungen gibt. Es gibt nur die langen Pfade, die Verpflichtungen. Das ist es, was wir hier tun. Wir sind ein Beispiel – für Leute wie Sie.«

Der Engel auf dem Berg

Der Arkansas River stürzt im klaren Licht der Morgensonne durch die Colorado Canyons. Seine Gischt zerstäubt im Wind, der in den Schatten von Pinien und Wacholderbäumen aufsteigt. Manchmal, wenn Klüfte die Wände des Canyons zerschneiden, erscheint in der Ferne ein Monolith.

Die Motorlampe des alten Ford leuchtet auf, als die Straße an Texas Creek, wo Vieh am Wasser weidet, vorbeiführt. Ich halte gleich hinter einem Schild, auf dem »Cotopaxi« steht, an einem Laden, der »Canyon Trading Post« heißt. Draußen steht: »Nackt jagen verboten«.

Als ich die Eingangstür öffne, kommt von hinten ein Bär von einem Mann, der nur einen Blaumann anhat. Das ist eine schwere Prüfung für ihn. Er sieht aus, als ob er sich teils vorwärts, teils von einer Seite zur anderen bewegt.

»Ist hier irgendeine Tankstelle in der Nähe?« frage ich und lege ein paar Lebensmittel auf den Ladentisch.

»Tankstelle?« sagt er, als ob er nie davon gehört hätte. »Glaub' nicht.«

»Ist dies hier Cotopaxi?«

»Cotopaxi? Nö.«

»Ich dachte, auf dem Schild steht Cotopaxi?«

»Schild? 'n Schild an der Straße? Haben Sie nicht den kleinen Laden da gesehen?«

»Den, der zu hatte?«

»Genau. Tja, das ist Cotopaxi. Das hier ist West Cotopaxi.«

Mit schwerfälligen Bewegungen packt er meine Lebensmittel in eine Tasche und schiebt sie über den Ladentisch. »Sie fahren westwärts?«

Ich nicke.

»Na ja, halten Sie 'n kleines Stück hinter Salida mal Ausschau nach Shavano Peak. Halten Sie da an und machen

Sie ein Foto. Das ist jetzt die Jahreszeit, wo der Engel rauskommt.«

»Der Engel?«

»Ja, Sir.«

Ich lerne, daß die Legende von Shavano Peak eine alte Indianergeschichte ist, die einige der Einheimischen immer noch ernst nehmen oder es zumindest vorgeben. Vor hundert Jahren betete der Ute-Häuptling Shavano auf diesem Gipfel für einen sterbenden Freund. Seitdem wird in jedem April, wenn der Schnee in den Bergen schmilzt, der Engel zu bestimmten Tageszeiten sichtbar – so will es die Geschichte.

»Ich werde nach ihm Ausschau halten.«

Er blinzelt mir zu. »Kauen Sie 'nen Kaugummi«, sagt er. »Für Ihre Ohren.«

Die Straße klettert den Osthang der Kontinental-Scheide hinauf, vorbei an Wohnwagen-Parks und Wildwasser-Urlaubsorten. Hinter Pancho Springs ist der Boden schneebedeckt. Der Highway führt durch das östliche Ende des Conchetopa National Forest, Naturschutzgebiet mit alten Indianerpfaden, wo das Licht auf den Tannennadeln, den Fichten, den Rottannen und den Ponderosa-Tannen spielt.

Als Shavano Peak in Sicht kommt, turmhoch zur Rechten, parke ich und gehe zum Fuß des Berghanges. Ein frischer, stärkender Geruch nach Tannen und Salbei liegt in der Luft. Jenseits von Shavano Peak tauchen Dutzende anderer Bergketten auf, blau, purpurrot und weiß – die Sangre de Christo, die San Juans, die Rubys.

Zuerst ist in den Umrissen der Felsen von Shavano kein Engel zu sehen, aber ich blicke weiter gebannt darauf, und kurz bevor ich gehe, kann ich ihn schließlich deutlich sehen – die Flügel weit in den klaren blauen Himmel hinaufgestreckt. Das ist eine beruhigende Botschaft. Der Westen ist voll von solchen Symbolen und Zeichen.

Hinter Shavano wird die Luft kühler und feucht – warme Dunstwolken, die in den kalten Winden kondensieren –, und kleine Bäche fließen die Hänge hinab. Um dem alten Ford eine Ruhepause zu gönnen und die Aussicht zu genießen, halte ich wieder an, als wir die Kontinental-Scheide erreichen. Eiszapfen schmelzen an den Pappeln. Die Natur, so sagt Emerson, ist fließend und in ständiger Veränderung. »Für das aufmerksame Auge hat jede Regung im Jahr ihre eigene Schönheit, und zu jeder Stunde behauptet in ihr ein nie zuvor gesehenes Bild, das nie wieder gesehen werden wird, das Feld.«

Der beste Koch in Colorado

Im *Cimarron Inn*, einem alten hölzernen Cafe neben dem Highway, ist Ben Vigil, ein dunkler Mann in übergroßen Hosen, einem Plaidhemd und mit *Bolo tie*, der einzige Gast. Als ich hereinkomme, sitzt er zusammengekauert über einer Tasse Kaffee an der Essensdurchreiche. Nach ein paar Schlucken überrascht er mich plötzlich mit einem lauten Lachen.

»So wie du aussiehst«, sagt er, »hast du gedacht, ich wäre ein Gast.« Er lächelt immer noch. »Nein«, sagt er. »In Wirklichkeit bin ich der Besitzer.« Er spricht mit starkem spanischem Akzent und einem gewissen Stolz darüber, daß er mich reingelegt hat.

Ich sitze am Tresen und bestelle eine Pepsi. Es stellt sich heraus, daß die Bedienung Bens Frau ist, Sally. »Ja, Sir«, sagt er und sitzt seitwärts auf seinem Stuhl, so daß er mich ansehen kann. »Bin 1953 hierher gekommen, mit der Firma Lattermill Construction, um diese Straße zu bauen. Später habe ich dann den Blue Mesa Damm gebaut.« Ben schlürft seinen Kaffee. Es ist ein sauberer, altmodischer Ort. An den Wänden fallen mir Bilder von Kindern und mehrere von John und Jacqueline Kennedy auf.

Als ich meine Pepsi trinke und dann noch eine bestelle, erfahre ich mehr über Ben Vigil. Er kommt aus einer spanischsprachigen Gemeinde in New Mexico, und seine Vorfahren waren teils Spanier, teils Indianer. Für alles, was ihm gehört, hat er auch gearbeitet, erzählt er mir. »Bildung«, sagt er und tut mit einem Mal bescheiden, »habe ich nicht genossen. Ich habe nur Grundschule. Aber ich habe keine Angst, es mit jedem Typ aufzunehmen.«

Er ist stolz auf seine vier Kinder und den winzigen Ort Cimarron. Als seine Frau zurückkommt, bittet er sie, »das

Buch« herzubringen. »Das wird dich beeindrucken«, sagt er. Er deutet mit dem Kopf auf den Eingang zum hinteren Zimmer, zu dem wir beide voller Erwartung schauen.

Sally, eine schüchterne, höfliche Frau, kommt mit einem Westerntaschenbuch heraus, das sie Ben gibt, der es wiederum mir gibt. Es heißt *Cimarron*. Ben strahlt, als er das Buch herüberreicht. »Nur zu«, sagt er. »Leih's dir, wenn du willst.«

»Es handelt davon, wie es in dieser Stadt mal gewesen ist«, sagt Sally leise.

Ben besteht darauf, mit mir auf dem Highway 50 zu fahren. Er will mir den Abschnitt zeigen, den er mitgebaut hat, als er bei Lattermilk Construction gearbeitet hat. Im Hof draußen stehen Dutzende kaputter Autos, die meisten von ihnen Wracks. Unfälle auf diesen unsicheren Bergstraßen.

»Dies hier ist ein brandneuer Wagen«, sagt er. Die Motorhaube, auf die er klopft, ist völlig zermalmt. »Die Leute, die ihn gefahren haben, haben auf eine Elch-Herde oben auf dem Hügel geschaut, und dann« – er klatscht in die Hände – »sind sie kopfüber gegangen.«

Das Schlimmste aber war der Unfall, bei dem Abilene Maurer und ihre beiden kleinen Mädchen umgekommen sind. Ben fährt uns auf einen Hügel hinauf, bittet mich auszusteigen und mit ihm einen Blick hinunter zu werfen. »Siehst du?« sagt er, als ob es da etwas zu sehen gäbe. »Sie sahen diesen LKW auf ihre Spur kommen, sie trat auf die Bremse, aber damals hatte die Straße keinen Seitenstreifen. Nirgends, wo sie hingekonnt hätte. So fuhr der Wagen direkt unter den Anhänger.«

Er dreht sich zum Wind und zeigt auf etwas, dabei spricht er weiter, obwohl ich nichts davon hören kann. Als er mich wieder ansieht, sagt er irgendetwas über die Handelskammer.

»Wir haben für die Verbesserungen der Straße, die du jetzt sehen kannst, gearbeitet. Das ging auch uns an, weil die meisten unserer Kinder im Schulbus über dieselbe Straße fahren.«

Als wir wieder im Restaurant sind, hat Sally Vigil für uns »New-Mexican-Style Enchiladas and Sapillara« gemacht. Ben holt zwei Flaschen Coors-Bier, und wir essen an der Bar. Den ganzen Nachmittag kommen keine anderen Gäste.

»New-Mexican-Style ist nicht so würzig wie das mexikanische Essen, das du kennst«, sagt Sally in einem vertraulichen Flüsterton, bevor sie uns wieder alleine läßt. »Aber besser«, sagt Ben, und breitet seine Serviette aus. »Sie war der beste Koch von New Mexico«, versichert mir Ben sehr ernsthaft. »Und jetzt von Colorado.«

Das Essen ist köstlich, vielleicht das Beste auf der ganzen Reise. Als wir essen, spielt Ben ein Video auf dem Fernseher hinter der Bar für mich ab. Es ist ein Band über ihn selbst, wie er eine Ehrung, die *The Big Wheel Award* heißt, für seine Verdienste um die Sicherheit auf dem Highway bekommt. Seine Dankesrede ist genauso ergreifend wie die eines kampferprobten Politikers.

»Wir müssen zusammenarbeiten«, sagt er in seiner Rede, »um für den ganzen Staat Colorado ein Beispiel zu geben. Wir werden aus Montrose eine wundervolle Stadt machen und aus der Route 50 einen wundervollen Highway quer durch ganz Amerika. Präsident John F. Kennedy hat einmal gesagt, daß wir eine Sache nicht deshalb tun, weil sie leicht ist. Wir tun sie, weil sie schwer ist. Wir bauen den Damm und all diese Geschäfte und den Highway nicht, weil das leicht ist. Wir bauen all das, weil es schwer ist. Also laßt uns vorangehen und dieses Land zum Sieg führen!«

Applaus. Eine etwas sonderbare Rede anläßlich der Verleihung eines Preises für die Sicherheit auf dem Highway, denke ich. Ben steht auf, spult zurück und spielt das Band noch einmal ab. Im trüben Licht der Bar wartet er wie versteinert, bis die Ansprache ein zweites Mal endet. Ab und zu sieht er zu mir herüber, um sich zu vergewissern, daß ich auch zuschaue. Dann wendet er sich zu mir und geht ins Detail.

»Weißt du, es ärgert mich, wenn ich die Leute sagen höre, daß die Amerikaner faul und verwöhnt sind. Wenn die Amerikaner faul sind, warum geben sie den Ranchern und Farmern dann Geld fürs Nichtstun? Wie können wir unter diesen Bedingungen produzieren? Kein Wunder, daß es Drogenprobleme gibt, wenn die Leute nichts tun können. Was wir brauchen, ist Führungsstärke und nicht Kaufmannsgeist. Wir brauchen einen echten Führer. Wir brauchen einen, der das, was der Mann gesagt hat, in die Tat umsetzt.«

Er deutet über seine Schulter zu einer Kupferbüste von JFK, die an der Wand hängt.

»›Die ganze Welt‹, sagte er, ›wartet darauf, was wir tun werden. Wir können nicht versagen, wenn wir es versuchen.‹ Aber Amerika ist dabei zu versagen, weil wir uns am großen Geld orientieren. Wir haben in diesem Land keine richtige Führungsstärke mehr, weil ein paar Rock-a-fellers und ein paar Duponters dem Präsidenten der Vereinigten Staaten sagen können, was zu tun ist. Nur John F. Kennedy hat den Mut gehabt, sich gegen United Steel zu stellen, als sie den Preis auf vierzehn Dollar pro Tonne anheben wollten. Ich habe hier zu der Zeit gearbeitet, und da kam der Kerl von der Stahl-Gesellschaft vorbei und sagte zu mir: ›Dieser Hurensohn, man sollte ihn abschießen.‹ Und neunzig Tage später wurde er's. Warum hat man ihn erschossen?«

Er fuchtelt mit seiner Gabel vor mir herum.

»Weil sie ihn nicht kaufen konnten!«

Ben sieht auf sein Hemd runter, das mit Essen bekleckert ist. Ich habe aufgegessen und wünschte, es wäre noch mehr da. Er hat nicht einmal die Hälfte seiner Mahlzeit gegessen, als Sally Vigil kommt, um unsere Teller abzuräumen. Sie wird rot, als ich ihr sage, wie gut es war. Er macht ungerührt weiter, gibt fast den ganzen Nachmittag einfache Antworten auf komplizierte Probleme, trinkt noch ein paar Coors und läßt die Flaschen sich auf dem Tresen ansammeln.

In dieser Nacht liege ich im Bett und denke über Cimarron nach, über die Unfälle und die Leute, die es nicht geschafft haben. Spontan rufe ich zu Hause im Osten, bei meinem alten Leben, an. Ich bin überrascht, daß alles noch genauso läuft, wie als ich weggefahren bin. Die Zeitung druckt noch immer die Neuigkeiten, und die Leute, die ich kannte, tun, was sie immer getan haben. Dadurch fühle ich mich meinem alten Leben viel näher, als ich es für möglich gehalten hätte.

Nachdem ich aufgelegt habe, versuche ich vergeblich, ein paar Seiten von *Cimarron* zu lesen. Wahrscheinlich war es ein Fehler anzurufen.

Gesteinsmalereien

In der Nacht hat es geregnet, und die frische Luft riecht nach Acker. Die Straße glänzt; ein Regenbogen spannt sich über die Hügel und wölbt sich über den schimmernden Flächen von Nieselregen. In den Pinien und Wacholderbäumen dampft der Nebel, und hin und wieder kommen kleine Tiere heraus – Fels-Eichhörnchen, Echsen, Kojoten.

Oben in Montrose – dem letzten bekannten Wohnort des mächtigen Ute-Häuptlings Ouray – ist der Highway wieder trocken und die Luft warm. Aber als die Straße sich Grand Junction nähert, wird der Himmel am frühen Nachmittag schwarz, und ganze drei Minuten lang prasseln Hagelkörner, so groß wie kleine Tomaten, auf die Karosserie des alten Ford. Ich bringe ihn in der Mitte des Highway zum Stehen und warte, bis es aufhört.

Als ich den Western Slope in Richtung Utah hinunterfahre, ist der Highway wieder trocken und heiß. Feldwege und Schotterstraßen zweigen von dieser Lebensader ab, und in Anbetracht des sonnigen Nachmittags entschließe ich mich, eine der Straßen zu nehmen. Ein unbeholfen bemaltes Schild gibt den Hinweis, »Gesteinsmalereien 7 Meilen«.

Häufig sind Gesteinsmalereien alles, was von den alten Indianern, die einst in diesem Land unterwegs waren, übriggeblieben ist. Da ist ein Sieben-Meilen-Umweg jedenfalls die Anstrengung wert, einige davon zu sehen. Aber wie der alte Ford gemächlich durch diese unbeschilderte Gestrüppwüste wackelt, wird aus dem Schotter Sand, und der Sand ist schon bald von Steinen übersät. Als der Kilometerzähler 3 Meilen anzeigt, kann ich nicht mehr schneller als 5 Meilen in der Stunde fahren. Ich überquere den schmalen Gunnison River, und die Straße ist nur noch so breit wie ein Fahrradweg. 4,2 Meilen. Seltsamerweise gibt es hier ein Haus und einen Mann im Garten, der mir zuruft: »Keine Durchfahrtsstraße.«

»Ich wollte versuchen, die Gesteinsmalereien zu sehen.«

Der Mann fährt sich mit einer Hand durch seinen Bart. Er trägt einen hohen Cowboyhut. »Hier unten sicher nicht.«

Das schwindende Tageslicht wird in den kleinen Stromschnellen des Gunnison hinweggetragen. Wir starren uns an.

»Sind die Gesteinsmalereien nicht auf diesem Weg?«

»Sie sind knapp acht Meilen da unten lang.«

»Acht Meilen? Auf dem Schild – vier Meilen den Weg zurück – hieß es sieben.«

»Dann wird das Schild wohl falsch sein«, sagt er, und mir wird klar, daß dieser Umweg sowas wie ein schlechter Witz ist. »Ich würde sagen, daß sie es trotzdem noch vor dem Morgengrauen schaffen können. Wenn Sie gut zu Fuß sind.«

Wir lächeln beide. Der geht auf meine Kosten.

Noch keiner ist verhungert

Am Ende schlagen die Berge und Monolithen, die hinter der alten Indianerstadt Grand Junction (früher Ute genannt) sichtbar werden, den stillen Abenteurer in ihren Bann. Stundenlang, tagelang durchquert der Highway 50 ein Land ohne Städte, Gebäude oder Menschen. Da macht sich die Illusion breit, dieses Land könne nie mehr aufhören. Um nicht den Verstand zu verlieren, habe ich den Wunsch, anzuhalten und wieder einmal eine Stadt zu entdecken, die mir das Land kleiner erscheinen läßt.

Genauso ist mir zumute, als ich in der kleinen Stadt Green River, Utah, ankomme. Ein schattiges Örtchen, ruhig und grün, mit Rasenmäher-Geräuschen und dem Duft von Rhododendron-Büschen. Die Hauptstraße führt am *Sleepy Hollow Motel* vorbei, am *Burger Drive-In*, einem *Phillips 66*-Lastwagen-Stop und dem *American Mexican Cafe*. Dann wird sie schmaler und geht in die ungastliche Wüste.

An einem kalten Nachmittag im April, während einer Mahlzeit an der Hauptstraße, die durch Green River führt, berechne ich meine Finanzen auf einem Stück Papier. Das Ergebnis ist zwar überraschend, aber seltsamerweise berührt es mich kaum. Es reicht nur noch für drei bis vier Wochen. Endlich hat die Reise deutliche Grenzen. Draußen, über der schimmernden, leeren Straße steht auf einem Schild: »Die nächsten 107 Meilen keine Tankstelle.«

Ich erzähle der Bedienung, daß ich unterwegs gewesen bin. Heimatadresse: Highway 50.

»Prima Arbeit, wenn man sowas kriegen kann«, sagt einer der Männer. Alle kichern in sich hinein. »Wohin fährst du denn?«

»In keine bestimmte Richtung.«

»Du könntest also genausogut hier bleiben.«

»Wollen Sie Eis zum Kuchen?« fragt mich die Bedienung, eine freundliche, gesetzte Frau, beim Bestellen. »Das kostet einen Quarter mehr. Früher war es inklusive. Aber jetzt ist es so weit gekommen, daß wir einen Quarter extra berechnen müssen.«

Ich halte mich zurück und frage nicht, warum es »so weit gekommen« ist. Stattdessen frage ich, was für ein Platz Green River zum Arbeiten ist.

»Es ist in vielerlei Hinsicht der beste Ort der Welt«, sagt einer der Männer. Er ist ein gebräunter Kerl, der Anthony Quinn dermaßen ähnlich sieht, daß ich mich für einen Moment frage, ob er es ist. »Wenn man nicht zu wählerisch ist. Irgendetwas gibt es immer. Früher hatten wir den Ruf, die Melonen-Hauptstadt der Welt zu sein. Die besten Wassermelonen überhaupt. Bis es Kühlwagen gab. Dann ging uns der östliche Markt verloren. Es gab hier drei Lagerhallen, und wir haben die Melonen in LKW-Ladungen verschickt.«

»Es sind immer noch die besten Melonen der Welt«, sagt die Bedienung.

»Aber sicher«, sagt ein anderer Mann. »Süßer als die meisten. Fast schon zu süß. Genau richtig eben.«

Die Leute in Green River reden gerne über Melonen, fast genauso gerne, wie sie über das Wetter reden.

»Die Sonne scheint in Green River mehr als in jeder anderen Stadt des Landes. Wußten Sie das?« fragt Anthony Quinn.

»Warum das, wundert mich?«

»Also, es gibt keinen Grund dafür. Es ist einfach so. Es ist erwiesen. Man kann es Ihnen vielleicht drüben in der Bibliothek zeigen.«

»Wie oft regnet es?«

»Nicht viel.« Er grinst. »Überhaupt nicht viel. Es heißt, daß es in manchen Jahren gar nicht regnet.«

»Gar nicht?«

»Ganz und gar nicht.«

»Das beste Wetter im ganzen Land«, sagt der alte Mann, der sich mit dem Rücken zu uns unterhält. »Genau dafür sind wir ja berühmt.«

Green River ist ein Städtchen, das viel zu friedlich und

*Alma Scovill mit Shadow in der idyllischen Stadt
Green River, Utah.*

gesetzt erscheint, als daß es jemals von einem Aufschwung
durcheinandergebracht werden könnte. Aber es hat einige
davon gegeben. Der erste war 1882, vier Jahre nachdem
Green River zur Poststation wurde. Das war im selben Jahr,
in dem die Rio Grande Western Railroad durchführte. Frühe
Bewässerungsversuche scheiterten an der Unberechenbar-
keit des Flusses. Aber am Ende hat es mit der Bewässerung
hingehauen, und der Melonen-Umsatz lief gut.

Alma Scovill erinnert sich an die Zeit, als täglich vier bis
fünf Personenzüge durch Green River kamen und im Sommer alle in der Stadt wegen der Hitze auf der Veranda
geschlafen haben. Scovill, achtzig, sagt, daß er mir helfen
würde, einen Job zu finden, wenn ich will.

»So ist das mit Green River«, erzählt er mir. »Diese Hitze.
Sogar nachts. Es gibt hier viele Tage, an denen es die
ganze Nacht über fast dreißig Grad bleibt, und dann auch
noch den ganzen Tag. Es verändert sich kaum. Der einzige
Ort in der Welt, wo das so ist. Deswegen züchten wir hier
auch die besten Wassermelonen.«

An diesem Nachmittag sitzen Scovill und ich auf Gartenstühlen hinter dem Haus im Schatten, auf der anderen Straßenseite gegenüber der Bibliothek. Schatten von Vögeln huschen über Gräser und Bäume, die sich im Wind wiegen.

»Ich war Friseur, als ich runter nach Green River gekommen bin«, sagt er. »Vor sechzig Jahren. Seitdem habe ich von allem ein bißchen getan.«

Wie die meisten der alten Leute, die ich in Green River treffe, sieht Scovill viel jünger aus als er ist. Ich hätte ihn auf sechzig geschätzt.

»Green River hat etwas, das die Leute jung hält«, sagt er. »Es ist ein Ort, der immer etwas Besonderes bot. Damals waren es die Züge. Die haben mich auch hierher verschlagen. Damals war ich die ganze Nacht auf den Beinen, um Haare zu schneiden. Ich bin aus dem Norden hier runter gekommen. Da bestand die Straße nur aus Dreck. Ich erinnere mich, daß es immer furchtbar staubig war. Ich war überall voll Staub. Ich meine, daß man viereinhalb Stunden in diesem alten Model T brauchte.«

»Für welche Entfernung?«

»Och, sechzig Meilen.« Er lacht.

»Seitdem war ich in vielen Orten, aber hier war mir klar, daß ich am Ende hängenbleiben würde. Das hat eben etwas sehr Friedliches hier. Und außerdem ist in Green River noch niemals jemand verhungert. Man hört, daß Leute in anderen Städten verhungern und ausgeraubt werden. Und jetzt auch noch Drogen. Nichts davon ist jemals in Green River passiert.«

»Es muß doch gelegentlich etwas mit Rauschgift passieren«, sage ich.

»Wir haben Besucher, die das behaupten. Sie behaupten genau das, was Sie gerade gesagt haben. Aber wir sind noch auf nichts dergleichen gestoßen.«

Shadow, der Hund Scovills, kommt schläfrig aus der Sonne, nimmt mich wahr und dreht sich um.

»Ich erinnere mich«, sagt Scovill, der das gar nicht bemerkt, »daß dieser Typ sich einmal genau zur Saat-Zeit sein Bein gebrochen hat, und die ganze verrückte Stadt kam raus und pflügte sein Feld für ihn.«

»Dieses Haus da«, sagt er und zeigt auf das Holzhaus

neben seinem. »Der Besitzer war ein Kriegsveteran, und er hatte Krebs. Sie brachten ihn im Vet's Hospital unter. Er wollte noch sein Wohnzimmer ausbauen und einen Kamin einbauen. Während er sechs Wochen dort lag, brachten sie überall Scheinwerfer an, und wir haben diesen Kamin gebaut. Eines Nachts kam er um drei Uhr nach Hause, und sie hatten ein Feuer für ihn angezündet, und er saß die ganze Nacht da und schaute auf das Feuer. Am nächsten Tag hat er sich dann ins Bett gelegt und ist nie wieder aufgestanden. Er starb zwei oder drei Tage darauf. Die Leute von Green River haben alles für ihn eingerichtet, er hat keinen Groschen bezahlt.«

Am zweiten Tag habe ich die Werbegespräche über Green River satt. Die Ruhe und Freundlichkeit wirken wie im Märchen. Ich besuche Scovill noch einmal und frage nach dem Melonen-Geschäft. Damals in den Dreißigern, als es in New York noch einen großen Melonen-Markt gab, da war er Bauer.

»Man kann es immer noch machen, obwohl es nur noch in Utah und Colorado einen Markt gibt. Auf nationaler Ebene läuft das nicht mehr.«

Ich frage ihn, wie groß die Green-River-Melonen werden.

»Also, mindestens fünfzehn Pfund. Manchmal bringt man es auch auf vierzig oder fünfzig Pfund. Unten in Alabama habe ich natürlich fast hundert Pfund schwere gesehen. Aber die haben dann nicht den Geschmack wie diese hier. Ich habe überall im Land welche probiert, und nirgendwo hatten sie so einen guten Geschmack wie diese hier. Es ist gar nicht die Größe, es ist der Geschmack.«

Ich möchte genaueres über den Geschmack von ihm erfahren.

»Also, sie sind richtig süß«, sagt er. »Ich denke, sie haben mehr Zucker. Ich weiß nicht, was der Grund dafür ist, aber ich nehme an, es ist das Klima, das macht viel aus. Ich stütze die Früchte einige Nächte mit einem Stecken, und dann sind sie am Morgen ein ganzes Stück gewachsen.« Er zeigt zwölf bis fünfzehn Zentimeter, dann geht er sogar auf zwanzig Zentimeter hoch. »Das eben ist es. Die Nacht ist genauso heiß wie der Tag.«

Diese Geschichten von magischen Melonen und überirdischem Wetter sind verblüffend. Obwohl die Leute anscheinend möchten, daß ich bleibe und daß ich ihre Stadt mag, stelle ich fest, daß es tatsächlich keine Arbeit gibt. In Wirklichkeit ist nur ein Job in Green River zu haben – eine Halbtagsstelle als Tankwart. Trotzdem ist es ein Ort, den man nur schweren Herzens verläßt.

Die erste weiße Protestantin

Eines Morgens betritt Thelma Griffith Roberts aus Pocatello, Idaho, die Bibliothek von Green River. Roberts behauptet, die erste weiße Protestantin zu sein, die in der Stadt Green River geboren wurde. Sie hat hier mit ihrem Sohn Halt gemacht, um zu prüfen, ob es irgendwelche Unterlagen gibt, die das beweisen.

»Vielleicht gar nicht wahr«, erzählt sie mir. »Ich habe es mein ganzes Leben lang behauptet, und jetzt sagt er, wir müssen es beweisen.« Ihr Sohn ist es, der meint, es gäbe die Notwendigkeit, Beweise zu beschaffen.

»Sie haben keine Unterlagen, die so alt sind wie ich. Das einzige, was ich weiß, ist, daß ich hier am 3. September 1907 geboren wurde. Ich kann mich an nichts erinnern, außer, daß mein Vater Rennpferde verkauft hat. Ich glaube, daß es nicht einmal eine Rennbahn gab. Ich glaube, daß sie sie da hinten in den Beifußfeldern haben laufen lassen.« Sie schaut aus dem Fenster hinaus.

Thelmas Familie ist nach Idaho gezogen, als sie ein Mädchen war, und sie selbst hat die letzten sechsundsechzig Jahre in Pocatello verbracht und immer mit dem Gedanken gespielt, eines Tages nach Green River zurückzukehren. »Ich vermute, daß ich vielleicht zu lange gewartet habe.«

Die Bibliothek bestätigt schließlich, daß es keine Unterlagen gibt, die nachweisen, daß Thelma Griffith Roberts die erste weiße Protestantin war, die in Green River geboren wurde. Auf diese Neuigkeiten reagiert sie mit einem Augenblinzeln und lehnt sich zu mir herüber.

»So wie die Dinge liegen, gehe ich davon aus, in Wirklichkeit gar nicht geboren zu sein«, sagt sie. »Jedenfalls werden wir es nie beweisen können.«

Bevor sie geht, erzählt mir Thelma Roberts über Pocatello,

wo sie siebzehn Jahre lang als Dienstmädchen im *Brannock Hotel* gearbeitet hat. »Es ist jetzt abgerissen worden, aber sie legen da nun einen Park an. Jedesmal, wenn ich daran vorbeigehe, weine ich, weil ich so lange da gearbeitet habe.«

Am Nachmittag spaziere ich die schattige Straße entlang, von der Alma Scovill behauptet, daß sie sich in vierzig Jahren überhaupt nicht verändert hat, und dann zurück zum Cafe an der Hauptstraße, wo dieselben Leute bei einer Tasse Kaffee und einem Stück Kuchen sitzen. Heute stoße ich rechtzeitig dazu, und sie lassen mich bei ihrem Kartenspiel einsteigen.

Der alte Highway 50

Highway 50 und die Interstate 70 vereinen sich auf dem Weg durch Utah zu einer Straße, obwohl die 50 ursprünglich nördlich von Green River verlief, Richtung Price und Salt Lake und dann wieder westlich, rein nach Nevada. Als ich Green River endgültig verlasse, nehme ich diese ältere Straße hinein in eine leblose Berg- und Monolithen-Landschaft. Bergbau-Land. Die Bergleute sagen – zuweilen mit erzwungenem Optimismus –, daß sich der Wert des Landes hier draußen mit der Technologie in der Welt verändert. Kupfer, bis 1880 fast wertlos, wurde erst mit der Erfindung des elektrischen Lichtes etwas wert. Molybdän hatte überhaupt keinen Wert bis zur Produktion von legiertem Stahl in den Zwanzigern.

Die Straße, zweispurig und holprig, führt im späten Licht des Nachmittags durch einen Pferde-Canyon, dann ein Schild, auf dem steht »Bergbau-Straße geschlossen«, und schließlich beginnt sie wieder anzusteigen. Entfernte Gipfel versperren das Sonnenlicht. Nach einer weiteren Stunde kommt der Highway 50 in der unauffälligen, kleinen Stadt Wellington an. Dort verleitet mich die Geweihsammlung von Jim Norton dazu, den alten Ford zum Halten zu bringen. Ein Bogen aus Hirsch- und Elch-Geweihen bildet ein Tor über Nortons Auffahrt. Im Hof sind noch mehrere hundert zum Anschauen aufgehängt. Norton ist dort und schneidet Hecken.

»Schauen Sie sich ruhig um«, sagt er. »Nehmen Sie sich soviel Zeit, wie sie möchten. Stellen Sie ruhig so viele Fragen, wie Sie wollen.«

»Was ist das?« frage ich.

»Eine Familien-Geweih-Sammlung.«

»Familien?«

»Der Norton-Familie. Diese hier habe ich mit Pfeil und Bogen geschossen. Diese hier habe ich mit dem Gewehr geschossen.«

Er erzählt mir eine Geschichte nach der anderen über die Herkunft der Geweihe, und dann geht er über zu Dinosaurier-Spuren und Rinderschädeln.

»Die Indianer kamen früher hierher und wollten die Rinderschädel von uns kaufen. Schließlich haben wir rausgefunden, daß sie sie von uns kauften und mit Gewinn verkauften. Sie behaupteten, daß Indianer die Tiere erlegt hätten.«

»Sie wissen sicher, wo sie diese Art von Geschäft gelernt haben, oder?« sagt Norton.

Die vollständige Tour bleibt mir erspart, weil eine Familie in einem schwerbeladenen Kombi mit New Yorker Kennzeichen eintrifft und mehr Neugier als ich an den Tag legt.

Wie andere Leute Münzen, Briefmarken oder Baseball-Karten sammeln, so sammelt Jim Norton Geweihe. Über seine Ausstellung im Hof – und die ist ein viel zu auffälliger Anblick für Reisende, als daß sie nicht anhalten würden –

Jim Nortons Geweihsammlung in Wellington, Utah.

knüpft er Kontakte mit dem Rest der Welt. Das ist, denke ich, als ich in den Abend hineinfahre, gar keine schlechte Idee.

»Sie können jederzeit wiederkommen«, sagt er und winkt mir zu.

Oben in der Nähe von Price, Meilen von allem entfernt, steht eine Frau mit ausgewaschenen Jeans, Jeanshemd und Jeansjacke neben dem Highway und hält einen Rucksack fest. Als ich anhalte, starrt sie mich auf eine befremdliche, beleidigte Art und Weise an, bewegt sich aber nicht auf das Auto zu.

»Eine Runde spazierengehen?« sage ich.

»Hm?« sagt sie. Sie hat nichts verstanden.

»Komischer Platz zum Hängenbleiben.«

»Was?«

»Ich sagte, das ist ein komischer Platz zum Hängenbleiben.«

»Ja?«

»Wollen Sie mitfahren?«

»Kommt drauf an. Wohin fahren Sie?«

»Den Highway 50 runter. Das hier ist der alte Highway 50. Ich fahre auf der alten Straße zurück zur Hauptstraße.«

»Hm?«

»Ich sage, daß ich die lange Strecke fahre.«

»Was meinen Sie?«

»Nichts. Ist nicht wichtig«, sage ich, aber ihr finsterer Blick ist voller Mißtrauen. Sie ist jung, ein bißchen dicklich, mit dünnen, braunen Haaren. Ihr Gesicht sieht so aus, als wäre es mit Dreck oder Tränen verschmiert. Für einige Sekunden braust der Wind so laut wie ein Flugzeug durch diesen leeren, roten Canyon.

»Wer sind Sie?« fragt sie, kommt ein wenig näher und mustert den alten Ford. »In welche Richtung fahren Sie?«

»Nach Norden und dann südwestlich zur Route 50.«

Sie starrt mich sprachlos mit offenem Mund an. »Was tun Sie hier draußen?«

Sie schaut auf die Rückbank, dann fragt sie mich nach meinem Namen. Sie fragt, woher ich komme und dann noch einmal, wohin ich unterwegs sei. Auf einer Gesichtshälfte hat sie eine lange Narbe und an ihrer Jacke einen Beatles-Anstecker.

Dann schleudert sie ihren Rucksack auf den Rücksitz.

»Okay«, sagt sie und steigt ein. »Versuchen Sie bloß nichts.«

Für einige Meilen sitzt sie unbeweglich auf dem Vordersitz und raucht eine Zigarette nach der anderen. Die Wände des Canyons werden dunkel, und eine gewisse Kühle schleicht sich in die Abendluft.

»Wie lange haben Sie da draußen gestanden?«

Sie antwortet nicht.

»Sind Sie aus Utah?«

»Hm?«

»Sind Sie aus Utah?«

»Nein.«

»Wie ist Ihr Name?«

»Was macht das für einen Unterschied?«

»Keinen.«

»Sid.«

»Entschuldigen Sie? Sid?«

»Ja.«

Einige Meilen später fragt sie, ob es mir etwas ausmache, wenn sie einen Joint raucht. Ich sage nein. Danach sagt sie kein Wort mehr, bis wir zu dem winzigen Bergstädtchen Helper kommen. Sie lacht nur ab und zu.

In Helper sagt Sid, daß ihr jetzt danach sei, etwas zu essen. Die einzige Gaststätte, die geöffnet hat, heißt *Jimbo's Steak House*. Wir stehen einige Minuten drinnen und warten. In einem Hinterzimmer klackern Billardkugeln, und Männer fluchen. Endlich kommt ein großer Typ mit Bart heraus, der ein schwarzes T-Shirt anhat. Er hält einen Billard-Queue.

»Kann ich Ihnen helfen?«

Das kommt mir ziemlich komisch vor; die Stadt heißt Helper.

Wir bestellen beide Bier, und Sid bestellt sich ein Käsesteak.

»Es macht Ihnen doch nichts aus, wenn ich rauche?« sagt sie zu mir, als wir am Tisch sitzen.

»Nein.«

Nach dem Bier bestellt sie noch eines. Ich habe nicht mehr als fünf oder sechs Schluck von meinem ersten genommen, als sie ins Hinterzimmer geht und den Mann fragt, ob sie noch ein drittes haben könne.

»Es tut mir leid«, sagt sie zu mir, als es kommt, »wenn ich leicht angespannt wirke. Aber wenn Sie, irgendwie, einiges von dem durchgemacht haben. Das ist irgendwie, wissen Sie, ich bin irgendwie, ich weiß nicht.« Dann, lauter: »Es ist irgendwie ...«

Ich nicke.

»Und es ist nicht, irgendwie, ich weiß nicht. Ich vermute, irgendwie, ich fange mir gerade einen Glimmer. Aber einige Leute führen einfach nichts, also, irgendwie, Gutes im Schilde. Wissen Sie, was ich meine?«

»Na klar.«

»Und das ist eben der einzige Grund.«

»Klar. Ich höre Ihnen gerne zu, wenn Sie mir davon erzählen möchten.«

Sie sieht mich eine Sekunde lang mißtrauisch an und nimmt noch einen Schluck.

»Also, wissen Sie, ich meine, irgendwie, okay. Und die Sache, in die ich verwickelt war, lief irgendwie falsch, klar? Und ich hätte das wissen müssen. Aber ich bin eben ein bißchen, irgendwie, okay, ich versuche etwas anderes. Verstehen Sie, was ich sage?«

»Na klar.«

»Aber es ist irgendwie, okay, also, was tun Sie?«

»Ich?«

»Und es ist irgendwie, Dallas taucht immer wieder auf. Wissen Sie. Ich weiß nicht mal wieso.«

»Texas?«

»Ja. Und ich bin irgendwie, wissen Sie. Ich weiß es nicht. Hat sich einfach komisch entwickelt, diese Dallas-Sache. Wissen Sie, so irgendwie. Ich weiß nicht mal, wie ich es erklären soll.«

Sie zündet sich noch eine Zigarette an. Im Hinterzimmer unterhalten sich die Männer laut und primitiv. Jemand mit einer unglaublich tiefen Stimme sagt andauernd das Wort

»fuck«. Es gibt kein Lebenszeichen entlang der Hauptstraße von Helper.

Das Käsesteak sieht verbrannt aus, als der Mann im schwarzen T-Shirt es herbringt. »Da wären wir«, sagt er und nickt nervös zu Sid herüber. »Wenn Sie noch etwas brauchen«, sagt er zu mir, »einfach schreien. Ich bin gleich da hinten.« Er geht mit einem leicht unsicheren Gang zurück zum Billardzimmer. Kurz darauf fängt die Flucherei wieder an.

»Ich kann mir nicht vorstellen, was Sie schreien würden«, sagt Sid, und darüber tauschen wir unser erstes und einziges gemeinsames Lächeln aus.

Beim Essen hat Sid ein paar Mal versucht, sich zu erklären, aber es kam jedes Mal nur ein heilloses Durcheinander dabei heraus. Am Ende sitzen wir beide da und schauen aus dem Fenster.

Die Fahrt zurück ist lang. Die Route 10 bis zum Highway 50 runter, durch die Canyons. Sid schnarcht fast die ganze Strecke, und ich starre auf die Markierungsstreifen der Straße und versuche wach zu bleiben. Als die Straße sich tiefer in die Nacht hineinwindet, kommt von den Bergen ein wenig Regen herüber. Sieht aus wie Heiligenscheine um die Straßenlampen. Sid ist an mich gelehnt, während wir durch Salina nach Richfield fahren. Dort finde ich schließlich ein Motel, das geöffnet hat.

In diesem Motel schlafen die meisten Leute mit offenen Türen. Sid wird gerade lange genug wach, daß sie es nach drinnen schafft und sich auf dem zweiten Bett niederläßt. Sie ist auf der Stelle wieder eingeschlafen. Regen, die ganze Nacht. Ich beobachte den fallenden Regen im Straßenlicht durch die offene Tür und fühle seinen kühlen Hauch. Als ich am Morgen barfuß über den Hof laufe, weil ich den Zimmerschlüssel zurückgeben will, dampft es von dem schimmernden, asphaltierten Dach.

Als das Telefon klingelt und uns mitgeteilt wird, daß es elf Uhr ist, liegt Sid immer noch schlafend im anderen Bett. Zeit auszuchecken. Ich schüttele sie an den Schultern, und sie schiebt mich automatisch weg.

»Versuch bloß nichts«, sagt sie.

»Keine Angst.«

»Was ist los? Schon elf Uhr? Oh, Mann.«

Bevor ich Richfield den Rücken kehre, lasse ich Sid an der Bushaltestelle raus. Sie sagt, daß sie einen Greyhound nach Dallas nehmen möchte. »Das ist eben diese Sache, die, so irgendwie, über mich kam. Ich habe nicht die geringste Ahnung, was das bedeuten soll.« Sie bedankt sich bei mir für alles, aber so, als ob sie sich bei jemandem dafür bedanken würde, daß er ihr Salz gereicht hat. Der alte Ford und ich fahren gen Westen mit dem Gefühl, etwas verloren zu haben, weil es keine Möglichkeit der Verständigung gab.

Keine Markierungen

Auf der Landkarte ist südlich des Highway in einem Ort namens Koosharem ein Reservat der Ute-Indianer eingetragen. Aber als ich in Koosharem ankomme, befindet sich dort, wo das Reservat sein sollte, nur eine alte Imbißstube aus Holz. Die Frau, die dort arbeitet, ist die dünnste Person, die ich je gesehen habe, und außerdem eine der ältesten. Sie hält wie zum Schutz einen Besen hoch.

»Ich bin auf der Suche nach dem Koosharem Indianer-Reservat«, erkläre ich. Sie sieht durch das Fenster auf den alten Ford und mustert mich dann eindringlich von der anderen Seite des Raumes.

»Das ist nicht hier.«

»Wo ist es?«

»Weg. Sie haben es verkauft.«

»Wann?«

»Schon vor Jahren. Es gibt keine Indianer hier in der Gegend.«

Sie beobachtet, wie ich mich ins Auto setze.

Die Straße weiter hoch, bei der Grass Valley Handelsgesellschaft und Poststation, versperrt mir ein Mann, der aussieht wie der Weihnachtsmann ohne Uniform, beim Eintreten den Weg.

»Entschuldigen Sie«, sage ich und quetsche mich durch.

Er läßt mich nicht aus den Augen, während ich eine Orange kaufe und den jungen Verkäufer nach den amerikanischen Ureinwohnern frage.

»Was haben Sie überhaupt mit Indianern im Sinn?« fragt er mich beim Gehen und zwingt mich noch einmal dazu, mich an ihm vorbeizuquetschen.

»Ich wollte mir nur ein Reservat anschauen.«

»Was gibt's da zu sehen?«

»Genau das wollte ich herausfinden.«

»Ich wüßte nicht warum. Sie verschwenden nur Ihre Zeit.«

Da muß man sich nichts vormachen: Die Leute im Westen, jedenfalls einige von ihnen, mögen die amerikanischen Ureinwohner nicht besonders.

»Sie haben jetzt diese Auseinandersetzung wegen der Wasserrechte im Norden oben«, sagt der Mann mit dem weißen Bart.

»Ich habe davon gehört.«

»Sie hauen dem weißen Mann jetzt eine rein, wo sie nur können.«

»Hat der weiße Mann ihnen nicht immer eine reingehauen?«

Er schüttelt bedächtig seinen großen Kopf. »Ich sollte sie zum Mittagessen mitnehmen und ihnen die eine oder andere Sache klarmachen.«

Statt dessen fahre ich zurück nach Salina und halte an einem kleinen Eckrestaurant namens *Mom's* an. Ich sehe, daß es auf der Karte noch ein anderes Reservat in der Nähe einer Stadt, die Kanosh heißt, gibt. Ich frage bei der Bedienung danach, und sie guckt weg. »Noch nie davon gehört. Was möchten Sie noch?«

»Nichts mehr.«

Bevor ich mein Mittagessen zu mir genommen habe, fahren vier Mädchen in einem Lieferwagen sechs Mal vorbei.

Außerhalb von Salina wird die Straße ausgebessert. Kilometerlang kann der alte Ford nicht schneller als zehn Meilen in der Stunde fahren. Immerhin wird der Highway hinter Delta ganz plötzlich zur Autobahn, die ich bis hinunter nach Kanosh nehme. Im Gegensatz zu dem in Koosharem gibt es dieses Reservat zumindest, obwohl es mehr an eine soziale Wohnsiedlung erinnert. Es besteht aus einem zusammengewürfelten Haufen runder Bretterbuden, verrosteter Autos und müll-übersäter Gärten in der Mitte eines leeren Tales.

Es sieht aus, als ob es hier keine Menschen gäbe. Aber als ich zum letzten Haus komme, gerbt dort ein kleiner Indianer ein Hirschfell, und eine Frau nimmt Wäsche ab. Sie bleiben wie erstarrt stehen, als ich vorübergehe. Und als ich am Ende des Reservats anhalte, kommt der Mann endlich herüber und fragt mich, ob ich etwas kaufen wolle. Oder ob ich mich einfach nur verirrt hätte.

Ich erzähle ihm, daß ich unterwegs bin.

»Im Auftrag der Regierung? In wessen Auftrag?«

»Kein Auftrag. Nur unterwegs. Verkaufen Sie etwas?«

»Wir verkaufen an Indianer.«

»Was verkaufen Sie?«

Er zeigt auf das Hirschfell.

»Sie wollen es mir nicht verkaufen?«

»Nicht das da.«

Erstaunlicherweise kommt die Frau auch herüber. Sie mustert mich eindringlich und fragt den Mann dann leise: »Wer ist er?«

»Weiß nicht. Er sagt, er sei unterwegs.«

»Wo sind Sie unterwegs?« fragt sie.

»Den Highway lang«, sage ich.

»Also, da müssen Sie irgendwo falsch abgebogen sein.« Beide lachen über mich.

»Möchten Sie, daß wir hier stehenbleiben, bis wir rausgefunden haben, was Sie wollen?« fragt sie.

»Ich will überhaupt nichts. Mich hat nur das Reservat interessiert.«

Wir drei betrachten das Reservat, als ob wir verwundert darüber wären, daß sich irgend jemand für einen Ort wie diesen interessiert. Langsam kommt ein Gespräch in Gang, und sie fordern mich auf, Platz zu nehmen. Earl Pikyavit sagt, er ließe sich das noch einmal durch den Kopf gehen und wolle mir das Hirschfell verkaufen, wenn ich wirklich Interesse daran hätte.

»Wieviel?«

»Dreißig Dollar.«

»Zu wenig«, sagt Verna Pikyavit, seine Frau.

»Vierzig Dollar.«

So kommen die Pikyavits – Ute- und Shoshonen-Indianer – über die Runden. Sie ernähren sich von Wild und Fisch und verkaufen Felle und Schmuck. Sie sagen, daß sie alles haben, was sie brauchen.

»Wir haben immer so gelebt, wie wir jetzt leben«, sagt

Die Pikyavit-Familie in Kanosh, Utah.

Earl. »Ich bin dort unten am anderen Ende der Straße zur Welt gekommen.«

»Erzähl ihm, wo.«

»Unter einem Baum.« Sie lachen.

»Wissen Sie, wir sind nicht wie die Weißen, die ständig wie die Fliegen herumschwirren müssen. So wie Sie. Wir haben hier alles, was wir brauchen«, sagt Verna.

Wenn man genügend Zeit an einem Ort verbracht hat, geht einem die Perspektive verloren. Ist meine Meinung. Ihre Kleidung müßte gewaschen werden; ihr Garten ist mit Müll übersät. Auf dem Tisch liegt eine alte Ausgabe des *National Enquirer*. Aber ihre Augen scheinen mich aus einem tieferen Grund anzublicken, weit weg von der schmutzigen Oberfläche.

»Gott hat uns alles gegeben«, sagt Verna. »Wir kommen gut mit dem hin, was wir haben.«

»Keiner stört uns, und wir stören auch keinen«, sagt Earl. »Uns ist das recht so.«

Einst war das Kanosh-Reservat 3 237 Hektar groß, und es wohnten fünfhundert Ute-Indianer hier. Jetzt sind nur noch 3,2 Hektar und ein paar Familien übriggeblieben, die in Häusern leben, die die Regierung in den sechziger Jahren gebaut hat.

»Was passiert ist, war, daß sie anfingen, uns zu besteuern«, sagt Earl, während wir draußen auf abgenutzten Gartenstühlen sitzen, und seine Stimme hört sich leicht angestrengt an, »und sie beschlossen, einen Teil dieses Landes wieder zurückzunehmen, wo sie schon einmal dabei waren. Denn das ganze Land, das Sie hier sehen, war Ute-Land. Aber der weiße Mann sah, daß es gutes Land war und man es für Ackerbau nutzen konnte. Dann schickten sie ein paar Leute von Salt Lake City runter, die sich ein paar Gründe ausdachten, warum man einen Teil davon wieder zurücknehmen sollte.«

»Aber wessen Land war es?«

»Das der Ute-Indianer.«

»Und sie nahmen es einfach weg?«

»Sehen Sie, damals hatten sie keine Rechte und nichts. Da kamen wir nicht auf die Idee, daß sie einfach daherkommen könnten und wegnehmen, was sie wollten. Aber genau das haben sie getan. Wir sind nicht so gebildet, um uns bei so etwas auszukennen. Das Land rückte einfach immer näher auf uns zu. Jetzt blicken wir darauf, und wir wissen, daß es nicht unseres ist.«

Verna ist mehr geradeaus. »Wir sind in der Lage, die Dinge so zu handhaben, wie sie waren, bevor die Weißen hierher kamen. Der weiße Mann stört uns nicht. Wir haben nichts gegen Weiße. Wir sind nur davon überzeugt, mit anderen Indianern wohnen zu wollen.«

Ich frage Earl, ob es ihm genauso geht, und er starrt mich wieder an. Einen Moment lang komme ich mir vor wie ein Eindringling, ein Störenfried in ihrer Welt.

»Ich würde es so sehen«, sagt er. »Wir sind ungebildet, aber wir haben uns selber etwas beigebracht. Wir sind auf unsere eigene Weise gebildet. Wir wissen, wie man auf dem Land überlebt. Das ist eine wichtige Sache, die die meisten Leute nicht beherrschen.«

Das schwarze Haar von Earl und Verna hängt ihnen übers Gesicht, als das Nachmittagslicht langsam schwindet. Meine Neugier schlägt wieder einmal durch. Ich frage, ob sie manchmal davon träumen, hier rauszukommen, ihr Leben gegen ein anderes einzutauschen.

»Ich denke mal, daß es viele Dinge gibt, die man gerne tun würde«, sagt Earl, »aber man findet sich damit ab, daß man nicht in der Lage dazu sein wird. Es gibt viele Dinge, die man gerne tun würde, aber man hat keine Vorstellung davon, wie.«

Der Blick in seinen Augen, nachdem er das gesagt hat, ist vielleicht der traurigste Augenblick während der Reise. Ich vergesse ihn nicht. Wochenlang bleibt er in meinem Gedächtnis haften.

Den Kindern in Kanosh geht es anders. Sie sind zur Schule gegangen, und viele ziehen aus dem Reservat weg. Aber Earl und Verna Pikyavit wollen hier bleiben. Bevor ich wegfahre, erhebt sich Earl langsam und zeigt mir den kleinen Friedhof hinter seinem Haus.

»Dort sind meine ganzen Verwandten begraben«, sagt er »und dort werde ich begraben.«

»Die meisten Gräber sind gar nicht oder nur durch einen Stein markiert«, sagt er. »So haben sie sie früher bestattet«, sagt er. »Dort werde ich auch irgendwann sein. Soviel weiß ich sicher.«

Sie winken mir zu, als ich den alten Ford starte und die lange Straße zur Main Street zurückfahre.

Mit halber Kraft

Nach Green River und Kanosh spüre ich ein starkes Gefühl der Abgeschiedenheit. Ich nehme es wahr, als ich Main Street in Delta, Utah, auf- und ablaufe und mir so vorkomme, als würde ich auffallen. Ohne Übereinstimmung mit denen, die an einem Ort bleiben.

Damit das Geld länger reicht, verbringe ich einige Nächte am Rand der Stadt im alten Ford und laufe tagsüber in Delta, einer kleinen landwirtschaftlichen Gemeinde, herum. An der Ecke von *Service Drugs* spiegelt der Postkartenständer die Fremdheit des Landes wieder. Dort gibt es Postkarten mit riesigen Tieren – ein über 2,10 Meter großes Kaninchen und, von Männern getragen, ein Gestell mit einem riesigen Grashüpfer. In Utah ist alles eine Nummer größer, heißt es im Werbetext. Ich frage Ward Killpack, seit 1950 Besitzer von *Service Drugs*, was das bedeuten soll.

»Nichts«, sagt er. »Obschon gelegentlich Leute reinkommen und mich fragen, wo sie das 2,10 Meter große Kaninchen sehen können.«

»Was sagen Sie dann?«

»Ich gebe Ihnen genaue Hinweise. Schicke sie in die Wüste raus. Einmal ist eine Familie bis von Kalifornien gekommen; die sagten, sie hätten von dem 2,10 Meter großen Kaninchen gehört. Ich will Ihnen aber mal was sagen. Genau die gleichen Motive gibt es auch auf Postkarten in Nevada.«

Beim ersten Mal in *Pop's City Cafe* auf der Main Street frage ich die Bedienung nach süßer Milch. Auf der Getränkekarte steht süße Milch für fünfzig Cents.

»Süße Milch?« sagt sie. »Och, das ist nur ganz normale Milch.«

»Warum steht dann süße Milch da?«

»Einfach so, wirklich.«

»Okay. Süße Milch und Rühreier.«

Sie schreibt es auf, und es dauert viel länger, als ich mir vorstellen kann, daß man für eine so kleine Bestellung brauchen kann.

Abends treffen sich hier die Männer auf ein Stück Kuchen und eine Tasse Kaffee. Jedesmal, wenn ein Auto vorbeifährt, schauen sie auf. Sie nicken mir zu und grüßen. Meist sprechen sie über die Minen. Ich finde heraus, daß die Männer, die auf Kaffee und Kuchen vorbeikommen, Bergarbeiter sind.

»Schon mal was von Beryllium gehört?« fragt mich eines Abends einer, um mir auf den Zahn zu fühlen.

»Na klar«, sage ich.

»Also, die größte Beryllium-Ablagerung der Welt ist sechzig Meilen lang. Da draußen.«

Er dreht sich und zeigt in Richtung der Toiletten.

»Wofür braucht man Beryllium?«

»Also, man verwendet es vor allem für die Hüllen von Raketen.«

»Trotzdem laufen die Minen nicht gerade gut«, sagt der Mann neben ihm. »Silber ist momentan nicht besonders viel wert. Ich schätze, Gold läuft ganz gut, genauso wie euer Kupfer.«

»Sie sagen, daß es oben in der Nähe von Ely Kupfer gibt.«

»Davon habe ich nichts gehört. Aber Gold in der Nähe von Austin, Eureka. Wie sehen Sie das?«

»Ich habe nur davon gehört.«

Delta ist friedlich, erinnert ein bißchen an Green River, aber irgend etwas ist hier anders. Deswegen überrascht es mich nicht, daß eines Abends einige Männer in einem Halbkreis um mich herumstehen, während ich bei einem Stück Heidelbeerkuchen mit einem Glas süßer Milch sitze, und wissen wollen, was ich eigentlich vorhabe.

»Brauchst Du Arbeit?« sagt einer, die Brust raus, die Hände in den Taschen.

»Eigentlich nicht.«

»Also, was fehlt dir dann?«

»Weiß ich nicht«, sage ich. »Sehe ich so aus, als ob mir was fehlt?«

»Es heißt, daß du in deinem Auto übernachtest. Leuten, die im Auto übernachten, fehlt was. Wir würden es begrüßen, wenn du woanders hingehst. Wir würden es gerne vermeiden, dich ins Gefängnis zu stecken.«

Also verlasse ich Delta, Utah, und fahre weiter Richtung Westen. Aber ich möchte jetzt keine andere Stadt mehr ansteuern. Ich möchte umherstreifen, draußen auf den rissigen Salzflächen, zwischen *Seep weed* und Salzbüschen und *Greasewood*. Es ist Samstagnacht, Oldies-Nacht in ganz Amerika, als ich die Wüste erreiche. Die Stimmen von Chuck Berry und Del Shannon erreichen den alten Ford in der Wildnis. Eine sturmgepeitsche Senke, in der die einzigen Spuren von Leben Eidechsen und Kojoten sind.

Als die Leute noch rausgingen

Aus der Wüste zurückgekehrt, suche ich mir ein schönes Zimmer in Ely, Nevada, und dusche mich ausführlich.

An der Vorderseite der Hotels entlang der alten, gepflasterten Hauptstraße blinken die Neonlichter. An einer Straßenecke liegt der *Nevada Club*, der nie schließt. Die Griffe der Spielmaschinen scheppern. Einen halben Block weiter liegt das bekannte *Ely Hotel*, das für seine baskische Küche berühmt ist. In der Lounge bestelle ich bei Marianna Goyhenetche, der das Hotel gehört, ein Bier.

»'ne ganze Menge Leute hier heute nacht«, sage ich, als sie mich bedient.

»Nicht besonders viele.«

»Sieht aber so aus.«

»Nicht so viele.« Sie schüttelt den Kopf und macht sich auf den Weg in den Speiseraum. Dort sitzen ein Dutzend Leute an einem langen Tisch. Ich höre, wie sie sagt: »Alles in Ordnung, Jungs? Oder fehlt euch noch etwas?«

»Alles bestens«, sagt einer von ihnen.

Sie kommt wieder und wischt den Tresen, um sich zu beschäftigen. Sie ist eine zierliche, energische Dame mit weißen Haaren.

Ely ist eine Bergarbeiter-Stadt, aber die Minen sind gerade nicht in Betrieb, erzählt sie mir. Die Preise sind im Keller und die Leute gar nicht in der Stadt. Ely war einmal eine baskische Stadt, sagt sie, aber die sind auch weggegangen.

»Die Emigranten kamen vor hundert Jahren hierher und wurden Bergarbeiter. Genauso wie die Chinesen.«

Es gibt nur noch drei baskische Familien in Ely, aber Marianna fühlt sich als französische Baskin verpflichtet, die Tradition am Leben zu erhalten.

»Ich hätte verschwinden und etwas anderes tun können,

245

Marianna Goyhenetche hinter der Bar ihres Ely Hotels
in Ely, Nevada.

aber sowas macht man doch nicht. Das ist doch der Grund,
warum die Traditionen aussterben.« Sie zeigt aus dem Fenster. »Genau da, über der Straße«, sagt sie, »da wurde ich
geboren.«

Bob Perry, Mariannas Freund, kommt herein, legt seinen
Hut auf den Tresen und zieht einen Stuhl zu sich heran.
Er ist ein großer Mann mit silbernen Haaren, der aussieht
wie ein Senator. Im Hintergrund höre ich Marianna sagen:
»Wollt ihr, daß ich euch noch etwas bringe, oder soll ich
später noch einmal kommen? Seid ihr sicher, daß ihr alles
habt, was ihr braucht?«

»In dieser Bar«, sagt Bob und zeigt auf mich, »standen
die Leute früher bis zur Wand hier. Und sie war rund um
die Uhr geöffnet. Der einzige Zeitpunkt, an dem man den
verdammten Schuppen saubermachen konnte, war an
Sonntagen, wenn die Leute sich entschlossen, zur Kirche
auf dem Hügel zu gehen.«

»Wodurch kam die Veränderung? Durch die Minen?«

Die Vermutung überrascht ihn.

»Nicht durch die Minen«, sagt er. »Durchs Fernsehen.«

»Fernsehen?«

»Ja. Das war ja zu einer Zeit, als es noch kein Fernsehen gab. Damals gingen die Leute nachts auf die Straße und unterhielten sich. Heutzutage sind die Leute nicht einmal mehr in der Lage, eine Unterhaltung zu führen, wegen des Fernsehens. Und manchmal, wenn sie in Gesellschaft sein wollen, stellt sich heraus, daß sie eigentlich nur zu jemandem rübergehen wollen und bei dem Fernsehen gucken.«

Marianna kommt wieder, stützt sich mit den Ellenbogen auf der Bar ab, sieht Bob an, aber spricht zu mir.

»Recht hat er«, sagt sie. »Nichts hat diese Stadt so sehr verändert wie das Fernsehen.«

»Die Zeit vor dem Fernsehen war viel aufregender.«

»Auch wenn damals gar nicht mehr Leute in Ely gelebt haben«, sagt Marianna, »es gab einfach mehr Leute, die rausgekommen sind.«

Die »Jungs« aus dem Hinterzimmer – sechs Männer im mittleren Alter, fünf davon mit Glatze – machen sich auf den Weg, und Marianna kommt um die Bar herum, klopft allen auf die Schulter und dankt ihnen.

Um zehn Uhr ist Zapfenstreich für die Bergarbeiter in Ely, aber sie müssen sich nicht danach richten. Manchmal warten die Kinder von Prostituierten auf der Straße auf ihre Mütter, die von der Arbeit zurückkommen, oder sie gehen in die Bars oder Kasinos. Prostitution ist in diesem Teil Nevadas erlaubt.

Wenn es in Ely Ärger gibt, dann hauptsächlich mit Besuchern, erzählt mir Jim Ramsey, Manager des *Ely Hotels*. »Das kommt deswegen, weil hier beinahe jeder weit weg von dort ist, wo er hingehört.«

Ich bestelle noch ein Bier, aber Ramsey sagt mir, ich solle statt dessen einen *Picon Punch* probieren. Das Hotel sei dafür berühmt.

»Das ist eine Mischung aus fünf verschiedenen Drinks.«

»Der Punch haut dich später um«, sagt Marianna. Sie hat die »Jungs« alle verabschiedet und ist wieder an die Bar gekommen.

»Es gab hier einige Zwischenfälle«, sagt sie, während Ramsey den Drink zubereitet. »Einmal, da hatten wir hier fünf Typen, die sich eine Schießerei geliefert haben. Alle schwul. Die Tür mit den Einschußlöchern gibt es immer noch.«

Jim stellt meinen *Picon Punch* auf den Tresen. »Erstmal langsam trinken.«

»Keine Sorge«, sage ich nach dem ersten Schluck.

»Sie wohnten in meinem Hotel. Die Treppen hoch, erste Tür. Sie schossen aufeinander.«

»Tödlich?«

»Letztendlich ja. Sie gingen zum Murray Canyon hoch, nahmen den Highway 6 bis zum Gipfel des Berges, und dort erschossen sie sich gegenseitig. Ich glaube, nur einer von den fünfen überlebte.«

»War es wirklich nur einer?« fragt Ramsey.

»Ich meine ja.«

Ich warte darauf, daß sie mehr erzählt. Aber das war offensichtlich schon alles.

»Worum ging's denn?« sage ich.

»Um nichts. Sie waren durchgeknallt, sonst nichts. Wenn du durchgeknallt bist, bist du durchgeknallt.«

Ich trinke den *Picon Punch* und schaue, wie draußen die Autos vorbeifahren. Ich fühle mich selber ein bißchen durchgeknallt.

Bob Perry steht eine Zeitlang am Eingang, und Marianna geht wieder in den Speiseraum.

»Was jetzt in Ely schiefläuft, mal abgesehen vom Fernsehen, das sind die viel zu vielen Parkplätze«, sagt er. »Diese ganzen Parkplätze, das waren alles mal Gebäude.«

»Viele alte Hotels sind abgebrannt«, sagt Jim Ramsey.

»Sogar fast alle. Jetzt gibt's nur noch Parkplätze.«

Ich trinke den *Picon Punch* aus und trete in die Nevada-Nacht hinaus. Ich gehe in Richtung der hellen Neonreklame des *Nevada Clubs*, das ist der Haupttreff in Ely. Drinnen steht ein Mann in einem schillernden Jackett auf der Bühne und singt »House of the Rising Sun«. Er wird von einer blechern klingenden Band begleitet. Ich spiele eine Zeitlang an der Nickel-Maschine. Eine gefärbte Blondine gesellt sich nach einigen Minuten zu mir und schaut zu. Sie riecht stark nach »Giorgio«.

»Gibst du mir einen Drink aus?« sagt sie nach einiger Zeit.

»Einverstanden.«

Ich bestelle einen Sloe Gin Fizz für sie und noch ein Bier für mich.

»Was treibst du denn so?« fragt sie und dreht sich zur Seite. Ihre Strümpfe machen ein Geräusch wie Schmirgelpapier.

»Nichts«, antworte ich.

»Klingt ja aufregend.«

»Hat seine guten Seiten.«

Sie schaut mich schief an. »Du tust gar nichts?«

»Reisen.«

»Sonst nichts?«

»Ich habe mein Leben vor einem Jahr eingetauscht.«

»Wofür denn?«

»Das hat sich bis jetzt noch nicht herausgestellt.«

»Uh-huh.«

Das hat sie vorübergehend aus der Fassung gebracht, aber sie versucht, sich nichts anmerken zu lassen. Sie hat ein wunderschönes, pausbäckiges Mädchengesicht, das sie allerdings unter zuviel Make up versteckt hat.

Der Sänger setzt mit einer heißeren Version von »Proud Mary« ein, und wir können uns kaum noch verstehen. Ich schaue ein paar Mal rüber, und sie sieht mich mit starrem Blick an. Ich starre zurück. Das ist, wie nochmal in der High School zu sein. Sie fragt mich weiter nach der Reise, deren Ziellosigkeit, und aus irgendeinem Grund erwacht echtes Interesse in ihr. In ihrem Blick kann ich keine Ehrfurcht erkennen, statt dessen ein unbestimmtes Wiedererkennen. Sie hat etwas Ähnliches gemacht und wundert sich, warum Leute diese Dinge tun. Die Vorahnung einer heroischen Unternehmung verwandelt sich in ein unbeschreibliches Gefühlswirrwarr.

Sie fährt uns zu ihrer Wohnung und lädt mich zu einem Drink ein. Die Wohnung ist winzig und besteht aus einem Zimmer, aber hübsch eingerichtet. Sie heißt Ginger. Wir reden und hören Jazz und trinken. Als die Sonne schließlich hinter ihren Vorhängen aufgeht und Vogelgezwitscher die Luft erfüllt, bietet sie sich mir für dreißig Dollar an.

Highway-Schild in Nevada, das den Highway 50 zur
»einsamsten Straße in Amerika« erklärt.

Am nächsten Morgen befördert ein Zug namens »The Ghost Express« in den Bergen Touristen zu den ehemaligen Bergarbeiter-Lagern. 1869 wurden hier ein erstklassiger Hochofen und eine Mühle gebaut, in der die Goldfunde gelagert wurden. Die Stadt wurde nach John Ely benannt. Er kaufte eine Mine für 3 500 Dollar und verkaufte sie später für eine knappe halbe Million. Zur besten Zeit von Kendicott-Kupfer lebten 10 000 Menschen in Ely. Einige der Hütten sind noch auf den Hügeln außerhalb der Stadt zu sehen.

Als ich Ely verlasse, fahre ich an einem Schild vorbei, auf dem steht »HWY 50. Die einsamste Straße in Amerika«.

Alte Sachen wieder in Ordnung bringen

Ich treffe Carol Bleus am Ende eines langgezogenen, sanft abfallenden Hügels in Eureka, Nevada. In dieser Stadt heißen die Kreuzungen Silver Street, Cold Street und Mineral Street, und die Häuser haben keine Hausnummern. Nur der Postbote weiß, wo die Leute wohnen.

»Was ist das?« frage ich und zeige auf ein Gebäude, das aussieht wie eine alte, gotische Kirche am Berghang.

»Mein Haus«, antwortet sie.

Dabei wirkt es zu alt und zu kostbar, um jemandes Haus zu sein.

Sie lächelt. Eine kleine, würdevolle Frau.

»Es war einmal eine Kirche, und mein Mann hat sie Stück für Stück restauriert und zu einem Haus umgebaut. Er ist heute in Ely, wo er ein altes Bordell restauriert.«

»Oh? Was fängt man denn mit einem restaurierten Bordell an?« wundere ich mich.

»Er macht daraus eine kleine Pension. Das ist unser Job, alte Sachen zu reparieren.«

Sie kamen aus Kalifornien nach Eureka, weil sie raus aus dem Gedränge wollten.

»Wir sahen diesen Haufen Steine, und Frank sagte: ›Damit könnte ich ... .‹ So kauften wir den Haufen für 5 000 Dollar. Das ist jetzt unser Job, Sachen reparieren. Willst du reinkommen?«

»Na klar.«

»Komm raus aus dem Wind.«

Ich gehe hinter ihr her durch einen Raum mit wunderschönen chinesischen Stühlen. Fundstücke aus den unterirdischen Gängen, die einmal die Geschäfte der Stadt miteinander verbunden haben. Dann eine hölzerne Wendeltreppe hinauf zu einem halben Loft. Wir sitzen in der

251

Küche, und sie bietet mir ein Bier an. Es ist ein komischer Tag für sie, denn seit der Hochzeit ist sie zum ersten Mal von ihrem Mann getrennt. Sie stellt mir das Bier hin und setzt sich neben mich an den Tisch.

»Wir haben uns immer hier aufgehalten, als er am Haus gearbeitet hat, weißt du. Und seitdem waren wir niemals getrennt. In dem Jahr führte der Bach Wasser, deswegen habe ich immer im Bach abgewaschen. Es gab keine sanitären Anlagen oder fließendes Wasser. Wir mußten die sanitären Anlagen oben im Park benutzen.«

»In diesem ersten Jahr schien es, als würde es jeden Tag regnen. Jeden Nachmittag hatten wir ein Gewitter. Dann stieg das Wasser plötzlich an und kam durch die Tür. Ich weiß nicht mehr, wie oft wir aufgewacht sind, und das Wasser stand gut 60 Zentimeter hoch.«

»Wolltest du mal alles hinschmeißen?«

»Wir hatten überhaupt kein Geld mehr. Wir hatten alle Brücken abgebrochen und konnten nicht zurück. Wir haben gearbeitet und das Geld dann ausgegeben. Als das Geld alle war, haben wir wieder eine Weile gearbeitet. Ein paar Küchen für die Leute in der Stadt gebaut. Schrittchen für Schrittchen für Schrittchen. So werden die Sachen gemacht.«

Sie beschreibt das Haus als ein Kunstwerk, das immer weiter wächst und an dem Frank für den Rest seines Lebens arbeiten wird.

»Ich schätze, das ist genau das, was du mit deinem Leben machst. Du arbeitest immer weiter daran. Du verbesserst es ständig.«

Die Sonne hat gerade begonnen, über dem waldigen, windigen Hügel unterzugehen. Da hören wir Frank die Treppe hochhinken. Ich setze mich aufrecht hin. Sie flüstert mir zu, daß ihr Mann vor einigen Jahren einen Gehirnschlag gehabt habe und jetzt teilweise gelähmt sei.

Als er die Küche betritt, schaut Frank Bleus erst mich finster an und dann die Bierflasche. Er holt sich ein Bier aus dem Kühlschrank und setzt sich neben mich. Eine Weile guckt er vor sich hin.

»Liebling, ich habe mit diesem Mann gerade über das Haus gesprochen.«

»Sind Sie aus Maryland?«

»Ja.«

»In welche Richtung fahren Sie?«

»Nach Westen.«

Er nimmt einen Schluck und guckt weiter vor sich hin.

»Bergarbeiter?«

»Nein. Ich bin nur auf Reisen.«

Er stellt die Flasche ab. Das gibt einen frischen Abdruck auf dem Holz. Dann humpelt er zum Fenster hinüber und beobachtet, wie die Abenddämmerung hinaufzieht.

Letzte Grenze

Der Highway 50 führt bis Fallon durch den Teil des Landes, den die Einheimischen gerne *Real Nevada* nennen. In Real Nevada sind die Weiden nicht eingezäunt, die Luft ist rein und das Vieh grast draußen am Highway. Bei Windstürmen kann der Himmel so voller Staub sein, daß einem Reisenden nichts anderes übrig bleibt, als sein Auto auf dem Highway zu parken und zu warten, bis der Sturm aufgehört hat.

»Der Gouverneur stattet diesem Teil Nevadas nicht einmal einen Besuch ab«, erzählt ein Viehzüchter, der eine Tankstelle im Diamond-Tal betreibt. Dabei zwinkert er im purpurnen Licht des Sonnenuntergangs mit den Augen. Ich tanke den alten Ford voll und zwinkere zurück. »Sagen Sie mir, wann er das letzte Mal in Eureka gewesen ist.«

»Kann ich nicht.«

»Wie auch. Weil der Gouverneur niemals in Eureka gewesen ist. Er fürchtet sich vor diesem Teil des Bundesstaates.«

»Er fürchtet sich?«

»Na klar.«

Ich gebe ihm Geld für das Benzin. Die Salzflächen wirken in der Entfernung rosa.

»Die Ortschaften, die Nevada beherrschen, sind ein paar Städte im Westen. Vegas, Reno, Carson. Das ist für eine ganze Menge Leute Nevada. Aber das ist eben nicht Real Nevada. Wir bezeichnen es als einen Ausläufer von Kalifornien.« Er zwinkert mir zu.

Ich lerne, daß Dwight Eisenhower 1919 mit dem ersten transkontinentalen Militär-Konvoi der amerikanischen Armee dieselbe Strecke durch Real Nevada gewählt hat. Irgendwo hier bedeckten Sandverwehungen die Straße, und der Konvoi blieb stecken. Die Erfahrung, in Real Nevada festzusitzen, brachte ihn viele Jahre später dazu, sich für ein nationales Interstate-System einzusetzen.

Die Städte in Real Nevada haben Hauptstraßen aus der Zeit der Jahrhundertwende und Einwohnerzahlen von ein paar hundert. Als ich in Austin einfahre, liegt der Klang von Akkordeon-Musik in der nächtlichen Luft. Lee Cooley, einziger Live-Act der Stadt, spielt überschwenglich an einem Ende der Bar für ein Dutzend Leute im *Golden Club*. Lana Bare, die Barfrau, führt alle beim Mitsingen von »On Top of Old Smokey« an, als ich eintrete. Ein riesiger Indianer singt lauter als alle anderen, dafür aber ein bißchen langsamer. Ich stehe direkt neben ihm und schwanke leicht.

Als das Lied zu Ende ist, bestelle ich ein Bier und behalte die offenen Türen im Auge.

»Zum ersten Mal in Austin?« fragt mich Lana. Sie sagt es, als ob sie mich nach meiner Jungfräulichkeit fragen würde.

»Sehen Sie mir das an?«

»Sie wirkten, ich weiß nicht, wie ich es ausdrücken soll, ein bißchen durcheinander.«

»Das kann ich mir vorstellen. Ich wußte nicht, daß es noch Städte wie diese gibt.«

»So reagieren alle beim ersten Mal.«

Ich sehe, daß der Akkordeonspieler schwankt, als er versucht aufzustehen. Er greift nach dem riesigen Indianer, um sich abzustützen, aber er donnert trotzdem gegen die Bar. »Ich bin betrunken«, klärt er uns auf, als er auf dem Weg zur Toilette an uns vorbeikommt.

»Er hat heute Nacht schon in zwei anderen Saloons gespielt«, sagt Lana. »Er wollte gar nicht hierherkommen, aber ich ging rüber und habe ihn aufgelesen. Es ist Samstagnacht. Wir brauchten Musik.«

Sie erzählt, daß er in Austin nicht nur der einzige Live-Act ist, sondern auch der einzige Mechaniker. Als er von der Toilette wiederkommt, erzähle ich ihm von dem alten Ford und der Reise, die wir hinter uns haben. Er möchte einen Blick auf ihn werfen.

»Seltsame Maschine«, sagt er, nachdem ich die Motorhaube geöffnet habe. »Selbstgebastelt?«

»Mehr oder weniger.«

Er nickt. Er macht eigentlich einen klaren und nüchternen Eindruck.

»Die besten Motoren, die ich kenne, sind selbstgebastelt. Man kann sich manchmal keinen Reim darauf machen, aber sie laufen besser als alle Motoren aus der Fabrik. Ich mag alte Wagen mit selbstgebasteltem Motor. Sie haben einfach viel mehr Persönlichkeit, als wenn sie aus einem Ausstellungsraum kommen.«

Wenigstens einer, der den alten Ford versteht.

Als wir wieder drinnen sind, animiert Lana die anderen, bei »Streets of Laredo« mitzusingen.

»Mein Einsatz«, meint Lee Cooley. Er nimmt sein Akkordeon wieder und fängt an zu spielen, als der Wind mit voller Lautstärke Main Street, Austin, Nevada, entlangweht.

Das goldene Licht der Morgendämmerung brennt die Feuchtigkeit von der rissigen Erde weg. Der Morgenhimmel in der Wüste ist wolkenlos blau. Auf der linken Seite liegen lange, ausgetrocknete Flußbetten. Dort haben die Züge nie angehalten. Über New Pass schimmern tiefhängende Wolken. In der Nähe sind die Ruinen einer Überland-Poststation.

Als ich nach Middlegate komme, ist der alte Ford überhitzt. So halte ich an, um ihn trinken zu lassen. Middlegate, einen Katzensprung vom Highway 50 entfernt, nachdem er die State Route 2 kreuzt, hat nur drei Geschäfte und 14 Einwohner.

»Es waren einmal 15«, erzählt mir Fredda Freeman, die hier eine Bar und ein Restaurant betreibt, »aber einer ist an einem Herzinfarkt gestorben.«

Freeman zog hierher, weil sie davon ausging, daß sie niemals an einem so abseits gelegenen Ort wie Middlegate belästigt werden könnte. Sie zog vor elf Jahren von Austin hierher.

»Einsamkeit«, erzählt sie, während ich an einem Orangensaft mit Eis nippe, »schien mir wirklich die letzte aller Grenzen. Ich züchte meine eigenen Schweine und Hühner. Ich liebe diese Gegend.«

Während ich da sitze und ihr zuhöre, kommt mir nach dieser langen Reise, die bald zu Ende geht, der Gedanke, daß es womöglich dies ist, wonach ich die ganze Zeit gesucht habe: nach einem Platz, wo ich in Ruhe gelassen werde. Draußen kommt Wind auf, rüttelt an den Fenstern und füllt die Luft mit Schmutz. Ich rechne aus, ob mein Geld noch bis zur Küste reicht.

»Also, was ist mit ihrem Wagen nicht in Ordnung?«

»Wie bitte?«

»Ihr Wagen.« Sie zeigt darauf. »Was ist damit nicht in Ordnung?«

»Er braucht nur eine Pause. Wird es manchmal sehr einsam, wenn man so abgeschieden lebt wie hier?«

»Meine Güte, nein. Ich hänge an diesem Ort.«

Aber sogar die entlegensten Gegenden – isolierte Ortschaften wie Middlegate – sind einer Welt, die immer noch an Veränderung glaubt, ausgeliefert. Seit fünf Jahren gibt es wenige Meilen entfernt ein Überschall-Testgebiet, und Middlegate kann es nicht verleugnen. Es ist noch nicht lange her, da stand Freeman eines Nachmittags in der Bar, und die Marineflugzeuge flogen so nah, daß alle Fenster im Gebäude zerbrachen.

»Vielleicht wollen sie uns am Ende vertreiben«, sagt sie. »Der letzte Ort der Welt, von dem ich dachte, daß uns dort jemand belästigen könnte, aber sie tun genau das. Wir sind nur zu vierzehnt, wahrscheinlich finden sie uns nicht besonders wichtig. Eines Tages kam ich nach Hause, da hatten sie wieder sämtliche Fenster zerstört und den Wohnwagen von seinen Parkblöcken gefegt.«

»Gab es überhaupt keine Wiedergutmachungen?«

»Sie sagen gerade mal: ›Oh je, tut uns leid.‹ Sie bescheren uns eine Menge Lauferei. Formulare ausfüllen, Ferngespräche führen, und schließlich lassen sie sich dazu herab, einen Ermittlungsbeamten vorbeizuschicken, und der sagt dann, okay, wir können für den Schaden aufkommen.«

»Wie oft kommt das vor?«

»Mittlerweile alle sechs Monate. Sie geben uns das Gefühl, daß wir hier nichts zu suchen haben, und wir können überhaupt nichts dagegen tun.«

Noch tiefer in der Verlassenheit Real Nevadas liegt Dixie Valley. Man hat dort den Eindruck, daß der Himmel am späten Nachmittag vom Geräusch der Flugzeuge bebt. Turk Tschettar ist der einzige Einwohner, der in Dixie Valley geblieben ist. Er sagt, er hätte nicht vor wegzuziehen.

»Ich mag die Leere hier draußen«, erzählt er mir und steht dabei auf der Veranda seiner Ranch, die ihm seit zwanzig Jahren gehört. »Bevor die Marine hier ein Testgebiet draus gemacht hat, war es für mich eine Art Zufluchtsort. Damals hatte ich sechs oder acht Nachbarn. Nun bin ich der einzige Übriggebliebene.«

Tschettar ist in Michigan geboren und lebte jahrelang in Carson City, der Hauptstadt Nevadas, wo er für die Regierung gearbeitet hat.

»Dann wollte ich einfach nicht mehr in dem ganzen Tohuwabohu sein. Ich wollte draußen leben, wo es nur mich gibt und die Erde und den Himmel. Das Notwendigste.«

Dixie Valley ist nun im Besitz der Marine, und die Regierung möchte, daß Tschettar wegzieht.

»Wenn du lange genug irgendwo gelebt hast, ist es dein Zuhause geworden, und das kann dir kein anderer Ort bieten. Das ist mein Zuhause. Ich werde nicht von hier weggehen.«

Da steht er auf der Veranda, schaut über sein Tal. Die einzigen Geräusche kommen vom Wind und von den Flugzeugen, und manchmal ist es schwer zu sagen, welches Geräusch wozu gehört. In diesen grenzenlosen, offenen Räumen, ohne Anfang und Ende, scheint einfach alles möglich, selbst ein einzelner Mann, der sich alleine dem Fortschritt entgegenstellt.

Die Oase

Zwei Highway-Spuren führen zur Ost-Grenze der Sand Springs Mountains. Noch vor Sand Mountain, einer gut 18 Meter hohen und mehr als drei Kilometer langen Sanddüne in der Wüste, führen sie einen Paß zwischen Stillwater und Sand Springs hinauf. Endlich liegt da Fallon, ein Neon-Wunder inmitten der schimmernden Salzflächen. Es ist ein Handels- und Viehzucht-Zentrum mit riesigen Kasinos und Ketten-Motels. Zeichen dafür, daß Real Nevada hier zu Ende sein muß.

In einem Restaurant namens *The Waterhole* bestelle ich Mittagessen und unterhalte mich mit der Bedienung darüber, wie Fallon sich über die Jahre verändert hat. Durch ein Mißverständnis, das ich nicht aus dem Weg räumen konnte, ist sie der Meinung, ich würde mich nach Grundbesitz umsehen.

»Bitteschön«, sagt sie und bringt mir ein Bier und die Ausgabe einer lokalen Zeitung namens *Big Nickel*. »Ich habe keine Ahnung, in welcher Preisklasse Sie suchen, aber hier drin können sie sich einen Überblick verschaffen.«

Sie setzt sich neben mich, halb auf dem Stuhl, halb drüber, eine riesige Frau mit überraschend sanfter Stimme. Draußen hat sich der Himmel um die strahlenden Kasinolichter verdunkelt. Autos fahren die Maine Avenue hinauf und hinunter.

»Hier zum Beispiel, rund 14 Hektar, in Eisenbahn-Nähe«, sagt sie und kringelt es ein.

»Was ist daran gut, an einer Eisenbahnstrecke zu wohnen?« werfe ich ein.

»Wissen Sie«, sagt sie und zuckt ausweichend mit den Schultern, »das sind eben persönliche Vorlieben. Also, weiter.«

Sie kringelt noch zwei ein und steht auf einmal. »Warten Sie mal.«

Ich schaue mir an, was sie eingekringelt hat.

»Unweit vom Rye Patch Reservoir: 2,4 Hektar zwischen der Autobahn und Fox Hole Tavern, 9 000 Dollar von der Bank, 2 000 Dollar Anzahlung.«

»16,1 Hektar, eine Viertelstunde von Reno entfernt. Schöne Aussicht, Strom, Preise von 30 000 bis 39 000 Dollar, keine Anzahlung, keine Nachweise.«

Gute Angebote, wenn es mich nach Nevada ziehen würde. Aber ich fühle, daß die Reise zu Ende geht und möchte, daß das mit dem Ende des Highways zusammenfällt.

Außerhalb der Stadt zieht ein Traktor im Dunkeln eine Schneckenspur, dort wo Alfalfa zum Trocknen ausliegt. Alles wächst wieder. Es ist Heu-Saison. Ich fahre in die Wüste zurück, überlege mir, was ich tue, wenn das Geld erst einmal alle und der Highway zu Ende ist. Als ich darüber nachdenke, besteht die Straße plötzlich nur noch aus Dreck und führt einen Stacheldrahtzaun entlang auf ein helles Licht zu, das ein Lagerfeuer sein könnte. Mir wird klar, daß ich nicht aufgepaßt habe und von der Route 50 abgekommen bin, aber ich kümmere mich nicht darum. Vorn, durch den Rauch, sind Lichter von Lastwagen und eine Viehherde.

»Sie können diese Straße nicht weiterfahren«, sagt mir einer der Männer am Lagerfeuer und hält mich an. Ein anderer steht vor meinem Wagen, damit ich gar nicht erst versuche abzuhauen. »Sie treiben Vieh hier hinauf.«

Wir drei sehen gebannt auf das Vieh, das, lautstark, aber in sicherer Entfernung, durch die Dunkelheit in Richtung der Lichter der Ranch vorüberzieht. Pinien-Holz knackt in den Flammen, der Rauch steigt auf. Es sind immer noch warme, blaue Schatten am Himmel zu sehen.

»Ich habe mich vermutlich verfahren.«

»Hier ist alles Privatbesitz.«

»Schwierig rauszufinden, wo der Privatbesitz beginnt«, sage ich. »Es gibt keine Markierung.«

Die Männer sagen nichts. Sie beobachten, wie ich die unsichtbare Grenze, die das Ende des Privatbesitzes anzeigt, wieder überquere.

In Stagecoach heißen alle Straßen nach westlichen Handelswegen. Es gibt Cheyenne Road, Cochese Trail, Cimarron Trail und den Santa Fe Trail. Vor mir sind die Berge mit Schnee bedeckt. Ich halte in Dayton an, wo die erste Quarzmühle des Bundesstaates gebaut wurde und wo sich, an einer Ecke, die *Corner Bar* befindet. Ich gehe rein, um die Spielautomaten zu ziehen. Dann mache ich mich wieder auf den Weg. Vorbei an der *Moonlight Ranch*, einem der bekanntesten Bordelle im Land, Richtung Carson City, der Hauptstadt Nevadas.

Kurz nachdem ich im *Highway 50 Motel* ein Zimmer bekommen habe, entschließe ich mich, die Hälfte von dem, was ich noch übrig habe, im Golden Nugget Kasino zu verwetten. Es dauert drei Stunden, und ich habe alles an den Blackjack-Tischen verloren. Da wird mir klar, daß diese Reise so gut wie zu Ende ist.

Hochzeitsschiff

Es gibt eine alte Idee – eine einfache, sentimentale Vorstellung –, die mich immer wieder beschäftigt, während ich Richtung Kalifornien fahre: Man begreift den Wert der Dinge erst, wenn man sie verloren hat. Während mir das Geld ausgeht, bekommt das Alltägliche und Gewohnte einen neuen Wert. Der Highway kreuzt Eagle Valley, in Richtung der Sierras, und zum ersten Mal seit Monaten bringt sich das alte Leben wieder in Erinnerung.

Der Highway 50 windet sich Clear Creek Grade hinauf, wo Pinien und Kiefern an den Wänden und Hängen des Canyons wachsen und man Bergsalbei und die verstreut leuchtenden Rottöne von Schneepflanzen findet. Der alte Ford gibt ein heftig klapperndes Geräusch von sich, das augenscheinlich im übrigen Verkehr unangenehm auffällt. Fahrer schauen mich schief an, als sie im Yayabe Forest an mir vorbeifahren. Dort hat man einen klaren, beeindruckenden Blick durch die riesigen Tannen. Ein bißchen weiter liegt Schnee auf den Bäumen.

Von einem Gipfel aus, etwa zweitausend Meter hoch, ist durch die Pinien hindurch plötzlich der Blick auf Lake Tahoe frei, wie er im nachmittäglichen Sonnenlicht glitzert.

Die Straße windet sich durch Glenbrook, eine alte Holzfäller-Stadt, wo ich anhalte und mich auf einer Felsklippe über dem See niederlasse. Ich lausche nur dem Plätschern des Wassers und den Tannen, die sanft in der windstillen, kalten Luft knarren. Immer noch: ein Highway, so als ob alles, was ich erlebt habe, auf eine ganz bestimmte Art »vereinigt« ist.

Als die ersten Forschungsreisenden nach Westen kamen, wußten sie nicht, daß hinter den Rockies noch eine Gebirgskette liegt. Die Sierras waren eine Überraschung. 1850 tauchte Lake Tahoe noch auf keiner Landkarte auf. Aber als 1859 in Nevada Silber gefunden wurde, da war die Reise über die Berge notwendig. Plötzlich war der nahegelegene Indianerpfad, der sich um den See heraufwindet – jetzt Highway 50 – überfüllt. Wiegestationen und Gasthäuser wurden errichtet, die Straße verbreitert, Brücken gebaut und Zölle erhoben.

Ich mache noch einmal Halt, setze mich in der Nähe eines angelnden Mannes auf die Kühlerhaube des alten Ford und esse zu Mittag. In seinem Transporter sitzt ein kleines Mädchen und liest einen Comic.

»Was sagen Sie dazu?« sagt er und kippt den Eimer, um mir eine große Mackinaw-Forelle zu zeigen. Die Luft ist frisch und das Wasser klar.

»Beachtliche Größe«, sage ich. Er nickt stolz, ein kräftiger, muskulöser, freundlicher Mann.

»Um die sechs Pfund, vielleicht etwas mehr.«

Die Felsen türmen sich bis hinunter zum See, und einige sind sogar durch das Wasser zu sehen. Die Oberfläche ist aufgewühlt, aber für Schaumkronen ist es nicht windig genug. Über dem See kommt die Sonne durch die Wolken, das gibt einen Lichtflecken auf dem Wasser; dahinter sind die schneebedeckten Berge. Dann reißen die Wolken auf, und das immer wiederkehrende Geräusch ist auf den Felsen zu hören.

»Wunderschönes Land hier.«

Er antwortet nicht sofort.

»Man wünschte sich nur, daß die Leute es in Ruhe ließen«, sagt er schließlich. »Wenn Sie das hier vor 15 Jahren gesehen hätten.«

»Ja?«

»Die sterbenden Nadelbäume sind ein Problem geworden. Schuld daran ist meist der Einsatz von Salz in der Winterzeit, um den Schnee zu tauen. Früher haben sie im Winter einfach alles geschlossen. Die Nadelwälder, die Rot-Tannen, Douglas-Tannen, alle werden zur Straßenseite hin braun, und die Nadeln gehen aus. Ganz besonders da oben an der Landesgrenze. Sie sterben, aber man sieht es fast nicht.«

Er geht auf die Toilette und überläßt mir die Angelleine eine Zeitlang. Das kleine Mädchen öffnet die Tür des Transporters, legt ihr Comic-Heft zur Seite und kommt herüber. »Soll ich sie halten?« sagt sie und nimmt sie mir aus der Hand. »Ich halte sie.« Wir behalten den Schwimmer draußen auf dem indigo-blauen Wasser im Auge. Der See ist so klar, daß wir Silberforellen sehen, aber sie beißen nicht an. »Die spielen gerade nur«, erklärt das Mädchen.

Ich entschließe mich, mir als letzten Luxus der Reise eine Übernachtung im nahegelegenen *Zephyr Cove* zu gönnen. Das ist eine Ansammlung einfacher Hütten zwischen den Tannen direkt am See. Redwood-farbige, hölzerne Gebäude mit grünen Verzierungen um Fenster, Dach und Türen. Der kleine Weg zu der Bar im Freien ist voll mit Tannenzapfen. In dieser ersten Nacht gehe ich runter, genehmige mir einen Bourbon und sehe zu, wie die *Dixie* sich auf ihre Abendessen-Fahrt um 19.30 Uhr vorbereitet. Die Oberfläche des Sees kräuselt und verdunkelt sich, als eine Hochzeitsgesellschaft den langen Pier herunterläuft und dann an Bord geht. Ich trinke in Ruhe und denke über das Hochzeitszeremoniell nach.

Zurück in der Hütte spüre ich das Feuer warm auf meinem Gesicht. Man wünscht sich hier, daß die Sonne langsam untergehen möge, um es so lange wie möglich auszukosten. Ich bleibe ein paar Tage in Tahoe, tue nichts als in der Hütte oder auf der Veranda zu sitzen, den See entlang zu wandern und zu einer Art von Erkenntnis zu kommen. Komme ich aber nicht.

Morgens, wenn man aufhört zu denken, dann kann man das Wasser des Sees wieder hören. Abends kommt immer um 19.30 Uhr eine neue Hochzeitsgesellschaft den Pier herunter.

Das Land der Geschichten

Der Highway 50 windet sich entlang des American River wieder nach unten in die Ebene und folgt dabei einer Strecke, die früher den Spitznamen Silver Trail hatte, eine Straße für Glückssucher. Genauso wie der Northwestern Turnpike über die Alleghenies stellt der Silver Trail eine Verbindung zum übrigen Kontinent her. Er machte es der Nation leichter, ihrem mächtigen Bestreben nach Einheit zu folgen.

Nachdem ich viele Monate auf diesem Highway unterwegs gewesen bin, komme ich in dem Bundesstaat an, der »Eureka« (»Ich habe es gefunden«) zum Motto hat. Allerdings eher mit einem Gefühl von Resignation als von Heiterkeit. Am Ende mit den Finanzen und am Ende des Highways zu sein, ist, als ob man aus einem lebhaften Traum erwacht; es gibt keinen Weg zurück. Unmittelbar vor Sacramento wird der Highway 50 unmerklich breiter und verliert sich dann in der Autobahn, und die Reise wird zur Chimäre. Hier gibt es kein Schild, das Reisende auf die Entfernung zurück hinweist oder darauf, daß diese zentralste aller U.S.-Straßen ein östliches Ende hat.

Ich folge riesigen, grünen Autobahnschildern Richtung kalifornische Küste, vorbei an den verschwommenen Vorstadt-Bezirken, bis zu dem Punkt, wo der Highway 50 ursprünglich hinführte. Da senkt sich die Nadel des Benzinanzeigers auf ›leer‹. Auf den Molen, wo das Land zu Ende ist, schaue ich zu, wie sich das Wasser im Nebel verdunkelt. Ich kehre nach Osten zurück, zu dem, was ich zurückgelassen habe, mir gehört nichts mehr, aber ich bringe etwas von unschätzbarem Wert zurück: Main-Street-Weisheit. Schließlich sind es Geschichten, das, was wir hören, was wir anderen erzählen und was wir uns selbst erzählen, die bestimmen, was aus uns wird.

In der Stille des westlichen Randes liegt an diesem Sommerabend ein starker Geruch nach Salz und Meeresfrüchten. Es nieselt jetzt, und der Regen ist so zart, daß man ihn gar nicht fallen spürt, obwohl man ihn verhalten auf den Büschen hört.

Highway 50. Main Street, Truck-Straße, Lebenslinie. Zentralste, aber am wenigsten bekannte der U.S.-Straßen, die quer durch das Land führen. Die Geschichten auf dem Highway 50 sind vielfältig und häufig verquer, die Leute zurückhaltend: Was sie haben, bedeutet ihnen sehr viel, und zwar weil es dem Wandel der Zeit so lange widerstanden hat.

Als ich in die einzige Richtung zurückfahre, die die Straße zu bieten hat – einem Scheinwerferstrom entgegen –, sehe ich eine Figur am Straßenrand. Ein Tramper, der nach Osten reist. Der Highway geht weiter.

(50)

Dank

Mein Dank gilt den vielen Menschen am Wege, die Zeit damit verbracht haben, mir ihre Geschichten zu erzählen.

Mein besonderer Dank an Pat Frederick. Er hatte sich schon vor einigen Jahren für dieses Projekt interessiert, kostbare Unterstützung angeboten und den dicken Rotstift angesetzt.

Mein Dank gilt auch vielen anderen:

Pam Leppin, deren Enthusiasmus mich erst auf die Idee brachte.

Ko-Piloten, die mit mir unterwegs waren, darunter Patty Sheppard, Linda und Ryan Magana, Laura Kauper.

Meinem Vater, dem Beförderungs-Sekretär.

Meinem Bruder, Finanz-Sekretär und erbarmungsloser Kritiker.

Dave Paulin, für diese langen Gespräche an der Strandpromenade, während derer er mir genau darlegte, wie dieses Buch geschrieben werden müßte.

Den unzähligen Menschen, die mir Hilfe angeboten haben und die bei den Recherchen geholfen haben, darunter Lisa Daniels und Beth Mariner.

Der unschätzbaren Unterstützung von Richard Weingroff.

Carmel Huestis und all den netten Leuten bei Fulcrum Publishing.

Register

Die US-Bundesstaaten sind mit den amtlichen Kurzzeichen bezeichnet (s. Eintragungen der Bundesstaaten).